EDUCATION
POLICY
REVIEW
IN
CHINA

U0619684

中国
教育政策
评论 *2021*

袁振国　主编

上海教育出版社
SHANGHAI EDUCATIONAL
PUBLISHING HOUSE

中国
教育政策 *2021*
评论

主 编

袁振国

编 委 (按姓氏笔画为序)

朱益明　刘世清　杨九诠

吴遵民　范国睿　郅庭瑾

周　彬　黄忠敬

前 言 foreword

教育作为提高人力资本质量的根本途径,是阻断贫困代际传递的治本之策。2020年是我国脱贫攻坚的决胜之年,也是后扶贫时代的开启之年。未来我国贫困的性质和特点将发生比较深刻的变化,给扶贫战略和政策设计带来新的挑战。尤需关注的是,防止脱贫人口再返贫,充分激发贫困群体的内生动力和自我发展能力,以实现反贫困事业的可持续发展。《中国教育政策评论 2021》围绕教育扶贫在理论、政策、实践等方面的有效经验,探索新时代教育脱贫攻坚的关键路径。主要包括以下内容:

教育脱贫攻坚的宏观思考。教育扶贫是阻断贫困代际传递的根本手段和重要方式,中国教育扶贫经历了"救济式扶贫""多维式扶贫""专项式扶贫"和"精准式扶贫"四个阶段。随着我国由"消除绝对贫困"进入"缓解相对贫困"阶段,与贫困相关的要素也在发生变化。面对新形势和新要求,全面建成小康社会后教育脱贫战略如何调整和优化,如何构建相对贫困阶段教育扶贫的长效机制,中国教育扶贫模式如何升级转型,大数据可以在教育扶贫领域发挥怎样的作用等,这些都是该主题涉及的重要问题。

教育脱贫攻坚的区域案例。教育扶贫成效在区域之间具有明显的差异性,需要加强区域教育适配性。在人口老龄化趋势增强的背景下,人口数量红利逐渐减少,因而发展教育,提升人力资本水平,尤其提升女性劳动力受教育水平,是促进教育扶贫增效的重要内容,也是促进经济增长和缩小区域差距的重要途径。"三区三州"深度贫困地区是我国脱贫攻坚的主战场。在党中央的坚强领导和全国各族人民共同努力下,"三区三州"地区教育精准扶贫、精准脱贫取得了历史性成就。各级各类教育规模不断扩大,质量不断提升;控辍保学体制机制不断健全;推普脱贫攻坚成效显著,脱贫基础能力增强;学生资助精准到人,因学致贫返贫已成历史。

教育脱贫攻坚的内在机理。从聚焦个体均衡到对"寒门贵子"现象的反思,从关注贫困学生扶助路径到对薄弱学校改进的探究,都体现了我国教育脱贫攻坚保障社会公平正义的价值追求。大力发展"公平而有质量的教育"成为解决教育贫困问题的根本着力点。将教育公平深度推进到每一个在教育中处于困境的个体身上,最大化缩小城乡之隔带给家庭以及个体的"不公平感"。进入相对贫困阶段,需要在确保薄弱学校办学条件的基础上,将提高教育质量作为改进的核心目标。

教育脱贫攻坚的实践经验。不同国家在教育扶贫对象识别、帮扶、监管等环节上采取了不同的做法,积累了基础教育扶贫长效机制的国际探索经验。通过几十年的不懈努力,中国的脱贫攻坚形成良好态势,在学前教育、义务教育、职业教育、高等教育等方面取得了斐然成绩,为解决相对贫困问题和世界贫困治理贡献了坚持以人民为中心的教育扶贫理念、以制度安排明确教育扶贫重点、"输血式扶贫"与"造血式扶贫"有机结合、构建多元主体参与的教育扶贫机制等实践经验。

总结经验,展望未来。2020年基本消除绝对贫困,全面建成小康社会后,中国进入以相对贫困、精神贫困为特征的后扶贫时代。希望本辑的出版能够为教育脱贫事业提供更多的思考和启发。

袁振国

2021年9月

目录 contents

Part1
001 教育脱贫攻坚的宏观思考

Chapter 1
003 全面建成小康社会后中国教育脱贫的战略转向

一、中国教育脱贫文献计量和主题分析;二、中国教育脱贫战略及体制机制分析;三、新时代教育脱贫战略转向影响因素;四、中国教育脱贫战略调整优化的路径

················· 薛二勇 李 健 傅王倩

Chapter 2
023 我国教育扶贫的长效机制构建研究

一、教育扶贫的内涵与特征;二、教育扶贫的政策与实践;三、教育扶贫的经验与成就;四、构建相对贫困阶段教育扶贫的长效机制

················· 史志乐 张 琦

Chapter 3
036 中国教育扶贫模式如何升级转型
——基于内生性发展理论的分析

一、中国外源性教育扶贫模式的现实困境;二、中国教育扶贫模式升级转型的理论嵌入;三、中国教育扶贫模式升级转型的理想类型;四、中国教育扶贫模式升级转型的实现路径;五、结语

················· 袁利平 张 薇

1

Chapter 4

053　大数据时代的教育扶贫

一、背景缘起：大数据引领教育扶贫进入 2.0 时代；
二、案例对比：大数据时代教育扶贫特点；三、问题探讨：
大数据时代教育扶贫窘境；四、路径展望：大数据时代教
育扶贫图景；五、余论

················· 谢治菊　兰凌云　余燕婷

Part2

075　教育脱贫攻坚的区域案例

Chapter 5

077　女性受教育水平、区域经济收敛与教育政策调整
　　　——基于教育扶贫的视角

一、引言；二、研究方法；三、女性劳动力受教育水平
地区差异；四、女性受教育水平对区域经济收敛的影响；
五、稳健性检验；六、政策建议；七、总结

················· 谢童伟　施雨婷

Chapter 6

093　"三区三州"教育精准扶贫精准脱贫政策分析

一、"三区三州"教育脱贫是第一个百年伟大使命的
点睛之笔；二、"三区三州"教育发展取得历史性成就；
三、"三区三州"教育精准扶贫精准脱贫积累了丰富经验；
四、"三区三州"教育进一步改革发展要聚焦关键问题

················· 李廷洲　郅庭瑾　吴　晶　尚伟伟

Chapter 7

105　教育脱贫攻坚视角下我国实施义务教育控辍保学的意义、进程
　　　及经验

一、教育脱贫攻坚背景下实施义务教育控辍保学的现实意义；二、教育脱贫攻坚背景下我国义务教育控辍保学的改革进程；三、教育脱贫攻坚背景下实施义务教育控辍保学的本土经验

································· 贾　伟

Chapter 8

125　家庭教育支出对多维贫困家庭贫困脆弱性的影响研究
　　——基于我国 10 个贫困县的调查数据
　　一、研究背景与问题；二、若干概念与文献综述；三、数据来源与研究设计；四、实证分析；五、结论与建议
··············· 樊晓杰　林荣日

Part3

145　教育脱贫攻坚的内在机理

Chapter 9

147　走向个体均衡：基于高质量发展的教育公平深度推进理路
　　一、从区域均衡到群体均衡：教育公平的初步完成；二、走向个体均衡：基于差异的结果公平；三、以学习力提升为核心，个体均衡的实现路径
··············· 杨　进　柳海民

Chapter 10

163　寒门学子的进阶之路
　　——由"寒门贵子"现象引发的对底层家庭孩子教育获得的思考
　　一、何为"寒门"："寒门学子"进阶之路的"拦路虎"；二、何以出"贵子"："寒门"学子何以跃"龙门"；三、"寒门贵子"现象再审视；四、总结与展望
··········· 王兆鑫　赵新生　宋文玉

Chapter 11

178　后扶贫时代贫困学生扶助路径研究

　　——基于关系主义视角

　　　　一、如何理解和解决贫困：从结构到关系；二、后扶贫
时代为什么需要关系主义；三、关系主义视域下当前贫困
学生扶助的困境审视；四、关系主义视域下贫困学生扶助
的应然出路；五、结语

　　　　……………………………………………　潘士美　王　可

Chapter 12

196　教育扶贫视角下中国薄弱学校改进的历史演进与未来展望

　　　　一、中国薄弱学校改进的演进历程；二、中国薄弱学
校改进的基本特征；三、相对贫困阶段薄弱学校改进的未
来展望

　　　　……………………………………………………　陶　媛

Part4

211　**教育脱贫攻坚的实践经验**

Chapter 13

213　基础教育扶贫长效机制的国际探索：多维识别、功能帮扶
　　与保障监管

　　　　一、教育贫困的多维识别；二、基础教育扶贫的功能
帮扶；三、基础教育扶贫的保障监管；四、国际基础教育扶
贫经验对我国的启示

　　　　…………………………………　方　征　费　宁　张雯闻

Chapter 14

228　阻断贫困：教育扶贫的中国方案与实践经验

　　　　一、教育扶贫的历史演进；二、教育扶贫的中国方案；

三、教育扶贫的斐然成绩；四、教育扶贫的实践经验

························· 李兴洲　侯小雨

Chapter 15

243　我国教育扶贫项目"减贫"效果评估方法的理论与应用

一、教育扶贫项目效果因果推断的基本原理；二、我国教育扶贫评估中因果推断方法的原理及应用；三、总结与建议

························· 易全勇　侯玉娜

Chapter 16

261　我国中等后教育在扶贫中发挥作用了吗

——基于教育类型差异与区域异质性分析

一、文献综述；二、研究设计与方法；三、实证结果；四、结论与启示

························· 潘海生　翁　幸

282　附：《中国教育政策评论》简介及投稿须知

Part 1

教育脱贫攻坚的宏观思考

Chapter 1

全面建成小康社会后中国教育脱贫的战略转向[*]

薛二勇　李　健　傅王倩

摘　要: "发展教育脱贫一批"是国家"五个一批"脱贫战略的重要组成部分。教育脱贫研究是具有中国特色的研究话题,也是世界普遍关注的重要课题。我国关于教育脱贫的研究主要集中在教育政策研究领域。全面进入小康社会后,在绝对贫困消除的情况下,教育脱贫战略如何调整和优化成为重大而紧急的研究主题。中国教育脱贫呈现"一体两翼"的战略模式。"一体"即"发展教育脱贫一批",战略目标为扶智、扶志、扶技;"两翼"中的一翼为义务教育,战略目标为有保障,另一翼为职业教育,战略目标为有成效。新时代教育脱贫面临外部和内部的多种影响因素。外部因素主要体现为新冠肺炎疫情对教育财政投入的影响,国家战略调整对职业教育的影响;内部因素主要体现为教师资源在贫困地区配置的影响,教育形态变化对教育教学的影响。为此,调整和优化教育脱贫战略的方向和路径势在必行。一是着眼教育投入精准性,提高教育资源配置效益;二是着眼国家战略调整,调整教育脱贫的体制机制;三是着眼教师资源配置,优化师资配置体制机制;四是着眼教育形态的变化,提升教育信息化水平。

关键词: 教育脱贫;教育扶贫;教育战略;小康社会;乡村振兴

摆脱贫困、追求美好生活是人类永恒的主题。联合国发布的《改变我们的世界——2030 年可持续发展议程》(Transforming our World: The 2030 Agenda for Sustainable Development)将"在全世界消除一切形式的贫困"置于未来世界可持续发展目标之首,将这个目标作为"人类的共

---

* 本文系教育部哲学社会科学研究重大课题攻关项目"习近平总书记关于教育的重要论述研究"(项目编号: 18JZD006)的研究成果。

同愿景"。[1]我国长期以来把消除贫困作为国家重要任务,有目的、有计划、有组织地开展大规模扶贫开发,形成了普惠性政策和补偿性政策相结合的政策体系。扶贫先扶智、扶贫必扶志、扶贫要治愚,依赖教育、通过教育、基于教育摆脱贫困,通过教育脱贫一批是我国脱贫的重大战略。习近平总书记提出,让贫困地区的孩子们接受良好教育,是扶贫开发的重要任务,也是阻断贫困代际传递的重要途径。[2]教育本身具有经济、社会、文化功能,通过教育促进经济增长、社会发展、文化改进是我国脱贫的基本途径。中国教育脱贫战略的内容分为三个方面:一是提升贫困地区、贫困人口的教育质量,精准配置教育资源,建设高质量的教育体系,使贫困人口具备脱贫的信心、意识、知识和能力,使其不断自觉提升各方面素养;二是让贫困人口接受高质量的义务教育,掌握基本知识、基本能力,为未来接受更高水平的教育及从事生产劳动奠定基础;三是接受高质量的职业教育,掌握一技之长,形成学习技术的通用能力,随着经济需要、技术进步、产业发展不断更新能力,不会被时代淘汰而失去工作机会和收入,尽可能避免在未来面临贫困危机。

一、中国教育脱贫文献计量和主题分析

本文以中国知网(CNKI)为文献来源,以"教育脱贫""教育扶贫"为主题词进行搜索,2012年1月至2020年10月共有3 784条文献数据。文献数据显示,党的十八大以来我国对教育脱贫的研究呈现明显上升态势。习近平总书记在2015年召开的中央扶贫开发工作会议上,分析了要解决好"怎么扶"的问题,强调具体问题具体分析,看清情况、找对原因、根据贫困的具体发生情况和原因,找出脱贫的合理有效路径,实施脱贫"五个一批"工程,其中之一为"发展教育脱贫一批"。此后,教育脱贫的研究呈现倍数级上升的态势。2017年以来,年度相关发文总数一直维持在500篇以上,是教育和脱贫研究领域的热点主题,年度发文数量保持持续上升的趋势(见图1)。对文献研究主题的分析发现,"精准扶贫"是其中数量最多

的主题,共计 1 078 篇,占比 21.82%,之后依次为"教育扶贫""教育精准扶贫""职业教育""教育脱贫"。

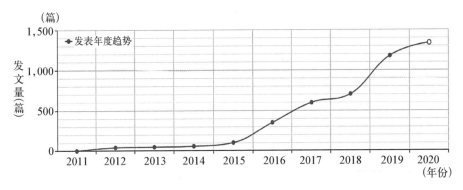

图 1　教育脱贫研究文献计量分析(2012 年以来)

第一,教育脱贫的政策变迁和路径分析。运用政策工具及其分类解释框架,将教育脱贫政策发展分为初步构建、基本形成、逐步完善阶段,指出其阶段特征为以组织建设性政策工具为主,强制与引导性政策工具并重,以能力建设性政策工具为主,提出了完善教育脱贫政策对象瞄准工具,完善教育脱贫政策评估指标工具,持续优化公共教育资源配置工具的对策建议。[3]分析中华人民共和国成立以来的教育扶贫政策,其经历了扶贫探索酝酿阶段、输血式扶贫阶段、造血式扶贫阶段和教育精准扶贫阶段。不同阶段的扶贫重点依次是:普及农村基础教育,推广扫盲教育;普及义务教育,保障贫困群体受教育权;提高贫困地区教育质量;教育扶贫拔出穷根。[4]随着教育扶贫事业的持续推进,研究者逐渐关注后扶贫时代的教育扶贫政策,认为后扶贫时代我国应制定常规化、制度化的教育扶贫政策体系,实施综合性教育扶贫措施,建构教育扶贫共同体,开展教育扶贫政策评估,强化教育扶贫与乡村振兴战略的统筹衔接。[5]

第二,教育精准扶贫的政策问题和路径分析。分析精准脱贫、精准扶贫问题,在精准识别贫困人口的基础上,针对教育致贫及其深层次问题,通过精准配置教育资源和提供教育资助服务,让贫困人口接受更加多样、更有质量的教育以帮助贫困地区发展经济,提高贫困地区人口质量和自我发展能力,最终使贫困地区摆脱贫穷。分析教育精准扶贫存在的问题,指出部分基层教育行政部门人员对教育精准扶贫理念认识不足,扶贫方式方法单一,缺乏对精准扶贫工作的创新意识和能力,教育精准扶贫脱贫协调联动机制不够健全,[6]提出应提高教育扶贫的精准性。针对跨境民族地区教育精准扶贫问题,提出应完善组织机构和政策体系,多方位、多渠道筹措教育精准扶贫资金,多部门、多领域同步联动发展,加大教育精准扶贫对口支援力度等。[7]

第三,教育脱贫中不同层次和类型教育功能的研究。强调职业教育扶贫是教育扶贫的重要方式之一,指出其将扶贫与扶智、扶技相结合,通过培养职业技术技能人才,让贫困家庭通过一人就业实现全家脱贫。[8]分析学前教育脱贫的途径和作用,指出参加"一村一园"项目的儿童学业成绩显著好于未接受过任何学前教育的儿童,显著好于除县城公立幼儿园以外的其他幼儿园的儿童,证明为中国贫困农村儿童提供低成本、保质量的学前教育,具有长效的人力资本价值。[9]分析贫困地区普通高中教育的治理路径和策略,提出扩大中西部贫困地区普通高中教育资源,构建长效的普通高中教育经费保障机制,提高中西部贫困地区普通高中教育质量,健全教育精准扶贫机制。[10]

文献计量和研究主题内容分析表明,教育脱贫研究是具有中国特色的研究主题,也是世界普遍关注的重要主题。我国关于教育脱贫的研究主要集中在教育政策研究领域,体现在四个方面:一是不同地区教育脱贫的模式、方法与路径问题;二是教育脱贫的体制机制问题;三是教育脱贫的学校建设、教师配备、经费安排、转移支付等资源配置问题;四是东中西部地区教育协作、不同学校之间教育帮扶问题。这些研究对于国家教育脱贫决策、教育脱贫实践改进发挥了巨大作用。全面进入小康社会后,在绝对贫困消除的情况下,教育脱贫战略如何调整和优化,成为重大而紧急的研究主题。

二、中国教育脱贫战略及体制机制分析

教育脱贫是中国反贫困政策的基本组成部分,提高贫困人口的知识、技能水平,增强其综合素质,进而提高收入,巩固脱贫效果,是反贫困政策的重要内容。党的十八大报告明确提出,坚决打赢脱贫攻坚战。党的十九大报告指出:中国脱贫攻坚战取得决定性进展,6 000多万贫困人口稳定脱贫,贫困发生率从10.2%下降到4%以下;让贫困人口和贫困地区同全国一道进入全面小康社会是我们党的庄严承诺。[11]截至2019年底,中国农村贫困人口从2012年末的9 899万人减少至551万人,累计减少9 348万人;贫困发生率从2012年的10.2%下降到0.6%,累计下降9.6个百分点。[12]中国减贫的卓越成就推动了全球贫困人口数量的下降,形成了中国经验。2015年召开的中央扶贫开发工作会议明确把"发展教育脱贫一批"列入"五个一批"脱贫的基本途径,将教育脱贫作为中国反贫困的重要组成部分,提上国家精准脱贫战略的政治议程。[13]教育脱贫制度和政策紧随脱贫攻坚实践需求不断优化,构建起宏观战略与微观政策相结合,普惠性与补偿性政策相结合,底线兜底与精准帮扶相结合,外部帮扶与内生动力相结合的体系,瞄准贫困地区最迫切、最亟待解决的核心教育问题,以832个贫困县和"三区三州"为重点,聚焦义务教育有保障底线,突出职业教育帮助贫困家庭成员掌握一技之长,实现技能脱贫。中国教育脱贫呈现"一体两翼"的战略模式,"一体"即发展教育脱贫一批,战略目标为扶智、扶志、扶技;"两翼"中的一翼为义务教育,战略目标为有保障,另一翼为职业教育,战略目标为有成效。"扶贫先扶志,治贫先治愚",教育脱贫为脱贫攻坚的"治本之计",教育脱贫在整个反贫困中具有基础性、先导性、全局性作用。中国脱贫实现了从经济脱贫为主到经济脱贫和教育脱贫并重的重大转变,教育脱贫的根本战略地位得到确立,推动贫困地区教育事业加快发展,保障义务教育,发展职业教育,打开了贫困地区群众提高文化素质、就业能力,特别是青少年通过学习成长而改变命运的扎实通道(见图2)。

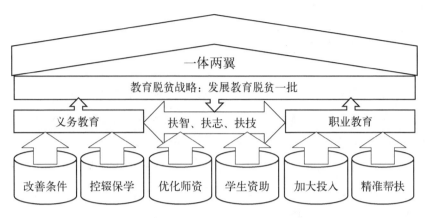

图 2　中国教育脱贫战略的"一体两翼"模式

1. 义务教育有保障

义务教育是乡村教育最基本、最重要的组成部分,是国民教育体系最基本、最重要的环节,是其他各级各类教育的基础,是阻断贫困代际传递的基础。义务教育脱贫着重在于保证底线标准,提升教育教学质量,使学生获得高质量的发展,使学生掌握未来发展的基本知识和能力,为升学和就业打下坚实基础,阻断代际贫困。

第一,改善贫困地区义务教育办学条件,推进义务教育学校标准化建设,为扶持农村薄弱学校,缩小城乡教育差距提供基础保障。通过义务教育学校标准化建设,国家保障每一所学校相对稳定且均衡的硬件和软件资源,确立相对一致的办学标准,营造相对稳定和公平的办学环境。通过解决城乡义务教育生均公用经费基准定额标准及基本装备配备标准上的差距问题,国家向义务教育困难地区、学校、学生倾斜支持,改善贫困地区薄弱学校办学条件。2013 年以来,贫困地区新建、改扩建校舍面积约 2.6 亿平方米,全国 30.96 万所义务教育学校(含教学点)办学条件达到底线要求,占义务教育学校总数的 99.8%。截至 2019 年底,累计共 2 767 个县实现义务教育基本均衡发展,占比 95.32%;义务教育大班额比例降至 3.98%,超大班额比例降至 0.24%,达到基本消除大班额(全国 5% 以内)

目标；中小学互联网接入率 97.9%，远远超过了 2012 年的 25%，配备多媒体教学设备普通教室 348 万间，93.6% 的学校拥有多媒体教室，其中74.2% 的学校实现多媒体教学设备全覆盖，学校网络教学环境大幅改善，学校基础设施大大改善。[14]

第二，保证每个孩子都在学校接受义务教育，控辍保学，推进贫困地区孩子的教育过程公平。贫困地区义务教育有保障，控辍保学是重点。国家和地方有关部门明确联控联保责任，开展定期专项行动，实施应助尽助救助，依法依规控辍治理，建立 374 个控辍保学国家重点监测县，涵盖52 个未摘帽贫困县、"三区三州"、集中连片特困地区；聚焦重点区域，形成"一县一案"控辍保学方案，加大对贫困地区教育资源的倾斜支持力度；针对重点人群，形成"一类一策"方案，重点关注随迁子女、残疾儿童、留守儿童，着力解决因学习困难、外出打工、早婚早育、入寺信教而辍学等问题；关注重点环节，抓住招生入学关键环节，集中开展控辍保学攻坚行动。教育部建立学籍系统与国家人口库的比对机制，会同民政部共同开展留守儿童关爱保护专项行动，摸排辍学留守儿童 1.88 万名，劝返复学儿童 1.77万名。[15]全国义务教育阶段建档立卡贫困家庭辍学学生由 20 万人降至 0人，实现历史性动态清零，确保辍学学生应返尽返、应入尽入。国家有关部门建立全国控辍保学工作台账管理平台、控辍保学台账月报制度等治理机制，实施精准控辍，动态管理。

第三，教师队伍建设突出"补"，增加教育扶贫专项编制，建立省级统筹乡村教师补充机制，提升教育质量，推进教育结果公平。针对贫困地区教师缺额多、素质不高、能力不足等问题，大力加强贫困地区教师队伍建设，为阻断贫困代际传递提供强大师资力量。党的十八大以来，国家累计为贫困地区选派支教教师及挂职干部 31.5 万人。"农村义务教育阶段学校教师特设岗位计划"（以下简称"特岗计划"）累计招聘教师 63 万名，覆盖中西部 1 000 多个县 3 万多所农村学校；边远贫困地区、边疆民族地区和革命老区人才支持计划教师专项计划，累计派出 17 万余名教师到"三区"支教；"援藏援疆万名教师支教计划"分两批选派 1 万名教师赴西藏、新疆支教;"银龄讲学计划"面向社会公开招募近 1 万名退休教师到农村义务教育学校讲学。全面实施连片特困地区乡村教师生活补助,中央财政划拨奖补资金 250 亿元,惠及中西部 725 个县 8 万多所学校近 127 万名教师,为贫困地区吸引和稳定了大批乡村教师,有力促进了城乡教师资源配置均衡。中央财政每年拿出 21.5 亿元进行中小学教师培训。2015—2020 年,中央财政投入 122 亿元,实施"国培计划中西部项目和幼师国培项目",培训乡村教师校长超过 1 000 万人次,着力提升乡村教师能力素质。创新支教组织形式,组织"国培计划"中小学名师名校长领航工程所在学校教师,建立"校长 + 教研组长 + 骨干教师"支教团队,组团式"一对一"帮扶凉山州 14 个县市和怒江州全部县市,培养当地学校管理队伍和骨干教师、教研队伍,整体带动教师能力素质提升。

2. 职业教育有成效

职业教育是国民教育体系和人力资源开发的重要组成部分。[16]职业教育是广大青年实现成功、成才梦想的金钥匙。职业教育不仅要传承技术技能,更要承担培养学生就业创业的职能。[17]职业教育在发展技能、促进就业、助推经济等方面具有独特意义。[18]职业教育对贫困地区具有长远意义,不仅提升了贫困地区的人力资源水平,也将教育脱贫同贫困地区经济产业发展和贫困人口的脱贫致富需要紧密结合。职业教育是贫困家庭快速脱贫的基本教育途径。如果贫困家庭的孩子能掌握一技之长,实现了就业,也就看到了脱贫的希望。[19]

第一,充分发挥职业教育在脱贫中的重要作用,以职业教育和培训为重点,以就业脱贫为导向,职业教育成为脱贫的重要手段。职业教育突出"强","强招生""强教育""强技能"和"强就业"贯穿职业教育,让职业教育学生有一技之长,能稳定就业,实现技能脱贫。国家颁发《职业教育东西协作行动计划(2016—2020 年)》《职业教育东西协作行动计划滇西实施方案(2017—2020 年)》等政策文件,深入推动东西协作,建立多方联动、精准发力的职业教育扶贫新机制,使建档立卡贫困家庭学生在东部地区接受优质职业教育。东部与西部地区签署"省对省""省对市""市对市"或三方落实协议100余份。职业教育施援方与受援方共建专业点670余个、实训基地310多个,受援方委托施援方管理学校66个,共建分校(教学点)近60个、职教集团(或联盟)近100个,就业技能培训10万余人,岗位技能提升培训16万余人,创业培训2.3万余人。

第二,不断加大职业教育投入,优化贫困地区职业教育资源配置,职业教育经费投入向中西部、贫困地区和民族地区倾斜。国家设立现代职业教育质量提升计划资金,改善职业教育办学条件,欠发达地区中等职业教育公共财政教育支出不断增加。改革中等职业教育贫困学生免学费财政补助方式,将原来的补助方式调整为三个学年由财政按照享受免学费政策学生人数和免学费标准补助学校,充分发挥中等职业学校的办学自主权,优化校内资源配置。中等职业教育贫困学生资助资金增多,中央和地方财政支出免学费补助资金约达246.8亿元,享受免学费政策的中职学生达1 200余万人。中央和地方财政支出国家助学金约47.2亿元,享受国家助学金政策的中职学生达300余万人。贫困地区职业教育发展速度加快,1 600多万来自农村和城市经济困难家庭的学生接受职业教育,贫困学生逐步实现就业脱贫,中国职业教育体系成为世界上最大的职业教育体系。

第三,针对新生代农民工特殊群体,开展灵活多样的技能培训,推进技能脱贫。全国农民工总量接近3亿人。国家统计局发布的《2017年农民工监测调查报告》显示,1980年及以后出生的新生代农民工占全国农民工总量的50.5%,即一半以上,逐渐成为农民工主体。[20]国家通过政策引导和激励,发动劳动者和各类培训主体大规模参与农民工职业技能培训。全国农民工接受过非农职业技能培训的占30.6%,2014年至2017年,全国累计开展政府补贴性农民工职业技能培训3 856万人次,促进了农民工就业创业技能提升。[21]2019年至2021年开展各类补贴性培训5 000万人次以上,其中2019年培训1 500万人次以上。

三、新时代教育脱贫战略转向影响因素

根据现行贫困标准,2020 年我国贫困人口实现全面脱贫,"两不愁三保障"的脱贫目标基本实现;基本消除绝对贫困后的相当长时期内仍需继续进行扶贫,相对贫困将会长期存在:这是教育脱贫面临的新形势。党的十九届四中全会针对全面决战脱贫攻坚明确提出,坚决打赢脱贫攻坚战,建立解决相对贫困的长效机制;《中共中央关于制定国民经济和社会发展第十四个五年规划和二〇三五年远景目标的建议》指出,在西部地区脱贫县增强其巩固脱贫成果及内生发展能力,建设高质量教育体系:这是针对教育脱贫的新要求。面对教育脱贫的新形势新要求,教育脱贫受到外部和内部多种因素的影响:外部因素主要体现为新冠肺炎疫情对教育财政投入的影响,国家发展战略调整对职业教育的影响;内部因素主要体现为教师资源在贫困地区配置的影响,教学形态变化对教育脱贫的影响(见图 3)。

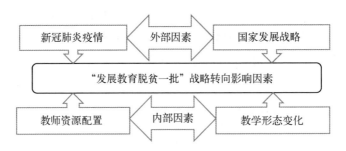

图 3　新时代中国教育脱贫战略转向影响因素

1. 新冠肺炎疫情对教育财政投入的影响

实现教育脱贫的关键是保障教育所需经费,国家经济产业发展的总体情况直接决定教育经费的充盈程度。新冠肺炎疫情对中央和地方经济产业运行产生了较大影响,必然会影响教育财政投入,尤其是地方教育财政投入。国务院新闻办发布的《抗击新冠肺炎疫情的中国行动》白皮书指

出，我国疫情防控在 2020 年 4 月 29 日以后进入常态化阶段。此后疫情防控从突击式向常态化转变，整个社会的经济发展与人们的日常生活逐渐回归正常状态，我国进入后疫情时代。后疫情时代全球化进程出现了巨大的"休克"，全球贸易遭受巨大的冲击。受新冠肺炎疫情冲击，我国 2020年一季度经济被迫下行，全国一般公共预算收入同比下降 14.3%，其中中央一般公共预算收入同比下降 16.5%，地方一般公共预算本级收入同比下降 12.3%。[22]之后逐步上升，国家统计局初步核算结果显示，2020 年我国国内生产总值（GDP）为 1 015 986 亿元，按不变价格计算，比 2019 年增长 2.3%。如何在后疫情时代确保教育财政投入尤其是地方教育财政投入，防止脱贫人员再度返贫，是巩固脱贫攻坚成果面临的严峻挑战。

我国基础教育的管理体制为"以县为主、省级统筹"，职业教育的管理体制为"以地为主、省级直管"，省、市、县三级地方政府财政对义务教育、职业教育的投入有着直接影响。新冠肺炎疫情使得部分地方财政紧张，部分地方财政收支矛盾比较突出，保工资、保运转、保民生比较吃力，从而直接影响地方财政对教育的投入。新冠肺炎疫情对地方经济产生明显影响，地方税收、土地财政收入下降，而财政刚性支出不能减，与抗疫有关的应急性支出大幅增加，进一步加剧了短期内地方财政收支矛盾，地方财政收支矛盾带来了教育投入的减少，出现部分教育项目缩减、学生返贫的现象。此外，教育脱贫财政投入的精准性有待提升，国家对于已建档立卡的贫困学生资助力度不断加大，甚至出现扶贫项目多重覆盖的问题，[23]在一定程度上造成了教育资源的浪费。尽管中央采取财政转移支付政策，保障学校正常运转，缓解了由中央和地方教育事权与支出职责不一致带来的教育经费短缺问题，但其可持续性需要保障。后疫情时代各级地方财政受疫情影响的程度、疫情的持续性和恢复期，是教育脱贫战略在新时期转向需要考虑的重要外部因素。

2. 国家战略调整对职业教育的影响

我国将加快形成以国内大循环为主体，国内国际双循环相互促进的新发展格局,双循环的关键是重塑国内区域市场。经济新常态背景下我国经济需求端需要再平衡,而供给端亟须再整合。[24]以国内需要为主要导向,以未来全球产业竞争力为考量,我国通过新基建推动现行产业体系、产业链、供应链进行调整,必然会影响职业院校布局的深度调整。产业发展面临重大调整,包括产业的结构、数量、布局等,随之而来必然会对职业教育的专业设置、人才培养规格形成新的需求,职业教育脱贫的重点区域、目标人群、重要领域也需要转变,以适应、引领产业调整的需要。

国家发展战略调整、产业变化、经济转型等对人才的技能标准、培训模式、综合素养等提出了新的挑战。《2019 年农民工监测调查报告》显示,全国农民工接受过非农职业技能培训的仅占 30.6%,农民工特别是新生代农民工培训仍存在短板,主要体现为培训政策不够完善,覆盖面不够广泛,规模比较有限,针对性及有效性不强,促进贫困劳动力实现就业脱贫的支持度不够等问题。[25]职业技术人才的供给侧和产业调整的需求侧之间存在一定差距,职业技术教育和培训的质量参差不齐,尤其是相对贫困地区的职业技术教育和培训与发达地区差距较大,不能有效地支撑经济转型与产业升级的需要。如何让相对贫困家庭学生接受更高水平、更高质量的职业教育,掌握一技之长,形成支撑地方产业发展、推动乡村振兴的人才队伍,如何推动新兴技术在相对贫困地区的普及使用,推动新兴产业发展,把制造业做大做强,需要职业教育体制机制作出相应的调整和变化。

3. 教师资源在贫困地区配置的影响

为提高贫困地区教育质量,国家从硬件配置、软件建设两个方面入手。一方面,实施学校标准化建设工程、薄弱学校改造计划等,均衡不同学校之间的硬件资源,全国绝大部分区县已经通过了国家义务教育基本均衡认定,贫困地区教育的硬件条件得到了基本保障;另一方面,积极均衡配置软件资源,优化义务教育管理体制机制,提升义务教育质量,推进学校管理标准化,贫困地区教育的软件资源得到了一定程度的均衡配置。

不同区域、学校之间教师的差异成为制约贫困地区教育质量的重要瓶颈，低下的受教育水平是阻碍农村贫困家庭脱贫致富的重要限制因素。[26]部分相对贫困地区的薄弱学校难以为该地区的教育脱贫提供助力，而教师是贫困地区教育脱贫战略转向的主体力量和薄弱因素。

稳定和吸引优秀人才长期在乡村学校任教，这是教育脱贫新时期战略调整的核心力量。相对贫困地区由于地理位置、教师待遇、发展机会等的限制，难以招收和留住高质量的教师。县级财政聘任教师，为教师发放工资和生活补助，使得部分县（区）的年度教育支出甚至超出了地方当年自有财政收入。在基础教育投资后期收益权不确定、效果显现周期长的情况下，地方政府通常没有足够的动力投资教育，保障并提高教师的工作津贴和生活水平。部分相对贫困地区的师资配备存在三方面问题：一是数量不足，不能满足学生入学的基本需要；二是质量不高，招聘不到优质教师资源从教；三是农村骨干教师向城性流动速度过快，农村地区难以留住优质师资。相对贫困地区的教师资源配置亟须统筹考虑，一是统筹考虑中央、地方政府的编制资源调动体制机制，二是统筹考虑不同贫困地区教师的增量需求和存量消化能力，三是统筹考虑贫困地区内部不同学校之间的教师配置状况和改进路径，四是统筹考虑贫困地区城乡之间教师配置政策和优化路径。

4. 教育形态变化对教育教学的影响

新冠肺炎疫情期间"停课不停学"有关政策的实施，促使教育形态发生了重要变化，从"线下授课、学校上学"转变为"线上授课、在家上学"，教育形态发生了历史性转变。虽然这个转变是暂时的，甚至是被迫的，但这一转变必将对未来教育形态的变化产生深刻而长远的影响。后疫情时代，教育形态可能转变为"线上线下教育相结合，校内校外教育相融合"的模式。这个状态必将对教育脱贫的原有政策、方法、路径产生巨大影响，应该根据教育形态的新变化，对传统的班级授课制和学校教育形态进行调整优化，未雨绸缪，提前布局。

联合国教科文组织的统计数据显示,全球疫情最严重的时期,近90%的学生学习受到影响,家庭经济背景较好的学生能够绕过关闭的学校,获得其他的学习机会,而家庭经济背景较差的学生,则可能在获取教育资源、接触教育机会方面碰到更多困难。[27]我国一些偏远山区网络覆盖度低、信号差,导致学生和教师上网课难;农村地区家长普遍不了解在线教育,没有在线教育的经验,不清楚如何引导学生在线学习(占61.2%);学生普遍反映在网络学习中容易开小差,不适应网上学习的方式,自主学习能力不足,需要家长监督。[28]贫困家庭和农村家庭学生在疫情后学业成绩相对下滑,在线教育一定程度上拉大了不同家庭条件学生的差距。[29]疫情期间学生接受教育质量的差异很可能对学生后续教育产生持续的影响,其影响因素表现为四个基础。一是设施基础,需要具备较好的教育信息基础设施,包括网络设施、终端设施、运行设施等。1/4的学校校长表示现有的设备和技术仍然不足以支持学校提供在线教学。[30]二是内容基础,需要具备较好的在线教育资源,包括教师备课资源、学生学习资源、优质教学资源等。三是能力基础,需要具备较好的教育信息化能力,包括线上教学能力、设备运用能力、教学监测能力等。教师要重建教学系统,把教和学分解为两个系统,让学习系统独立出来,让教的系统成为一个辅助支持服务系统,"学"与"教"的系统相互开放,进行信息交换和反馈。[31]四是协作基础,需要营造较好的全方位协作教育氛围,包括学校和家庭的协同教育、学校和社区的协同教育、学校和社会的协同教育等。

四、中国教育脱贫战略调整优化的路径

全面进入小康社会后,虽然绝对贫困问题已经消除,但相对贫困问题会长期存在,甚至部分地区、人群会再次返贫。"治贫先治愚,扶贫先扶智"依然是解决相对贫困问题的基本思路。教育作为阻断贫困代际传递的根本之策,作为摆脱贫困内部动力的地位和功能没有改变。在乡村振兴战略实施过程中,要始终将教育优先发展作为乡村振兴,解决相对贫困

问题的第一要务,以学生素养提升、教育质量改进为出发点和归宿,以推进教育高质量发展为内生动力,调整和优化教育脱贫战略的方向和路径势在必行。

1. 着眼教育投入精准性,提高教育资源配置效益

第一,保证教育脱贫财政投入的稳定性和持续性,中央和地方政府规划教育政策项目,有针对性地增加乡村地区、相对贫困地区的教育财政投入,不断改善基础教育、职业教育的软件与硬件设施,增强乡村地区、相对贫困地区家庭子女入学的意愿、积极性、教育获得感。随着教育软硬件设施的改善,有效提升乡村地区、相对贫困地区的教育质量。推进乡村地区、相对贫困地区学生接受高质量的教育,有效提升其人力资本,增强其综合素养,提高其在升学、就业中的竞争力,增强摆脱贫困的持续力,使其获得相对于父辈较高的收入、更加稳定的工作机会,从而阻断贫困代际传递,实现持久脱贫,获得持续发展。

第二,为乡村地区、相对贫困地区提供专项支持,加大国家转移支付力度,保障教育脱贫经费,提升学生资助的精准性。持续为乡村地区、相对贫困地区学生提供资助,减免学杂费,扩大奖学金覆盖面,提供助学金等,减轻家庭对子女教育支出的经济负担,增加家庭对子女的教育投资意愿,使更多孩子获得接受教育的机会。优化贫困学生资助的顶层设计,协调从幼儿园到大学的全学段资助政策,根据贫困程度分层次、分梯度进行资助,减少不同资助政策之间的交叉重合;将资助标准与家庭贫困程度、当地物价水平等因素关联起来,明确资助的水平和范围,设定科学、合理的资助标准;通过信息化手段监测资助效果,动态调整需要资助的学生名单。

2. 着眼国家战略调整,调整教育脱贫体制机制

第一,根据双循环发展新格局的要求、产业转移的步骤和态势,调整

优化教育布局,科学监测学生流动和变化情况,提供精准的教育支持。科学分析、监测城镇化进程,对接乡村振兴战略的实施方案,预判农民工流动的基本态势,建立流动儿童、留守儿童监测的标准、程序和方法,针对流动儿童、留守儿童的规模建立精准的教育支持体系。中央政府、流入地政府、流出地政府,不同层级政府之间的教育、人社、公安、发改、财政等部门相互协作,合理规划各级各类学校布局,调整生均教育经费,优化配置教师资源等,统筹解决流动儿童、留守儿童的教育问题,农民工的职业教育和培训问题,相对贫困人口的就业培训和技能提升问题。

第二,精准识别相对贫困问题,提升相对贫困地区的教育质量。相对贫困是在特定的社会生产方式和生活方式下,个人和家庭依靠劳动所得或其他合法收入,虽然能维护其食物保障,但无法满足在当地条件下被认为是最基本的其他生活需求的状态,更多地表现为一个从低到高的连续分布,涉及主体感受和客体评价。[32]相对贫困地区教育脱贫的关键是教育质量,要综合利用各种教育资源,建设高质量的教育体系。改革教育教学,提升相对贫困地区的义务教育教学质量;推进学前教育办园体制改革,提升相对贫困地区学前教育公办幼儿园的比例和普惠性幼儿园的办园质量;加强校企合作,加快职业院校布局调整,提升就业质量,提升相对贫困地区职业教育的吸引力。

3. 着眼教师资源配置,优化师资配置体制机制

第一,面向乡村地区、相对贫困地区,谋划从脱贫攻坚到乡村振兴有效衔接的乡村教师队伍建设长远规划,因地制宜,造就素质优良、甘于奉献、扎根乡村的教师队伍。首先,加强乡村地区、相对贫困地区师范院校、综合院校师范学科专业建设,提升地方教师培养质量,从源头上为贫困地区培养高素质教师。其次,加强东部和西部地区教师培养机构协作,为乡村地区、相对贫困地区定向培养教师,做到教师人才输送精准有效。再次,公费师范生招生、"特岗计划"招录等向乡村地区、相对贫困家庭

学生和毕业生倾斜,增加乡村地区、相对贫困地区学生的就学与就业机会。最后,建立和完善乡村教师补充机制,国家专项支教计划优先满足相对贫困县的教师队伍建设需求,省级政府统筹乡村教师配置资源,有效补充乡村教师数量,为乡村振兴、相对贫困地区持续脱贫提供强大的师资保障。

第二,针对乡村地区、相对贫困地区的教师,提供额外的、富有针对性的在职培训。首先,在国培、省培等各级教师培训计划中单独设立针对薄弱学校的教师培训,基于教师的专业素养、实际情况、真实需求等,为其提供丰富多样的专业素养提升机会,建设扎根相对贫困地区、服务薄弱学校的高质量教师队伍。其次,优化教师培训长期研修、送教下乡、名校跟岗等方式,提高教师培训的针对性和实效性,着力提高人工智能等信息技术运用能力,多维度提升教师素质。再次,优化统编教材巡讲活动,面向乡村地区、相对贫困地区教师定制巡讲内容、方式,送教上门,提高农村教师通用语言文字教育教学水平。最后,优化顶岗支教模式,培养乡村地区、相对贫困地区学校管理、骨干教师和教研队伍,整体带动教师能力素质提升。

4. 着眼教育形态变化,提升教育信息化水平

第一,持续改进乡村地区、相对贫困地区的教育信息化水平。增强信息化能力,利用教育信息技术,提升教育改进的精细化程度,实现有的放矢、因材施教;充分发挥教育信息化资源覆盖面广、可复制共享、低成本等优势,逐步消除乡村地区、相对贫困地区与其他地区的教育质量鸿沟;与时俱进,提升乡村地区、相对贫困地区的教育信息化建设水平,建设绿色安全的教育信息化资源数据库;结合乡村地区、贫困地区的地域特点和学校特色,适当融入地区和学校元素,整合优化地区优质教育资源;建立优秀教师优质课程推广机制,通过信息技术手段为薄弱学校授课、交流、答疑等,促进教育改进。

第二,建立相对贫困家庭学生数据库,利用信息技术精准分析教育对

象,为学生发展提供个性化方案。将学生家庭状况、个体发展需求、地方教育条件等因素纳入数据库,随着学生发展、有关情况的变化不断更新,实时判断学生是否处于相对贫困的状态,需要什么方面的教育支持,教育需求是否得到满足。根据受教育者的不同情况,制定教育方案,明确教育内容,提高教育脱贫效能。学校主导,形成线上线下相结合的家长共同体,建设家长咨询平台,有针对性地为家长提供指导,提升贫困地区家庭教育能力。通过教育数据系统,做到"三个精准",即"教育脱贫措施精准、教育资源配置精准、教育过程管理精准",实现教育脱贫过程监测精准,推进成效评估精准、考核精准、效果精准。

参考文献

[1] 司树杰,王文静,李兴洲.教育扶贫蓝皮书:中国教育扶贫报告(2016)[M].北京:社会科学文献出版社,2016:1.

[2] 习近平:让贫困地区的孩子们接受良好教育,是扶贫开发的重要任务[EB/OL].(2015 – 09 – 10)[2020 – 10 – 23].http://www.cpad.gov.cn/art/2015/9/10/art_624_24133.html.

[3] 薛二勇,周秀平.中国教育脱贫的政策设计与制度创新[J].教育研究,2017,38(12):29 – 37.

[4] 袁利平,丁雅施.教育扶贫:中国方案及世界意义[J].教育研究,2020,41(07):17 – 30.

[5] 侯小雨,李兴洲."后扶贫时代"教育扶贫政策的路径选择[J].中小学管理,2020(05):5 – 8.

[6] 潘安琪.教育精准扶贫的价值内涵、现实问题及对策建议[J].宏观经济管理,2020(04):58 – 63.

[7] 柳翔浩.跨境民族地区教育精准扶贫:使命、挑战和策略[J].教育科学,2020,36(04):70 – 75.

[8] 青海省全力推动藏区职业教育发展 1.96 万名学生免学费[EB/OL].(2018 – 09 – 19)[2020 – 10 – 26].http://www.tibet.cn/cn/edu/201809/t20180919_6270940.html.

[9] 赵晨,陈思,曹艳,凯瑟琳·斯诺,卢迈.教育精准扶贫:"一村一园"计划对农村儿童学业成绩的长效影响研究[J].华东师范大学学报(教育科学版),2020,38(02):114 – 125.

[10] 于璇.我国中西部贫困地区普通高中教育发展困境与治理路径研究[D].上海:华东师范大学,2019.

[11] 决胜全面建成小康社会 夺取新时代中国特色社会主义伟大胜利 中国共产党第十九次全国代表大会在京开幕 习近平代表第十八届中央委员会向大会作报告[N].人民日报,2017 – 10 – 19(001).

[12] 2019 年全国农村贫困人口减少 1 109 万人[EB/OL].(2020 – 01 – 24)[2020 – 10 – 26].http://www.xinhuanet.com/2020 – 01/24/c_1125498602.htm.

[13] 薛二勇.中国教育脱贫政策演进与制度创新[J].中国教育发展与减贫研究,2018(01):

60 - 78.

[14] 我国将推进"互联网 + 教育"加快建设教育专网[EB/OL].(2019 - 08 - 28)[2020 - 10 - 26].http：//www.gov.cn/xinwen/2019 - 08/28/content_5425418.htm.

[15] "控辍保学"攻坚战[EB/OL].(2018 - 02 - 23)[2020 - 10 - 26].http：//www.moe. gov.cn/jyb_xwfb/xw_zt/moe_357/jyzt_2018n/2018_zt05/zt1805_kcbx/201802/t20180224_327659.html.

[16] 更好支持和帮助职业教育发展　为实现"两个一百年"奋斗目标提供人才保障　习近平就加快发展职业教育作出重要指示[N].人民日报,2014 - 06 - 24(001).

[17] 习近平.加快发展职业教育让每个人都有人生出彩机会[J].中国人才,2014(7)：4 - 5.

[18] 唐智彬,谭素美.联合国教科文组织推动职业教育扶贫的理念演进与实践逻辑[J].教育与经济,2020,36(02)：19 - 28.

[19] 中共中央文献研究室.习近平总书记重要讲话文章选编[M].北京：中央文献出版社,2016：292.

[20][21] 加强新生代农民工职业技能培训[EB/OL].(2019 - 01 - 20)[2020 - 10 - 24]. http://paper.people.com.cn/rmrb/html/2019-01/20/nw.D110000renmrb_20190120_6-04.htm.

[22] 切实保障"后疫情时期"的教育投入[EB/OL].(2020 - 04 - 24)[2021 - 01 - 21].http：// www.jyb.cn/rmtzgjyb/202004/t20200424_320013.html.

[23] 王强,李丹阳,许宏伟.财政支持教育改革发展　助力教育脱贫攻坚[J].中国财政,2019 (05)：8 - 10.

[24] 破题"十四五"依托双循环实现内涵型增长[EB/OL].(2020 - 09 - 01)[2020 - 10 - 29].https：//theory.gmw.cn/2020-09/01/content_34142603.htm.

[25] 全国农民工已近3亿人,半数为80后,7成未接受培训[EB/OL].(2019 - 02 - 14)[2020 - 10 - 26].https://baijiahao.baidu.com/s?id=1625449382201991701&wfr=spider&for=pc.

[26] 李晓嘉.教育能促进脱贫吗——基于CFPS农户数据的实证研究[J].北京大学教育评论,2015,13(04)：110 - 122 + 187.

[27][30] 在线教育如何更公平更有效[EB/OL].(2020 - 05 - 27)[2021 - 1 - 21].https：// theory.gmw.cn/2020-06/05/content_33889444.htm.

[28] 郭玉娟,陈丽,王怀波.疫情下农村地区在线教学的现状、问题和建议——基于河南省H县"停课不停学"的调研分析[J].现代远距离教育,2020(05)：1 - 8.

[29] 罗长远,司春晓.在线教育会拉大不同家庭条件学生的差距吗？——以新冠肺炎疫情为准自然实验[J].财经研究,2020,46(11)：4 - 18.

[31] 王健.疫情危机下的教师角色、行为与素养[J].教师教育研究,2020,32(02)：27 - 31.

[32] 相对贫困治理特点与长效机制构建[EB/OL].(2020 - 06 - 28)[2020 - 10 - 26].http：// theory.gmw.cn/2020-06/28/content_33943731.htm.

作者简介

薛二勇　北京师范大学教育学部、中国教育政策研究院教授,博士,博士生导师,国家级重大人才项目入选者

李　健(通讯作者)　北京师范大学教育学部、中国教育政策研究院讲师,博

士,硕士生导师

傅王倩　北京师范大学教育学部讲师

电子邮箱

jianli209@bnu.edu.cn;eryongxue@bnu.edu.cn

Chapter 2

我国教育扶贫的长效机制构建研究[*]

史志乐　张　琦

摘　要： 我国一直将教育置于优先发展的地位,教育扶贫在国家经济社会发展中发挥着重要作用。通过多年实践探索,教育扶贫在政策体系、项目工程、学生资助以及帮扶措施等方面积累了宝贵经验并取得了重要成就,为贫困地区教育发展注入了强大动力,提高了贫困地区教育发展水平。随着我国由"消除绝对贫困"进入"缓解相对贫困"阶段,与贫困相关的要素也在发生变化,教育扶贫也面临新要求、新问题,亟须构建相对贫困阶段教育扶贫的长效机制,应保持教育扶贫的持续性,突出教育扶贫的协调性,优化教育扶贫的结构,释放教育扶贫的优势。

关键词： 教育扶贫;政策变迁;相对贫困;长效机制

消除贫困,改善民生,逐步实现全体人民共同富裕,是社会主义的本质要求。使现行标准下农村贫困人口脱贫,全体人民同步迈入小康社会,是党和国家 2020 年的既定目标。为了实现这一目标和要求,党的十八大以来,我国实施精准扶贫、精准脱贫重大方略,并确立了"两不愁三保障"的底线要求,教育扶贫成为打赢这场脱贫攻坚战的关键举措,发挥着基础性、先导性、根本性的重大作用。习近平总书记在党的十九大报告中明确指出,"坚持精准扶贫、精准脱贫……注重扶贫同扶志、扶智相结合"。教育扶贫担负着"保障义务教育"和"发展教育脱贫一批"的重要任务,具有"授人以渔"和"阻断贫困代际传递"的独特优势,能够促进贫困地区和贫

　　* 本文系北京市习近平新时代中国特色社会主义思想研究中心项目"脱贫攻坚的伟大成就和宝贵经验研究"(项目编号：21LLMLC035)的阶段性成果。

困人口的可持续发展。对于教育扶贫进行全面系统的认识,用历史的眼光审视教育扶贫的内涵与特征、政策与实践、经验与成就,为客观评价教育扶贫效果和制定下一阶段工作方案提供参考。随着我国由"消除绝对贫困"进入"缓解相对贫困"阶段,与贫困相关的要素也在发生变化,教育扶贫也面临新要求、新问题,亟须构建相对贫困阶段教育扶贫的长效机制,进一步保持教育扶贫的持续性,突出教育扶贫的协调性,优化教育扶贫的结构,释放教育扶贫的优势。

一、教育扶贫的内涵与特征

党的十八大以来,教育扶贫作为实现"两不愁三保障"的兜底性保障措施和精准扶贫"发展教育脱贫一批"的"五个一批"之一,不仅形成了具有"四梁八柱"性质的教育扶贫制度体系,同时也落地实施了一系列重大教育扶贫工程项目,为贫困地区稳定实现教育脱贫提供了保障。在具体的教育扶贫实践当中,教育扶贫充分发挥其优势和作用,为打赢脱贫攻坚战提供了重要支撑。

1. 教育扶贫的两类观点

综观贫困人口的特征发现,贫困人口素质低下既是贫困的原因,也是贫困的结果,二者互为因果,故在教育扶贫过程中产生了两类观点:一是"扶教育之贫",二是"依靠教育脱贫",前者将发展教育视为目的,后者将发展教育视为手段。[1]无论是目的论还是手段论,都没有否认教育在脱贫攻坚中发挥的重要作用。一方面,我们需要认识到贫困地区之所以贫困,是多种因素导致的,贫困的表现也是形式多样的,所以我们在扶贫过程中必须考虑"教育"这一致贫因素,同样也不回避贫困地区包括贫困家庭在教育方面面临的问题,这也成为"扶教育之贫"的观点,发挥"扶教育之贫"的作用,补足贫困地区教育质量落后的短板;另一方面,人力资本是一个国家或者一个地区经济社会发展不可忽视的力量,所以要发挥"依靠教育脱贫"的作用,通过教育努力提高贫困地区的人力资本水平,提高贫困人口的可行能力,帮助贫困人口摆脱贫困恶性循环链条,从而阻断贫困的代际传递。从我国减贫实践也可以看出,教育扶贫聚焦贫困地区贫困人口在教育方面的薄弱问题,从国家顶层设计出发,全方位、全学段、全要素地构建帮扶体系,涉及学前教育、义务教育、高中教育、职业教育、高等教育、学校建设、乡村教师、学生发展、课程改革等方面,为贫困地区贫困人口提高受教育水平,积累人力资本,获取更多摆脱贫困的可能性提供了新的路径和新的选择。

2. 教育扶贫的两项任务

教育的涉及面比较广,投入周期比较长,从学前教育到高等教育,从学校到教师,从学生到家庭,从硬件建设到软件提升,要完成的任务较多,见效较慢。也因为这些特征,我国教育扶贫呈现短期性和长期性两大特点,相应地也要完成两项任务。从短期来看,教育扶贫在脱贫攻坚期的主要任务就是保障义务教育。国家脱贫攻坚的底线目标已经明确,就是实现"两不愁三保障",其中重要一项就是要求"保障义务教育"。在实施精准扶贫、精准脱贫方略过程中,教育精准脱贫精准到人,确保"不让一个孩子因贫困失学"。脱贫攻坚期内开展的贫困县脱贫摘帽评估工作中的一项重要内容,就是要评估县域内适龄儿童能否或者是否顺利完成了九年义务教育,控辍保学也成为一段时间内贫困县脱贫非常重要的工作。[2]截至目前,我国义务教育阶段建档立卡贫困家庭辍学学生实现"动态清零"。从长远来看,教育扶贫的任务就是阻断贫困代际传递。教育扶贫属于能力增进型"造血式"扶贫[3][4],通过授人以渔的方式,不断激发贫困群众的内生动力,增强贫困地区贫困人口的可行能力,是一项具有根本性、长远性的战略举措,是切断贫困代际传递的关键。教育扶贫在短期内可能并不如其他扶贫方式效果明显,但是从长期来看,教育扶贫将成为产业扶贫、健康扶贫、易地扶贫搬迁、生态扶贫以及社保兜底扶贫的根本保障,因为只有积极发挥教育扶贫的作用,提高贫困人口的能力和素质,才能让贫困地区长期稳定脱贫有所保障。

3. 教育扶贫的两种形式

教育扶贫不仅涉及家庭、学校、教师和环境等多种要素,而且要考虑各种要素之间的关系。随着我国贫困治理理念由"物质帮扶"向"扶志扶智"转变[5],教育扶贫逐步形成"以物质帮扶为主"和"以软件帮扶为主"两种扶贫形式。

所谓"以物质帮扶为主"的扶贫形式,主要是通过输送物质资源,提高贫困地区学校的硬件设施,比如校舍建设、跑道建设、食堂建设、营养餐、捐赠图书等。[6]近年来贫困地区教育发展在硬件方面改善非常明显,尤其在义务教育"全面改薄"和"义务教育均衡发展"方面做了很多物质帮扶的工作,成为当前教育扶贫非常重要的内容。截至 2019 年底,全国累计有2 767个县实现义务教育基本均衡发展,占比达 95.32%。随着信息技术的发展,现在贫困地区的物质帮扶还包括提升信息技术为主的教育扶贫方式,在"互联网＋"时代,这种扶贫模式抓住了大数据网络的"脉搏",认识到互联网在教育精准扶贫中的重要作用,并以此为基点着力提高贫困地区人群的信息化水平。[7][8]目前许多贫困地区更新了教学设施,开展了远程教学,大山里的孩子可以和发达地区的孩子同步学习。

所谓"以软件帮扶为主"的扶贫形式,主要是通过改善贫困地区教育发展的软件方面的条件来提升整体教育发展水平,比如提升乡村教师专业能力,打造良好的教室文化等。帮扶了物质方面的匮乏与落后之后,相关的软件配套也亟需跟上。通过调研发现,有些地方有了崭新、漂亮的校舍,但是缺少教师;有些学校配置了先进的教学设备,但是师生不会使用;还有不少地方家长的教育理念和学生的学习理念比较滞后,"读书无用论"盛行,学生厌学等现象严重影响教育扶贫的效果。仅仅依靠物质方面的帮扶是不能从根本上解决上述问题的,那么就需要加强软件方面的帮扶。软件方面的帮扶侧重于人和文化环境,比如支持乡村教师发展,关爱留守儿童,营造学校和教室文化等。

二、教育扶贫的政策与实践

习近平总书记指出："教育是国之大计、党之大计。""教育兴则国家兴，教育强则国家强。"我国一直将教育置于优先发展的地位，教育扶贫在国家经济社会发展中发挥着重要作用。早在中华人民共和国成立初期，我国就以普及教育、扫除文盲为政策定位，在农村形成了生产大队办小学、公社办中学、区委会办高中的农村教育格局，创造了"政府补贴＋公社的公共经费分担"的全民办教育模式。1984 年 9 月，中共中央、国务院出台《关于帮助贫困地区尽快改变面貌的通知》，明确把增加智力投资作为其中一条重要措施，要求"在贫困地区有条件地发展和普及初等教育，重点发展农村职业教育，加速培养适应山区开发的各种人才"。1992 年10 月，国家教育委员会办公厅发布《关于对全国 143 个少数民族贫困县实施教育扶贫的意见》指出，教育扶贫主要是帮助和推动少数民族贫困县发展教育事业，这也是国家正式文件中最早提出的"教育扶贫"概念。1994年，国务院印发《国家八七扶贫攻坚计划（1994—2000 年）》，其中"改变教育文化卫生的落后状况"是该项计划的具体目标之一，并明确规定："基本普及初等教育，积极扫除青壮年文盲；开展成人职业技术教育和技术培训，使大多数青壮年劳力掌握一到两门实用技术。"科教部门的任务是"科技部门要制定科技扶贫战略规划，指导和推动扶贫工作转到依靠科学技术和提高农民素质的轨道上来。要增强实施'星火计划'的力度，动员各方面力量开展多种形式的科技开发和科技服务，认真抓好扶贫开发的科学研究和科技示范。教育部门要积极推进贫困地区农村的教育改革，继续组织好贫困县的'燎原计划'，普及初等教育，做好农村青壮年的扫盲工作，加强成人教育和职业教育。"为了解决贫困地区教育落后状况，加快贫困地区普及九年义务教育的步伐，从 1995 年起，政府开始实施第一期"国家贫困地区义务教育工程"。

步入 21 世纪，国家针对贫困地区教育负担过重、教育发展滞后等突出问题,先后出台了《国家西部地区"两基"攻坚计划(2004—2007 年)》《关于加快国家扶贫开发工作重点县"两免一补"实施步伐有关工作的意见》《关于中等职业学校农村家庭经济困难学生和涉农专业学生免学费工作的意见》《关于实施农村义务教育学生营养改善计划的意见》《关于实施面向贫困地区定向招生专项计划的通知》等文件,大力实施农村义务教育经费保障机制改革,全面免除了农村义务教育阶段学生的学杂费、书本费,补助家庭经济困难寄宿学生生活费,农村贫困地区义务教育保障水平得到很大的提高。

党的十八大以来,党和国家密切关注教育扶贫工作,出台了一系列相关政策文件,聚焦教育扶贫的重点、难点问题。[9][10]2013 年 7 月,教育部联合国家发改委、财政部、扶贫办、人力资源和社会保障部、公安部、农业农村部等有关部门联合发布《关于实施教育扶贫工程的意见》,这是党的十八大以来第一个聚焦教育扶贫的政策文件。文件指出,要"充分发挥教育在扶贫开发中的重要作用,培养经济社会发展需要的各级各类人才,促进集中连片特殊困难地区(以下简称片区)从根本上摆脱贫困",主要任务包括"全面加强基础教育;加快发展现代职业教育;提高高等教育服务能力;提高学生资助水平;提高教育信息化水平"。随后,我国相继制定并出台了多项教育惠民政策措施,构成了覆盖面比较完善的教育扶贫政策体系框架,如《国家贫困地区儿童发展规划(2014—2020 年)》《乡村教师支持计划(2015—2020 年)》《教育脱贫攻坚"十三五"规划》《职业教育东西协作行动计划(2016—2020 年)》《推普脱贫攻坚方案(2018—2020 年)》《深度贫困地区教育脱贫攻坚实施方案(2018—2020 年)》。这些政策文件聚焦贫困地区的每一所学校、每一名教师、每一个孩子,覆盖学前教育、义务教育、职业教育、普通高中教育、民族教育等方面,涉及贫困地区义务教育普及、学校基础设施建设、学生资助体系、教师队伍建设、民族教育发展、职业教育提升等领域,为 2020 年农村贫困人口全部脱贫,贫困地区同步建成小康社会奠定坚实基础。

三、教育扶贫的经验与成就

教育扶贫工作全面贯彻党中央国务院关于扶贫开发的战略部署,全面落实精准扶贫、精准脱贫的基本方略,从顶层制度设计到落地实施,逐步向前推进,在具体实践过程中取得了显著成效并积累了宝贵经验。

1. 推动实施教育扶贫重大工程

教育扶贫是一项周期长、投入多、涉及面广的工作,需要通过一系列重大工程切实推动相关政策的落地实施。近年来,我国在教育扶贫领域广动员、出真招、见实效,取得一定的成绩。一是全面改善贫困地区农村义务教育薄弱学校基本办学条件。2013 年教育部出台《关于全面改善贫困地区义务教育薄弱学校基本办学条件的意见》,旨在全面改善贫困地区农村义务教育薄弱学校办学条件。目前贫困地区义务教育学校的教学、生活条件得到明显提升,832 个贫困县已基本完成建设任务。二是实施农村义务教育学生营养改善计划,覆盖所有国家级贫困县。目前已有 4 000 多万名农村学生吃上免费营养餐,营养健康状况得到显著改善,身体素质明显提升。据中国疾病预防控制中心跟踪监测数据,2019 年营养改善计划试点地区男、女生各年龄段平均身高比 2012 年分别增长 1.54 厘米和 1.69 厘米,平均体重分别增加 1.06 千克和 1.18 千克,高于全国农村学生平均增长速度。三是实施乡村教师支持计划。"国培计划"累计培训乡村教师和校园长 540 万余人次,全国 28 万名农村特岗教师活跃在中西部 22 个省(区、市)1 000 多个县 3 万多所农村学校(村小、教学点)。集中连片特困地区乡村教师生活补助实现全覆盖,有效缓解了贫困地区教师"下不来、留不住、教不好"的问题。四是连续实施三期学前教育行动计划,2017 年全国学前三年毛入园率达 79.6%,比 2012 年提高 22 个百分点。五是实施消除义务教育大班额计划,截至 2018 年 10 月底,义务教育大班额、超大班额数量比 2017 年分别减少了 18.9% 和 48.7%。六是启动实施"银龄讲学计划"。2018—2020年,计划招募1万名优秀退休校长、教研员、特级教师、高级教师等到农村义务教育学校讲学,发挥优秀退休教师引领示范作用,促进城乡义务教育均衡发展。

2. 建立健全学生资助体系

教育扶贫的关键对象是学生,我国大部分需要扶持救助的学生普遍家庭经济困难,常常会因贫辍学或者失学。为了保障农村义务教育,教育扶贫通过建立健全从学前教育到研究生教育的贫困学生资助政策体系,构筑起坚实紧密的保障网络,力求实现"不让一个学生因家庭经济困难而失学"。经过多年努力,我国逐步形成了以政府为主导、学校和社会积极参与的覆盖学前教育至研究生教育的学生资助政策体系,实现了"三个全覆盖",即学前教育、义务教育、高中阶段教育、本专科教育和研究生教育所有学段全覆盖,公办民办学校全覆盖,家庭经济困难学生全覆盖。学前教育对家庭经济困难儿童、孤儿和残疾儿童予以资助,义务教育实施"两免一补"政策,普通高中率先免除建档立卡等家庭经济困难学生学杂费,中等职业教育对所有农村学生、城市涉农专业学生和家庭经济困难学生免除学费,高中阶段教育设立国家助学金,高等教育实施国家奖助学金、国家助学贷款学费补偿贷款代偿、勤工俭学等多种形式的资助方式。《中国学生资助发展报告》显示,我国资助贫困学生的资助金额从2012年的1 126.08亿元增长到2019年的2 126亿元,增长88.80%;资助人数从2012年的8 413.84万人次增长到2019年的10 590.79万人次,增长25.87%。2019年全国累计资助"三区三州"地区学前教育、义务教育、中等职业教育、普通高中教育和普通高等教育学生(幼儿)627.26万人次(不包括义务教育免除学杂费和免费教科书、营养膳食补助),累计资助金额106.83亿元。

3. 积极创新教育扶贫模式

教育面对的个体差异性非常突出,而且教育是一个与经济社会发展密切相关的领域,在贫困地区采取哪种教育扶贫模式,以什么样的方式开展,谁来开展,谁来收益等,这些问题需要得到有效解决。针对贫困地区教育发展的特殊情况,各级政府结合地方实际情况不断创新教育扶贫模式,形成了基础教育扶贫模式、高等教育扶贫模式、乡村教师队伍建设模式、教学资源共享"互联网+"模式、职教扶贫"就业+"模式、技能培训"人才+"模式等典型的教育扶贫模式(见表1)。此外,我国还实施贫困地区定向招生专项计划,2012年起所有"211工程"高校和中央部署高校安排专门计划,面向贫困县累计招生37万人,2017年贫困地区农村学生上重点高校人数增长9.3%;推进订单定向免费培养医学类本科生工作,为中西部乡镇卫生院培养订单定向免费五年制本科学生1.2万余人;实施职业教育东西协作行动,学历教育和技能培训双管齐下,帮助建档立卡贫困人口实现就业脱贫。

表1　教育扶贫模式及主要内容

教育扶贫模式	主　要　内　容
基础教育扶贫模式	贫困地区特别是深度贫困地区、民族地区积极落实义务教育政策,全面改善农村薄弱学校基本办学条件,完善控辍保学机制,保障建档立卡等贫困家庭学生顺利完成义务教育
高等教育扶贫模式	东部高等学校对口支援贫困地区高等学校,建立扶贫协作、对口支援、对口合作长效机制
乡村教师队伍建设模式	顶岗置换、网络研修、送教下乡、专家指导、校本研修等多种形式定期开展乡村骨干教师和种子教师培训
教学资源共享"互联网+"模式	以教育资源公共服务平台为基础、教育大数据为核心、优质教育资源为服务的智慧教育体系,实现教学资源共享和教育长效帮扶
职教扶贫"就业+"模式	以"校企合作、产学协作"路径为依托,企业与贫困地区职业院校深度合作,开设"订单班",前两年在当地职业技术学院进行理论学习,第三年到各家集团进行实操培训,经考核合格后,由合作集团安排就业,真正实现职教一人、就业一人、脱贫一家的教学目标
技能培训"人才+"模式	技能培训周期较短、针对性强,按照"定准产业""找准主体""对准市场"三个关键,依托文化旅游、生态畜牧业、特色农牧业等特色产业,着力培养艺术人才、农村实用人才、有机畜牧业人才等

四、构建相对贫困阶段教育扶贫的长效机制

精准扶贫、精准脱贫方略实施以来,教育扶贫已成为保障打赢脱贫攻坚战的重大且关键的举措。随着我国扶贫工作由"消除绝对贫困"进入"缓解相对贫困"阶段,与贫困相关的要素也在发生变化,教育扶贫也面临新要求、新问题,亟须不断创新扶贫理念和扶贫模式,构建相对贫困阶段教育扶贫的长效机制。

1. 保持教育扶贫的持续性,继续支持贫困地区教育帮扶工作

在缓解相对贫困阶段,贫困地区的教育与东部发达地区仍然存在一定的差距,且仍然存在城乡差距,在政策上予以倾斜和支持实为必要。因此,教育扶贫在缓解相对贫困阶段要继续发挥优势,针对贫困地区的教育政策在 2020 年后要有一定的缓冲期和稳定期,不仅要将贫困地区教育发展"扶上马",还要在相对贫困阶段"送一程",保障贫困地区教育的可持续发展。一方面,要加大对贫困地区的教育财政投入力度,深入调研和了解贫困地区教育扶贫的现实需求,充分发挥财政政策和财政资金的作用,在资金、项目和政策措施等方面给予更多的支持和倾斜;另一方面,在充分尊重当地历史文化、风俗习惯的前提下,分地区、分类别制定适合贫困地区教育长期发展的教育扶贫工作方案,尤其是根据不同学段、不同对象给予针对性的帮扶,在确保贫困地区的贫困人口一同迈入全面小康的同时,兼顾贫困地区以及贫困群众在 2020 年以后能够实现稳定的可持续发展。

2. 突出教育扶贫的协调性,积极促进城乡教育均衡发展

农村绝对贫困消除以后,我国将进入一个统筹城乡贫困治理的新阶段,其中有一个要破解的关键难题就是城乡教育均衡发展。虽然脱贫攻坚在 2020 年如期完成,但是我国解决贫困问题的脚步并没有停止。随着

农村生活水平的提高,人民对于优质教育资源的需求也在不断提升,尤其是农村贫困群众依靠教育实现个体发展的愿望越来越强烈。在脱贫攻坚期,贫困地区打响也打赢了教育脱贫攻坚战,实现了"义务教育有保障"这一目标。但是贫困地区不仅面临控辍保学的压力,同时也面临城乡义务教育发展不均衡等问题。作为脱贫攻坚的基础性、保障性工作,教育扶贫应该积极促进城乡教育均衡发展,为实现贫困地区和贫困群众可持续发展提供长远保障。因此,在缓解相对贫困阶段,教育扶贫要凸显协调性,积极构建合理完善的教育体系,对贫困地区义务教育阶段的学校建设、课程开发、教师发展、学生培养等进行有针对性的设计和规划,将城镇标准化学校建设与农村薄弱学校改造结合起来,鼓励优质教师资源向乡村倾斜和流动,保障农村学生得到同样的受教育机会,统筹解决城乡教育发展难题。

3. 优化教育扶贫的结构,着力提升乡村教师素质水平

脱贫攻坚期内,教育扶贫在人、财、物等方面的投资非常大,为顺利如期实现全部脱贫提供了重要保障。但是相比硬件方面的投入,软件方面的投入仍显不足,尤其表现在农村教师的培养、补充等方面。教师是推动教育发展的关键要素,相对贫困阶段教育扶贫效果与农村学校教师素质水平有着很大关系。因此,在缓解相对贫困阶段要优化教育扶贫的结构,不仅要保证硬件方面的投入和支持,还应该更加关注软件方面的关心和培养,着力提升乡村教师素质水平。一方面,提高乡村教师的福利待遇水平,扩大贫困地区教师生活补贴覆盖面,为教学任务重、地区偏远等学校适当增加教师编制,将职称评定向贫困地区一线教师倾斜,解决乡村教师发展的后顾之忧;另一方面,通过职前培养和职后培训的方式着力提升乡村教师素质能力,在实施国培、省培、校本培的基础上,积极扩大县级培训组织和培训人员,为乡村教师提供更多本土化、常态化的培训,培养一支留得住、教得好的乡村教师队伍。

4. 释放教育扶贫的优势，切实发挥职业教育的重要作用

相对贫困阶段仍要解决贫困对象的就业增收问题，职业教育可以帮助贫困对象掌握一技之长，增强其在就业市场的竞争力，实现"职教一人、就业一人、脱贫一户"的效果。因此，在缓解相对贫困阶段，要进一步发挥职业教育在减贫中的作用，加快推进职业教育高质量特色发展，为促进地方经济发展培养高素质劳动者和技术技能人才。一方面要支持农村贫困地区职业教育的发展，加大职业教育投入，扩大宣传，改善职业教育办学条件，鼓励和引导家长和学生接受职业技能培训与相关教育，为将来就业创业打下基础；另一方面要创新技能人才培养模式，把课堂搬到田间，把教室搬到工厂，实行产教融合、校企合作、工学结合，增强学生就业创业本领，拓宽学生就业创业渠道，通过发展职普教育，落实订单培养，拓展职业教育通用培训平台，使职业教育在扶贫减贫的帮扶措施方面更加精准，帮扶成果更加有效。

参考文献

[1] 刘军豪,许锋华.教育扶贫：从"扶教育之贫"到"依靠教育扶贫"[J].中国人民大学教育学刊,2016(02)：44-53.

[2] 刘学敏.打好"三大攻坚战"/"精准脱贫机制创新"系列笔谈之一　精准脱贫考核评估机制的关键议题[J].改革,2017(10)：54-56.

[3] 曾天山.教育扶贫的理论认识和实践探索[J].中国教育科学,2017(03)：43-77+42+227.

[4] 袁利平.教育缓解相对贫困的价值意蕴、行动逻辑及制度安排[J].教育科学,2021,37(02)：14-21.

[5] 向德平,华汛子.党的十八大以来中国的贫困治理：政策演化与内在逻辑[J].江汉论坛,2018(09)：131-136.

[6] 张琦,史志乐.我国教育扶贫政策创新及实践研究[J].贵州社会科学,2017(04)：154-160.

[7] 任友群,冯仰存,徐峰.我国教育信息化推进精准扶贫的行动方向与逻辑[J].现代远程教育研究,2017(04)：11-19,49.

[8] 薛二勇,周秀平.中国教育脱贫的政策设计与制度创新[J].教育研究,2017,38(12)：29-37.

[9] 吴霓,王学男.党的十八大以来教育扶贫政策的发展特征[J].教育研究,2017,38(09)：4-11.

[10] 刘航,柳海民.教育精准扶贫：时代循迹、对象确认与主要对策[J].中国教育学刊,2018(04)：29-35.

作者简介

史志乐　中国农业大学马克思主义学院讲师

张　琦(通讯作者)　北京师范大学中国扶贫研究院院长、教授,博士生导师

电子邮箱

shizhile@cau.edu.cn

sxzhangq@163.com

Chapter 3

中国教育扶贫模式如何升级转型
——基于内生性发展理论的分析*

袁利平　张　薇

摘　要： 科学的教育扶贫模式是教育扶贫持续发力的有力保障。外源性教育扶贫模式存在的现实困境主要表现在思维惯式导致脱贫群体缺乏精神动力，扶贫策略影响脱贫群体能力发展，扶贫方式与脱贫群体新需求产生错位等方面。内生性发展理论嵌入教育扶贫具有一定的合法性，且能为中国教育扶贫模式升级转型提供理想类型。后扶贫时代中国教育扶贫模式升级转型需要多措并举激发脱贫主体内生动力，多策并用提高脱贫个体可行能力，多方联动赋予脱贫群体教育资源，多点发力增进教育脱贫可持续力，实现以扎实推动共同富裕为使命的根本性扶贫模式升级转型。

关键词： 后扶贫时代；教育扶贫；模式创新；内生性发展

消除贫困是人类社会的共同使命，中国的贫困治理是人类历史上的伟大壮举。改革开放以来，我国扶贫事业不仅高速度、大规模地改善了广大贫困地区居民的生活状况，还为世界减贫事业作出了巨大贡献，总体脱贫数量占全球七成之多，创造了人类历史上史无前例的减贫成就，赢得举世瞩目。2020 年是全面打赢脱贫攻坚战的收官之年，亦是全面建成小康社会的关键之年，我国现行标准下农村绝对贫困人口实现脱贫，贫困县全部摘帽，区域性整体贫困得到解决。随着全面打赢脱贫攻坚战的顺利实现，我国教育扶贫模式得从以政府主导的"外源性"（exogenous）扶贫模式

----

* 本文系教育部人文社会科学研究项目"西北民族地区教育扶贫效果综合评估及长效机制研究"（项目编号：20YJA880007）的阶段性成果。

逐渐转向以"内生性"(endogenous)发展为主的后扶贫时代。同时,捍卫脱贫攻坚战的阶段性成果,实现常态化脱贫,激发脱贫群体内生动力,也需要走内生性发展的新型扶贫道路。因此,内生性发展理论作为教育扶贫发展的新主张,不仅是我国教育扶贫模式升级转型的必然趋势,而且对检验后扶贫时代教育扶贫的有效性和缓解相对贫困具有重要的理论价值和实践意义。

一、中国外源性教育扶贫模式的现实困境

伴随着脱贫地区教育扶贫事业的不断发展,我们在正视脱贫地区教育扶贫取得巨大成就的同时,也需要对脱贫地区教育扶贫进程中存在的问题进行深刻反思。总体来说,现阶段我国外源性教育扶贫模式存在的现实困境主要表现在脱贫群体的思维惯式导致精神动力缺失,扶贫策略影响脱贫群体可行能力的发展,扶贫方式与脱贫群体的参与性需求错位三方面。

1. 扶贫群体的思维惯式导致精神动力缺失

我国脱贫地区大多地处偏远地区,由于自然条件限制导致经济基础和制度环境等方面有所欠缺,出现基础设施建设落后、生产生活条件较差、国家制度供给欠账较多等现象。个别脱贫地区脱贫群体还过着与外界隔绝的生活,长期生活在比较落后的生存环境中,重复着祖祖辈辈流传下来的生活和生产方式。正是因为这些现实条件,导致脱贫群体无法更新观念、改变落后的思维方式,从而固化其精神上的贫困、产生一种"认命"心理,使得激发脱贫群体脱贫内生力更加困难。正如美国人类学家鲁思·本尼迪克特(Ruth Benedict)所言:"个体生活的历史中,首要的就是对他所属的那个社群传统上手把手传下来的那些模式和准则的适应。"[1]这种思维方式具有"惯性"作用,会使贫困文化在脱贫群体中进行代际传递。

只有改变脱贫群体精神贫困的现状,激发他们自身脱贫攻坚的思想

动力,才能真正实现教育扶贫的内生性发展。相对于经济贫困,精神贫困是最根本的贫困。脱贫群体由于主动意识和自发意识的缺失,以及自给自足的小农思想的限制直接影响着其自主性和创新性的发展,他们更容易产生惰性和"等、靠、要"思想。同时,脱贫家庭劳动力素质和能力普遍较弱,这会加剧他们对自身认识不足,并在发展中不愿为、不想为、不能为,缺乏创新意识和发展意识,导致脱贫内生动力不足。总之,种种原因导致脱贫群体产生一种强烈的自卑感、无助感,深陷自我受限的藩篱,逐渐失去摆脱贫困的愿望与动力,并在心理上产生对贫困的适应感。

2. 扶贫策略影响脱贫群体可行能力的发展

一个地区的经济发展水平与当地劳动者的受教育程度、文化水平高低有着直接联系。对脱贫地区特别是深度脱贫地区而言,造成脱贫群体深陷贫困的主要原因是可行能力的匮乏。在阿马蒂亚·森(Amartya Sen)看来:"用一个人所拥有的可行能力,也就是所具有的珍视生活的实质自由来判断一个人的处境是十分合理的。"[2] 缺乏劳动技能和创造物质财富的能力,也会致使脱贫群体思维观念滞固后出现精神贫困,反过来又加重能力贫困的程度。[3] 知识是第一生产力,是能力养成的重要基础,要帮助脱贫群体彻底摆脱贫困,最根本的途径就是要先帮助脱贫群体改变知识缺乏带来的能力匮乏。

要做到真正脱贫不返贫,就要从根源上消除脱贫群体的致贫原因,切实有效地保障脱贫群体接受教育的机会,激发他们内心"脱贫致富"的内在需求和动力,帮助他们拥有"我要脱贫"的能力和技术,从根本上摆脱"扶贫—脱贫—返贫—扶贫"恶性循环的怪圈。随着"输血式"扶贫方式暴露出的问题越来越多,一些脱贫群体因自身无法创造财富摆脱贫困而产生对政府的依赖。为了改变这种现象,越来越多的各级政府转向"造血式"扶贫,一改以往直接给脱贫群体送粮、送钱、送小康的方式,而是通过"给项目、给资金、给技术"等手段,将脱贫地区的自然环境特色和脱贫群体自身实际情况相结合,有针对性地对脱贫群体进行切实有效的脱贫教育。

3. 扶贫方式与脱贫群体的参与性需求错位

"在竞争的社会里,机会获得是个体争取与外部提供的有机结合,既有能力和禀赋资源是个体争取机会的保障和动力,外部提供的稀缺性和竞争性通过强筛选造成了机会的分流,能力和禀赋资源处于弱势的群体将会在激烈的竞争中失去掌握机会的权利。"[4]采用不恰当的扶贫方式在一定程度上会加剧机会贫困。以政府为主导的"输血式"外源性扶贫方式是政府及相关扶贫部门基于按期应完成的扶贫任务,在扶贫决策安排、筹措资源、组织分配项目实施和监督扶贫项目落实过程中所形成的自上而下的权力运行机制,能有效地实现短期内人力、财力和物力的高度集中,帮助解决贫困的凸显问题。

外源性扶贫方式虽然可以迅速提高扶贫的效率,助力打赢脱贫攻坚战,却容易忽视脱贫群体的主体地位和产生教育扶贫专项投入资源短缺不到位,进而导致脱贫群体的参与性需求错位。许多脱贫群体不知道如何进行自我发展,也不清楚自己该如何脱贫。当脱贫群体发现可以利用贫困身份直接获取物质利益时,就会对贫困产生依赖心理,争先恐后抢当贫困户,甚至不愿摆脱贫困户身份。这样,扶贫资源就被扭曲为不劳而获的珍稀资源。毋庸置疑,这并不利于脱贫群体争取机会主动参与脱贫致富,而外源性扶贫就是造成这一现象的原因之一,这种扶贫方式忽视了脱贫群体的参与性需求。

二、中国教育扶贫模式升级转型的理论嵌入

习近平总书记指出:"贫困地区要激发走出贫困的志向和内生动力,以更加振奋的精神面貌、更加扎实的工作作风,自力更生、艰苦奋斗,凝聚起打赢脱贫攻坚战的强大力量。"[5]针对深度贫困的主要成因是贫困地区社会文明程度过低,脱贫群体脱贫内生动力缺失等现象,后扶贫时代我国扶贫工作的主要任务就是教育扶贫模式转向注重"志智双扶",依靠教育扶贫做好脱贫群体的思想动员,帮助脱贫群体掌握脱贫的知识与技能,全

面提高脱贫群体脱贫致富的自我发展能力,进而从根本上实现我国教育扶贫模式升级转型向内生性发展,促进我国脱贫地区和脱贫群体的可持续发展力的提升,满足脱贫群体对美好生活的期望,助力早日实现中华民族伟大复兴的中国梦。

1. 内生性发展理论嵌入的合法性

"合法性"(legitimacy)原属于政治哲学范畴的基本问题,包含了"正当性"和"证成性"两个方面。德国哲学家马克斯·韦伯(Max Weber)是合法性相关研究的集大成者,他主要批判了理性建构主义过于关注"应然"状态下的"合法性",主张"合法性"应该规避对"价值"的追问,因为"价值"是人的主观意识,与"合法性"所遵从的"实然"不存在逻辑上的关系。而尤尔根·哈贝马斯(Jürgen Habermas)则融合了经验主义和理性建构主义的概念,提出了"重建的合法性概念",主张应兼顾价值维度的"应然"状态以及功利维度的"实然"状态。因此,在探索中国教育扶贫模式如何升级转型问题上,内生性发展理论可以从价值维度出发,根据中国教育扶贫模式升级转型的现实困境,结合理论的基本主张提出中国教育扶贫模式升级转型的理想类型,为后扶贫时代中国教育扶贫模式升级转型提供切实可行的实现路径。

内生性发展理论可追溯至 1975 年,瑞典的达格·哈马舍尔德(Dag Hammarskjöld)在以"世界的未来"为主题的报告中首次提出"内生性发展"这一概念。20 世纪 80 年代,联合国教科文组织开展了有关"内生性发展"的一批专项研究,其中包含"外源性"和"内生性"的不同以及对古典经济学的批判反思。约翰·弗里德曼(John Friedmann)和范德普洛格(Vander Ploeg)等欧洲学者在探索研究乡村地区发展的同时,也不断地丰富内生性发展理论,他们主要强调人力资源的开发与利用,以及调动本地居民参与乡村发展的重要性。[6] 2000 年,联合国和平文化国际会议发布了《马德里宣言》(The Madrid Declaration),其中倡导要积极促进以知识技能和内部能力为基础的全球内生性发展。[7]

2. 内生性发展理论嵌入的基本内核

相对贫困相较于绝对贫困，具有相对性、复杂性、多维性和长期性等特点，这给贫困治理带来了新挑战。教育在促进扶贫、防止返贫方面的基础性、先导性、根本性和可持续性作用，能够有效地缓解相对贫困。在后扶贫时代，我们可以汲取内生性发展理论的合理内核，为推动中国教育扶贫模式升级转型开辟道路。

一是注重发展的内生性。1975年联合国大会在以"世界的未来"为主题的报告中明确提出："如果将发展作为人类解放和个人的全面发展来理解，那么只能依靠一个社会的内部来推动发展。"[8]内生性发展是指由内部产生的发展，关键在于个体意识和精神层面的发展。在内生性发展理论的指导下，教育扶贫的主要落脚点在于激发相对脱贫群体主体参与的积极性，促进相对脱贫群体的个体能力发展，这种方式更利于在扶贫实践中形塑相对脱贫群体的主体自觉，赋予相对脱贫群体接受教育的权利与机会，提高相对脱贫群体的主观能动性，进而促使他们从原先的被动扶助接受者向主动脱贫行动者转变。

二是倡扬"以人为中心"。在脱贫攻坚过程中，我们不能人为地将物质基础、技术创新、经济发展和人的发展分离，真正的发展必须扎根于个体可行能力的发展，必须把提升个体可行能力作为推进内生性发展的目标。因此，教育扶贫必须关注脱贫群体的个体可行能力，将焦点放置于"人的发展"的基础性思考之中，坚持通过教育来提升相对脱贫群体的可行能力，增强其自主能力和创造能力。当相对脱贫群体变成能自主采取行动并带来社会变化的主体力量时，教育缓解相对贫困的力量才能得到充分的激发和释放。

三是强调本地居民的参与性。内生性发展理论注重的是本地居民自下而上的参与，从而使本地居民的利益真正得到保障，形成真正体现本地居民意志并有效推动地区发展的组织体系。[9]这一主张表明，教育扶贫应保障脱贫群体的脱贫机会，保障他们参与到脱贫事业中。以往的扶贫工作主要依靠政府自上而下的主导方式，如今，当脱贫事业进入后扶贫时代则需要政府调动起脱贫群体的脱贫积极性,提高他们的参与度,赋予他们机会和权利,才能真正实现教育扶贫向内生性转型。

总之,在内生性教育扶贫模式中,精神脱贫是脱贫的前提和基础。其中脱贫群体的主观意识和思想观念是精神脱贫工作的主要内容,提升个体可行能力,摆脱能力贫困是其核心内容,这会直接推动脱贫地区和群体的减贫。改变陈旧的扶贫方式,摆脱参与机会贫困,是实现脱贫的重要前提,这也直接决定了脱贫地区内生性发展的可持续性。

三、中国教育扶贫模式升级转型的理想类型

中国教育扶贫模式升级转型必须在充分保障脱贫群体思想脱贫不返贫的基础上,不断克服外源性教育扶贫的现实困境,提高脱贫群体的"志气"和"智力",立足于多元主体协同参与的教育扶贫格局,方能寻求到教育扶贫模式向内生性发展转型的理想类型。

1. 脱贫群体防返贫思想再教育模式

贫困地区扶贫办应联手高校或其他相关部门进行脱贫群体思想返贫预警及防返贫再教育,其本质是在教育扶贫顺境的形势下,通过对脱贫群体思想返贫变量检测及比较,对脱贫群体思想脱贫后又可能质变到思想贫困的临界值作出预判。脱贫群体思想返贫预警及防返贫再教育模式的逻辑思路可以设计为:构建评价指标体系—收集信息—研究分析是否发出返贫预警—进行防返贫再教育。

一是构建脱贫群体返贫监测预警评价体系。在构建脱贫群体返贫预警及防返贫再教育模式中,需要制定一套可行的思想返贫监测预警评价体系,这套评价体系必须在专业扶贫指导人员进行科学论证后,遴选构建反映思想贫困现状的一套高灵敏性的评价体系。通过这套评价体系,帮助实现对教育扶贫效果的检测和预警,尽早预知脱贫群体思想返贫现象发展的具体状况。

二是构建脱贫群体返贫预警信息机制。扶贫小组须利用扶贫大数据信息，建立起多维度、多渠道的返贫教育信息网，涵盖脱贫群体的个人精神情况、学习动力、生活态度等内容；确保信息来源广泛、实时更新，实现经过处理分析的信息能够成为教育扶贫相关部门实施行动的依据，并在实践中及时修正原有的教育扶贫策略与计划，使之更加贴合脱贫地区实际，以此来获得更有效的教育扶贫效益；建立脱贫群体思想返贫预警信息分析模型，科学检测并判断教育扶贫效果的整体走势，其中，预警脱贫群体的突破点就是构建这套分析模型的目的所在。

三是开展脱贫群体防返贫再教育活动。专业扶贫小组应根据收集信息分析后的结果进行更有针对性的扶贫再教育，确保脱贫群体在思想上有脱贫防返贫的动力。防返贫思想的再教育一方面应包括培育和践行社会主义核心价值观，加强道德建设以及防止脱贫地区精神风貌返贫的思想教育；另一方面还需要思考如何在脱贫群体的思想教育中融入知识技术教育，将奉献知识、服务脱贫地区的精神内化为脱贫群体的内在品德，这也是教育扶贫功能延伸，建立脱贫群体防返贫再教育模式的有效形式。

2. "志智双扶"个体可持续发展模式

若想从根本上真正解决脱贫群体的贫困问题，不仅需要精确瞄准脱贫群体的贫困原因，而且要注重脱贫群体的精神、心理、能力等方面的教育，通过对脱贫群体进行"志智双扶"，激发相对脱贫群体"造血式"的扶贫动力，树立自我发展的文化自觉性，使他们融入"治贫先治愚，扶贫先扶智"的文化氛围，帮助他们深刻认识到教育是阻断贫困代际传递的根本途径。脱贫攻坚必须通过借用外部力量，充分发挥脱贫主体的内部力量，激活脱贫群体的内生动力，否则就会本末倒置，无法真正解决脱贫攻坚的难题。

习近平总书记指出，教育扶贫的关键在于掌握摆脱贫困的知识与技能。他强调："扶贫先要扶志，要从思想上淡化'贫困意识'，不要言必称贫，处处说贫。"[10]"志智双扶"是打赢脱贫攻坚战的根本之策，如果扶贫不扶志，即使一时脱贫，也有可能会再返贫，那么扶贫的目的也难以达到。如果扶贫不扶智，贫困群体缺乏知识与技能，很有可能会造成贫困代际传递。因此，只有实施"志智双扶"，才能激发脱贫内生动力，激发活力，形成合力，从根本上拔出穷根。[11]因此，在后扶贫时代，要不断加强励志教育、文化教育和劳动教育，系统帮助脱贫群体激发内生动力，保障我国教育扶贫动力的内生性发展。将贫困地区原有的"助、贷、补"等单纯"输血式"扶贫理念转变为在"输血式"扶贫方式的基础上对脱贫群体进行"扶智、济志、强能"等内生性扶贫，激发和挖掘脱贫群体自身拥有的脱贫动力和潜力，形成脱贫群体"志智双扶"的可持续发展模式，达到真正的教育脱贫。

3. 多元扶贫主体协同参与脱贫模式

后扶贫时代，中国的贫困问题将会呈现区域差异大、贫困人口需求多样、致贫原因纷杂等新特征，后扶贫时代的社会经济形势和贫困状况也对教育扶贫格局提出了新要求，仅仅依靠单一的扶贫主体难以应对新阶段出现的新问题，教育扶贫事业想要取得进一步突破，就必须注入新鲜血液。教育扶贫的实施过程需要多元主体共同参与来面对相对贫困的现实困境，包括政府、市场和社会等多主体共同参与和协同治理，建构科学化、高效化的工作机制，增强不同主体间的交流与对接，把扶贫责任落到扶贫主体上；合理高效地利用政府资源、市场资源和社会资源，努力形成教育扶贫合力，丰富脱贫方式，满足不同脱贫地区和脱贫群体的脱贫需求。同时，培育脱贫群体脱贫的主动性，让帮扶对象向治贫主体发展，提高脱贫群体的个体可行能力。

打赢脱贫攻坚战是社会主义的本质要求，是中国共产党对人民的庄严承诺。党的十八大以来，以习近平同志为核心的党中央高度重视扶贫开发工作，把脱贫攻坚摆到治国理政的突出位置，先后就扶贫开发工作出台了一系列方针政策，政府也在不断探索贫困治理方式的转型，积极主动构建多元主体合力治理的教育扶贫新格局。在多元主体勠力参与教育治理的格局中，政府拥有对政治、社会、经济、教育的领导权与管理权，在教育扶贫政策落地、统筹配置扶贫资源和创新教育扶贫模式方面占有绝对优势。教育贫困具有多维性、复杂性、动态性和持久性等特点,且脱贫任务艰巨而复杂,单纯依靠政府行政治理进行减贫,会遇到教育资源总量不足和效率不高等困境,因此需要积极发挥学校、企业、社会等多元主体在教育贫困治理中的积极作用。多元主体参与教育贫困治理是教育治理权利在政府、学校、企业、社会组织与个体之间的大范围转移,通过治理权利的转移与分散,形成权力在不同主体间的合理配置,实现权力的多中心化,进而满足不同脱贫群体的脱贫需求,为教育扶贫模式升级转型奠定主体力量。[12]

四、中国教育扶贫模式升级转型的实现路径

如何实现我国教育扶贫模式向内生性转型,是后扶贫时代教育扶贫发展的必答题。我国在打赢绝对贫困攻坚战后已进入解决相对贫困的后扶贫时期。面对 2020 年后的新贫困格局,教育扶贫需从外源型贫困治理转型为内生性贫困治理。基于内生性发展理论,集中力量瞄准脱贫的靶心,释放脱贫群体的脱贫内生力,能为后扶贫时代中国教育扶贫模式升级转型持续发力。因此,教育扶贫内生性发展必须以精神扶贫激发脱贫主体内生动力,以智力扶贫帮助提高脱贫个体可行能力,赋予脱贫群体教育资源,以多元主体扶贫帮助促进教育脱贫可持续力,共同助力教育扶贫模式升级转型(见图 1)。

1. 多措并举激发脱贫主体内生动力

一是提振脱贫群体精神面貌。精神扶贫是提升脱贫群体文化追求、理想信念的价值理性范畴概念,具有深层次性和隐蔽性。激发脱贫群体脱贫的内生动力应该从精神扶贫开始。精神扶贫就是要发挥脱贫群体的主观能动性,点燃自主脱贫致富的激情,冲破束缚思想的精神桎梏,帮助他们实现从"要我脱贫"到"我要脱贫"的思想转变。通过贯彻落实党的脱

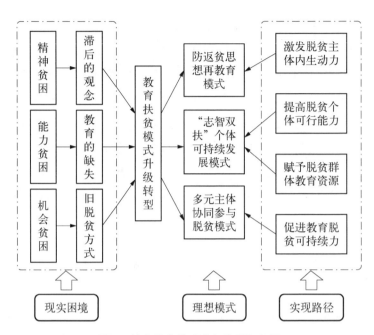

图 1　教育扶贫模式升级转型框架图

贫攻坚战略思想,对脱贫群体开展党性教育,加强对脱贫群体思想的引导和教育,发挥党员在脱贫致富中的模范带头作用,帮助脱贫群体彻底摆脱惰性思想,建立起依靠自己脱贫致富的信心与勇气,争取把脱贫地区党组织工作的热情转化为脱贫群体自发脱贫的激情。定期组织"先富带后富"的经验讲座,利用脱贫致富先进典型和脱贫户结对帮扶形式,激励脱贫群体提振精神、鼓舞斗志、自力更生。发动脱贫群体主动参与脱贫规划制定,自己给自己号脉,充分汲取合理的致富建议,帮助脱贫群体提升参与感、幸福感与获得感。在脱贫地区形成浓厚的脱贫致富氛围与自力更生的风气,激发脱贫群体的内生动力。

　　二是建设脱贫地区文明乡风。推进移风易俗,建设文明乡风不仅是脱贫地区精神文明建设的关键举措,也是帮助脱贫群体精神脱贫的重要途径之一。我国已有部分群体因为扶贫政策摆脱贫困,家庭收入不断提高,但因为缺乏正确的教育引导而参与赌博等不良活动,以致返贫。要使脱贫群体实现长久小康,就要以培育和践行社会主义核心价值观为基础,不断提高脱贫群体的文化素养和文明程度,建设文明乡风、优秀家风、淳朴民风,为脱贫攻坚提供强大内生动力。特别是通过在脱贫地区建设文化舞台、文化宣传墙,搭建脱贫地区道德讲堂平台等文化活动,帮助脱贫群体内化社会主义核心价值观,培养脱贫群体爱国爱党、移风革俗和自主脱贫,充实脱贫群体的精神世界。

三是人力开展文化扶贫。扶贫先扶志,扶志则需以文化人。文化扶贫是扶志的金钥匙。通过文化教育帮助脱贫群体树立自信,大力开展文化扶贫。积极创作能够反映扶贫先进事迹的文化作品,用艺术的形式呈现给脱贫群体,传播脱贫中的感人事迹和宝贵精神。鼓励各类优秀艺术团进行文化下乡演出,定期组织歌舞大赛、诗词大赛等文娱活动,丰富脱贫群体的文化生活。[13]坚持教育性与文化性相结合的原则,建设主题鲜明、内容丰富和立意深远的文化景观,向脱贫群体传递积极正确的世界观和价值观。

2. 多策并用提高脱贫个体可行能力

一是加强对脱贫群体的学业资助。脱贫群体深陷贫困的关键原因与其受教育水平、文化程度和技能训练十分相关。加快完善教育扶贫事业,精确瞄准脱贫地区教育弱势群体,让他们都能够接受既公平又有质量的教育,帮助脱贫群体接受个性化的教育服务,真正实现依靠教育提高个体可行能力。各级政府的教育经费应重点向脱贫地区倾斜,始终做到把教育经费用在刀刃上。补齐学前教育补助的短板,为脱贫子女提供接受学前教育的机会,认真实施脱贫地区义务教育阶段学生的营养补给项目。提高中等职业院校教育资金的补贴标准,贯彻落实国家脱贫补助金、国家助学贷款等救助政策。健全自治区高等教育院校新生补助、学费补贴、勤工俭学等政策,使脱贫家庭的大学生能够顺利入学并完成学业。

二是巩固脱贫地区的教育脱贫基础。扶贫先扶志,治穷先治愚。依靠教育脱贫是改变脱贫家庭子女命运的重要方法,更是阻隔贫困代际传递的根本途径。完善学前教育体制机制，健全学前教育政策保障体系，推进学前教育普及普惠、安全优质发展。加强对脱贫地区托儿所和幼儿园的基础建设，号召惠民型民办学前教育机构招收建档立卡等脱贫家庭子女，让脱贫家庭子女也能接受规范的学前教育。提升义务教育巩固率，贯彻落实"两免一补"政策。针对脱贫地区教育薄弱环节，不断加强基础设施建设，合理布局初高级中学的建设点，尽全力办好脱贫地区所需的移民搬迁学校和辅导教学点。加强特色职业类、适应脱贫需要和市场需求的中等职业技术学校的建设，对建档立卡的脱贫家庭子女实行照顾政策，优先录取，优先选择专业和公司实习等。

三是强化脱贫群体的职业技术培训。"授人以鱼，不如授人以渔。"脱贫家庭普遍存在就业技能不足的问题。教育扶贫需要建立健全公益性职业技术培训，让教育脱贫措施和职业技能培训有机对接成为现实。针对个别脱贫群体需要开展个性化的培训活动，培养职业素养，帮助提高就业技能，力求掌握一项专业技能来带动家庭致富。针对自主创业的脱贫群体，根据脱贫群体的自身特长和兴趣爱好，也可根据个人意愿、受教育程度，进行专业的技能培训，帮助掌握一技之长，争取实现"培育一人，脱贫一户"的目标。针对脱贫地区未升学的初高中毕业生、剩余劳动力和进城务工人员等群体，帮助其瞄准市场新需求，依靠专业教师和专业教材，采取集中培训和分散培训相结合的方式开展专业技能培训。

3. 多方联动赋予脱贫群体教育资源

一是积极争取教育扶贫的各种资源。教育扶贫专项投入资源短缺及不到位是目前阻碍我国教育精准扶贫工作推进的主要问题。一些地方政府为教育精准扶贫提供了财政等资源保障，但在投入使用过程中出现了资源被挤占挪用等问题，出现了教育精准扶贫资源使用低效不到位的现象。[14]加之由于教育资源投入的排他性，相比获得资助的家庭，边缘性家庭因失去福利补贴而造成新的社会不公平现象产生。后扶贫时代的教育扶贫要以教育为主要抓手，以为全体公民提供质量均衡的教育资源为指向,实现以促进全体公民自由发展与共同富裕为价值的根本性扶贫方式创新。

二是合理优化教育扶贫投入资源配置。为教育扶贫资助设立合理限度,切忌盲目提高和失衡分配。我国目前还存在优质教育资源不充分、分配不均等问题,因此,在最大范围内实现普及公办学前教育或普惠型民办学前教育的前提下,提供相应标准教育资助和普及免费学前教育是两个可行的政策目标。而义务教育阶段的"营养改善计划补助"和"两免一补"政策可以满足现阶段脱贫地区的基本需求。[15]职业教育的减免学费制度和国家助学金政策为贫困学生提供了极大的帮助,但日常生活费用的增加则需要政府推行专门的补贴计划,为脱贫家庭提供助学金支持。政府已为普通高中实施与高职同样的学费减免等优惠政策,接下来可以考虑增加奖学金和教科书免费等补充政策。

三是实行差异性的经费分配政策。建立灵活机动的贫困进入退出机制,保障教育扶贫资金和扶贫对象的精准匹配。可以借鉴相关经验合理分配经费,把脱贫区域发展和贫困学生个人发展的帮扶进行对接,让扶贫效果最大限度地集中体现在贫困学生身上。政府可以根据不同脱贫区域学校的发展水平提供一定的财政支持,依据学校区域贫困等级、贫困学生类型、学校发展规模水平等具体要素进行分配,详细规定不同贫困等级和贫困类型学校应获得的国家教育扶贫资源配给。同时给予贫困学校一定的资源管理权,由地方政府按照国家规定的分配制度制定资源合理配置政策,让教育扶贫资源配置更加优化且具有针对性。

4. 多点发力增进教育脱贫可持续力

一是激活教育扶贫多元治理主体力量。随着我国进入后扶贫时代,教育扶贫制度也将进入常态化。在此背景下,亟须深入激活教育扶贫多元治理主体,提升教育扶贫多元治理主体的行动力,为建立教育扶贫长效机制提供源源不断的后劲与动力;加快转变中央政府职能,在发挥政府主导的前提下,调动多元主体和脱贫群体共同参与精准扶贫工作,不断创新扶贫工作的参与方式,完善保障和激励机制,为多元扶贫主体参与提供一定的政策优待和保障。

二是明确各扶贫主体职能。为构建多元主体协同治理体系,需要明确各治理主体的职能。首先要加强政府内部权力机制运行的规范化与法治化,确保政府权力运行的科学性。这就需要政府与其他社会主体保持一种合作协商的平等关系,政府的职责是维持社会秩序的法治架构以及提供公共服务。其次,需要对企业、社会组织、当地居民等治理主体的职能进行规范,通过建立多元主体协同参与治理体系,以法律和制度的形式帮助多元主体的治理活动更加规范有序。企业作为市场主体,应按照市场运行规律为教育扶贫提供公共服务,社会组织则应提高自身的专业化水平,在拥有优势的治理活动中有针对性地发挥自身专业特长进行扶贫,当地居民应加强扶贫参与度和组织化程度,进行脱贫群体自治。

三是增强共建共治共享理念。面对当前协同治理的现实难题,应不断增强共建共治共享理念,建立治理主体多元化、治理方式协同化的多元主体协同参与模式。一方面,共建共治共享体现各个扶贫主体在解决贫困问题,满足脱贫群体脱贫需要和扶贫治理实践中的合法性和共治性。也就是说,在厘清不同扶贫主体治理边界的基础上合作协商,以完成治理目标。另一方面,还应加强不同扶贫主体间的信息互通共享和治理活动的协同合作。为避免出现因为信息不对称或项目协同失调而导致的扶贫资源浪费,需要进一步创造更多的协同合作条件,并及时解决协商中的分歧。目前政府是扶贫事业的中坚力量,政府在转变职能时应增加其他扶贫主体的公权力,规定不同扶贫主体间的协商调解机制,明确可行的协商合作规则,通过整合多方意见,共同确立实施新的教育扶贫方式。

五、结语

"现阶段反贫困目标的实现将是一个伟大的成就,但并不是我国反贫困行动的终结。"[16]全面促进中国教育扶贫内生性发展,是巩固脱贫攻坚成果和防止脱贫群体返贫的重要保障。教育扶贫政策自诞生以来也一直在不断自我变革以提高针对性与适切性,新的社会背景与环境诱因为后扶贫时代开展教育扶贫带来了新的机遇与挑战。"我国已进入以解决相对贫困问题为主的后扶贫时代,构建具有中国特色的教育扶贫话语体系是时代要求和历史使命。"[17]在百年未有之大变局下,面对更加复杂的社会结构与社会需求,基于内生性发展理论,依据我国教育扶贫升级转型面临的现实困境,教育扶贫模式升级转型的策略选择要建立在正确的教育扶贫理念逻辑之上。这就要求我们全面把握好复杂性与系统性之间的关系,处理好前瞻性与科学性之间的联系,匹配好针对性与统合性之间的逻辑,站在历史的交汇点上,以解决相对贫困为治理目标,以城乡协同为政策取向,以教育为指引个人全面自由发展、智力充足、精神富足、生活满足的根本手段,以教育扶贫为促进社会进步、经济发展与共同富裕的联动手段,构建基于公平公正意蕴的共生共享、共进共赢的后扶贫时代教育扶贫长效机制,持续引领教育扶贫模式不断升级转型,释放教育扶贫新活力。

参考文献

[1] 露丝·本尼迪克特.文化模式[M].王炜,等译.北京:生活·读书·新知三联书店,1988:5.

[2] 阿马蒂亚·森.以自由看待发展[M].任赜,于真译.北京:中国人民大学出版社,2002:65.

[3] 柳礼泉,杨葵.精神贫困:贫困群众内生动力的缺失与重塑[J].湖湘论坛,2019(01):106-113.

[4] 王红,邬志辉.新时代乡村教育扶贫的价值定位与分类治理[J].教育与经济,2018(06):18-24.

[5] 习近平在东西部扶贫协作座谈会上强调　认清形势聚焦精准深化帮扶确保实效　切实做好新形势下东西部扶贫协作工作[EB/OL].(2016-07-21)[2022-05-19].http://www.xinhuanet.com/politics/2016-07/21/c_1119259129.htm.

[6] 鶴見和子,川田侃.内発的発展論[M].東京:東京大學出版會,1989:2-3.

[7] Declaration of Madrid, International Conference on a Culture of Peace, 2000[EB/OL].(2018-06-28)[2022-05-20].http://www.un.org/documents/ga/docs/56/a5656.pdf.

[8] Nerfin M. Another Development. Approaches and Strategies[M]. Uppsala: Dag Hammarskjöld Foundation, 1977: 12.

[9] 张环宙,黄超超,周永广.内生式发展模式研究综述[J].浙江大学学报(人文社会科学版),2007(2):61-68.

［10］习近平.摆脱贫困[M].福州：福建人民出版社,2014：6.

［11］周立.以"志智制立体扶贫"解决深度贫困[J].人民论坛·学术前沿,2018(14)：14－19.

［12］许杰.教育分权：公共教育体制范式的转变[J].教育研究,2004(2)：10－15.

［13］陈晓莉.扶贫扶文化 治"本"除穷根[J].理论月刊,2016(09)：5－11.

［14］黄承伟.论中国新时代扶贫理论实践研究[J].华中农业大学学报(社会科学版),2019(01)：1－7.

［15］周立.以"志智制立体扶贫"解决深度贫困[J].人民论坛·学术前沿,2018(14)：14－19.

［16］关信平.当前我国反贫困进程及社会救助制度的发展议题[J].陕西师范大学学报(哲学社会科学版),2019(05)：28－36.

［17］袁利平,李君筱.我国教育扶贫话语体系的发展脉络与时代构建[J].贵州师范大学学报(社会科学版),2021(04)：50－58.

作者简介

袁利平　陕西师范大学教育学部教授,博士生导师

张　薇　陕西师范大学教育学部助理研究员

电子邮箱

yuanlip@163.com

876059265@qq.com

Chapter 4

大数据时代的教育扶贫*

谢治菊　兰凌云　余燕婷

摘　要： 与传统的扶贫方式相比,大数据有助于实现教育扶贫对象识别精准、资金发放精准、培养过程精准、就业辅助精准和脱贫成效精准。在与其他技术相配合的情况下,大数据教育扶贫平台的优势更明显,使教育扶贫呈现精准识别、精细管理、精确监控和科学评估等特征。但实证调研和案例分析的结果发现,教育扶贫领域存在的数据量较小、数据挖掘利用较少、平台数量繁多、数据共享程度不高等弊端,让大数据的价值并未真正发挥,制约了教育扶贫的有效开展。因此,建议未来在系统采集数据信息,全面整合平台数量,有效打破数据孤岛,深入挖掘数据价值的基础上,关注大数据在教育扶贫领域的适用性问题,真正促进贫困代际传递的阻断。

关键词： 大数据;教育精准扶贫;教师能力提升;贫困代际传递

一、背景缘起：大数据引领教育扶贫进入 2.0 时代

教育扶贫理论起源于西方的反贫困理论,在研究反贫困的历史演进里,学者由研究单一的收入致贫转向多元分析,逐渐提出要从人的角度出发来消除贫困。"人们消除贫困的最终目的绝不是为了赋予权利、增加收入和提高能力,而是通过这三种举措来实现人自身的全面发展,从根上消除贫困。"[1]以习近平同志为核心的党中央深刻认识到这一点,提出了"内源式扶贫"的思想,注重贫困地区及人口发展的内生动力,将物质扶贫与

---

* 本文受 2020 年国家社科基金后期资助一般项目"大数据时代的贫困治理研究"(项目编号：20FZZB005)。

精神扶贫相结合,提出了"扶贫先扶志,治贫先治愚"的理念。确实,贫困人口集聚区长期形成的贫困文化,不仅会让贫困户形成胆怯懦弱的习性,还会影响其下一代的人生发展轨迹,这种贫困文化一日不除,就无法阻断精神贫困所造成的贫困代际传递。要根除这种贫困文化,教育的作用极为重要。让贫困地区的孩子们接受良好教育,具有"教育一人,影响一家,带动一村"的功效,是扶贫开发的重要任务,也是阻断贫困代际传递的重要途径。教育扶贫有很多特点,如覆盖广、效果深、周期长、见效慢、投入大等,但最大的特点,是可以从五个层级来阻断贫困的代际传递,即教育可以通过提升贫困学生的神经认知水平、心理认知水平、语言认知水平、思维认知水平和文化认知水平来阻断贫困的代际传递。[2]

　　研究显示,教育对多维贫困的贡献率高达 47.27%。[3] 正是认识到教育在脱贫中的基础性、先导性和关键性作用,早在 2013 年,国务院就下发了专项通知,正式启动教育扶贫工程。2015 年,习近平总书记在全面深化改革领导小组会议上明确指出,要大力发展乡村教育,有效阻止贫困的代际传递,定向施策,精准发力;同年审议通过的《中共中央国务院关于打赢脱贫攻坚战的决定》,更是明确将"发展教育脱贫一批"作为"五个一批"脱贫的重要举措,坚决阻止贫困现象代际传递。2021 年中央再次强调,虽然"十四五"期间是举全党全社会之力助推乡村振兴,但对摆脱贫困的县从脱贫之日起设立 5 年过渡期,过渡期内要保持主要帮扶政策总体稳定,教育扶贫力度仍将加大。在此背景下,2013 年出台的《关于实施教育扶贫工程的意见》、2016 年出台的《教育脱贫攻坚"十三五"规划》和 2018 年出台的《深度贫困地区教育脱贫攻坚实施方案(2018—2020 年)》成为教育扶贫领域最重要的三个纲领性文件。[2] 这说明党中央、国务院高度重视教育扶贫工作,有针对贫困户就业能力和自我发展能力专项培训的扶贫举措,有在义务教育阶段改善学生营养、学校硬件设施、提升教师能力的专项举措,也有关于精准招生、精准资助和精准就业的职业教育举措。[4] 当然,教育扶贫如果要实现"精准"二字,就涉及观念、技术、手段、工具等的系统性变革,需要进行教育工作流程再造,因此,虽然我国在精准化教育扶贫方面取得了较大的成效,但并未完全打破扶贫主体单一、扶贫方式粗放、扶贫过程封闭和扶贫监管滞后等桎梏。[5]为解决这些问题,亟须使用新的手段与技术。

大数据就是这样的手段与技术。大数据拥有强大的分布式存储能力,能够实现传统常规软件无法处理的海量数据的统计、处理、挖掘和分析,可以迅速、高效而稳定地采集、处理、共享海量的数据信息,具有数据量大、类型多、处理速度快、价值密度低等特点。近年来,大数据在教育部门得到了广泛应用。从国外的经验来看,大型教育数据集的分析可以通过两种方法来完成,即教育数据挖掘(educational data mining,EDM)和学习分析(learning analytics,LA)。教育数据挖掘和学习分析通常用于研究向学习者提供不同教学支持的效果[6],教育数据挖掘还可用于支持学习者的反思并向学习者提供积极的反馈。[7]一如巴拉德瓦伊(B. K. Baradwaj)和帕尔(S. Pal)所认为的,这两种方法都可以用来发现信息,帮助教师识别学生中的早期辍学者,并确定在学习中哪些问题学生的行为需要加以特别关注。[8]为达成这些目的,需要运用大数据对教育行为进行预测与评估。例如,可运用教育数据挖掘和学习分析方法来预测学生在学习活动中的成绩和收益,以反映学生在特定课程中的表现和留存;[9]可运用教育数据挖掘和学习分析手段,评估学生行为和他们的学习效果,并对发现的不良习惯进行深度剖析。[10]按此逻辑,如将大数据技术运用于教育扶贫领域,也可对学生成绩和教师教学水平进行精确评估,进而推动教育扶贫的精细化与科学化。[11]

可以说,大数据技术的蓬勃发展,让教育信息化由 1.0 时代进入 2.0 时代,也让教育扶贫从 1.0 版本转变为 2.0 版本。之所以这样判断,一是因为我们参照了"狩猎社会是 1.0,农业社会是 2.0,工业社会是 3.0,信息社会是 4.0,超智能社会是 5.0"的提法;[12]二是因为与传统的扶贫方式相比,大数据能够实现教育扶贫对象识别精准、资金发放精准、培养过程精准、就业辅助精准、脱贫成效精准,加速助力贫困学生无后顾之忧地完成学业。[13]在与其他技术相配合的情况下,大数据教育扶贫平台的优势更明显。例如,与区块链技术的深度融合,可以提升大数据平台的安全性;与云计算技术相结合,可以提升大数据平台的运行效率;与人工智能技术相结合,可以大幅提升大数据技术的生产力。[14]因此,借助大数据开展教育扶贫,能够建立"用数据说话、用数据决策、用数据管理、用数据创新"的长效扶贫机制[13],实现精准识别、精细管理、精确监控和科学评估,可以为贫困地区被帮扶教师、学生提供更具针对化、个性化、差异化、智能化的帮助和服务。由此,本文将大数据驱动的教育扶贫称为教育扶贫的 2.0 版本,即教育精准扶贫阶段。

事实上,各地纷纷开展实践探索,将大数据应用于教育扶贫领域,先后开发了大数据学生资助系统、大数据教师帮扶系统、大数据学生营养餐系统、大数据学生心理服务系统、大数据教学督导系统等十多个与教育扶贫有关的大数据系统。不过,虽然已有研究表明,大数据在促进教育扶贫走向精准化、透明化和科学化的过程中起着关键的作用。但是,这种作用的特点是什么?存在哪些困境?该如何优化?对于这些问题,还缺乏建立在大规模实证调研上的科学判断,也缺乏多案例的对比分析,这为本文的研究提供了契机。

二、案例对比:大数据时代教育扶贫特点

为了系统了解大数据驱动教育精准扶贫的情况,深入提炼有效经验,深度剖析经典案例,自 2016 年以来,课题组在贵州、云南、宁夏、青海、内蒙古、重庆、四川、广西等 10 多个省(区、市)开展了大规模实证调查,调查方式主要是问卷调查、案例追踪、集体座谈和深度访谈,其中的典型案例是贵州省的教育扶贫。

贵州省是西部多民族省份,少数民族人口比例为 42.8%,2013—2019年,贫困人口从 923 万下降到 30.83 万,贫困发生率从 26.8% 下降到0.85%,减贫人数与减贫幅度位居全国前列,脱贫成效显著。[15]同时,贵州省还是全国的大数据中心。贵州省之所以减贫效果较好,与该省的教育

扶贫举措有关,更是大数据应用于精准扶贫的直接表现。课题组在贵州省的调研时间为 2018 年 1 月—2020 年 12 月。此次调研共分为三个阶段:第一阶段为 2018 年 1 月—12 月,课题组以教育扶贫咨询专家组的名义,带领 10 多人持续追踪该省"Y 市帮扶 S 县的智慧教育扶贫项目""Y 市大数据＋教师专业支持发展系统项目""Y 市一中帮扶 Z 县民族中学项目"三个案例;第二阶段为 2019 年 1 月—6 月,课题组先后组织 50 多人到贵州省 12 个县的教育局、17 个乡镇(街道)、42 个村庄(社区)开展关于"大数据教育扶贫"的调研,调研范围涉及宏观、中观和微观三个层面,主要聚焦"大数据教育扶贫的顶层设计与政策体系""大数据教育扶贫实施状况与经验分析""大数据教育扶贫的困境与原因""大数据教育扶贫典型案例与路径探讨"等,调研的方法主要是集体座谈、深度访谈和参与式观察。调研期间,共进行了 10 余场次的座谈会,参与式观察 10 余场次大数据教育扶贫的做法,深度访谈了 40 多名相关人员。其中,政策制定者、教育局工作人员、校长、一线教师、家长和学生是访谈的核心对象和主体人群。调研对象给课题组提供的总结材料、图片视频和文字资料也是本文重要的数据来源。第三阶段为 2019 年 7 月—2020 年 12 月,课题组通过参加贵州省教育厅开展的教育扶贫工作总结会、交流会、研讨会与协调会,发放调研问卷 1 800 份,回收有效问卷 1 624 份,问卷回收率为 90.2%。调研发现,贵州省教育扶贫具有三个特点:坚持扶贫与扶智、扶志相结合;充分运用了大数据技术;开展系统的组团式教育帮扶模式。由于本文探讨的是大数据在教育扶贫中的应用,所以主要就该省大数据教育扶贫案例进行分析。从座谈的情况来看,教师和学生是教育扶贫的核心主体;从问卷调查的情况来看,71.86% 的受访者认为教育扶贫的最大受益者是学生,63.3% 的人认为教育扶贫的最大成效是"促进了学生的进步"。由于学生的进步与教师有莫大的关系,所以 36.58% 的受访者认为,教育扶贫首先应该留住优秀的教师,其次是转变教育教学理念,最后是改善硬件条件。基于此,本文拟选择大数据应用于教育精准扶贫中教师帮扶和学生帮扶的两个典型案例来进行分析。这两个案例分别是:第一,贵州省 Y

市自 2017 年 9 月以来开展的"大数据＋教师支持发展支持系统",该系统主要运用大数据手段与互联网技术对贫困地区的教师进行帮扶,精准提高了教师的教学能力与教学水平;第二,贵州省 T 县自 2015 年以来实施的"大数据＋学生资助系统",该系统主要将大数据应用于学生资助领域,真正做到了精准识别贫困学生,精准发放资助资金,精确监管发放过程和精确评估发放成效。下面以实证调研的素材为依据,以这两个案例为典型,对大数据驱动教育精准扶贫的逻辑与特点进行分析。

案例 1: Y 市"大数据＋教师发展支持系统"

2017 年 9 月,经过多次调研和周密策划,贵州省 Y 市教育局联合 JSCT 智慧教育产业股份有限公司,在 S 县 MZ 中学和 GX 中学建立了智慧教育扶贫项目。该项目涵盖教师、学生、家长三大群体,其中教师使用"大数据＋教师发展支持系统",学生使用"大数据＋学生学业成就提升系统",家长使用"大数据＋家校融合亲子系统"。考虑到运行成本和精力投入,项目初始,Y 市重点运行了"大数据＋教师发展支持系统",具体做法是以互联网为技术依托,采取点对点的帮扶模式,让被帮扶教师通过云录播平台进行课堂直播。录播后,专家采取"听课—评课—反馈—指导—跟踪"的方式,及时、全面、系统地对被帮扶教师的教学方法、教学技能和教学知识进行针对性、差异化点评和指导;然后,被帮扶教师通过"讲课—反思—提问—改进—提升"的过程,获取个性化、及时性的帮助。云录播平台是"大数据＋教师发展支持系统"的核心平台,是将被帮扶教师的教学视频与教学反思、专家打分及专家评价、学生信息及学生评价等信息实时保存所形成的大数据平台,这些数据共同构成教师帮扶过程的数据轨迹和成长记录。[16]根据云录播平台中的教师帮扶档案,帮扶专家对教师教学水平的提升过程进行扩展性和包容性理解,这样可以帮助专家更好地了解帮扶成效的影响因素,有针对性地建构帮扶者的知识素养,进而采取个性化方式将知识技能与被帮扶教师进行精准匹配。[17]

系统运行两年多以来,成效显著,具体表现在:一是大数据增强了帮扶的针对性,教师教学能力不断提升。经过两年多的专家指导和帮助,受帮扶教师的教学理念、教学方法、教学设计等教学能力得到明显提升,其典型表现是课标解读和教材驾驭能力提高,教学设计和课堂把控能力增强,信息技术在教学中的应用越来越多。访谈时,M 老师①告诉我们:"以前讲课是想到哪里讲到哪里,看着很热闹,但重点不突出,教学目标不明确,没有紧跟大纲的要求,现在经专家指导后,让我们多看课标,多看教学大纲,上课的效果更好了。"二是大数据增强了帮扶的有效性,教师综合素质不断增强。帮扶后,受帮扶教师在知识积累、能力提升和精神培育三方面有明显的进步。帮扶前,教师的学科素养较低,学科知识不够扎实,课堂完成质量不高。帮扶后,专家指出教师在知识积累的不足,并通过在平台上分享优秀课件、交流互动、心理知识培训等方式提高教师的知识积累,助力当地教师自身的发展。[18]三是大数据增强了问题识别的精准性,学生成绩不断提高。帮扶前,由于学生数量多,教师不能关注每个学生的课堂表现,因此难以精准发现学生的问题,而运用了大数据平台后,专家通过观看录播课发现问题,并及时提醒教师和学生,学生的不良习惯逐渐得到纠正。不仅如此,数据还显示,录播课班级学生成绩提升幅度远远大于非录播班级。[16]

"大数据 + 教师发展支持系统"的特点在于:一方面,可以对帮扶过程进行精细化管理和精准化指导,对帮扶结果进行科学、客观的评价,让帮扶成效更具可持续性;另一方面,通过"造血式"的帮扶方式从根源上提升教师的专业能力,加强青年教师对学生的教导作用,给予贫困人口更强的内生动力。当然,该系统的运行也存在一些问题,包括对大数据的收集与挖掘不够,项目管理的精细化、科学化不够,项目运行的保障机制不健全等,因此,尚需进一步优化。

案例 2:T 县"大数据＋学生资助系统"

教育公平是社会公平的重要基础,对家庭经济困难学生进行资助是

---

① 女,31 岁,汉族,本科学历,语文教师,群众,访谈于 2018 年 5 月 22 日。

扶贫工作的重要组成部分,但传统的学生资助方式存在较大缺陷,影响教育公平。因为传统方式对贫困生的认定过程往往是先由学生举证,然后教师甄别,最后由学生民主评议进行确认,这一过程比较粗糙且耗时较长。再加上学生民主评议虽然过程公开透明,有利于学生、教师的监督,但同时也会伤害贫困学生的自尊,个别贫困学生宁愿挨饿也不接受学校的资助。此外,传统学生资助还存在贫困证明虚假发放、学生虚假贫困、贫困学生资格认定间隔时间长、资助滞后、缺乏人文关怀等问题,有时也会出现补助金错发漏发的情况,不公平现象时有发生。为克服传统学生资助方式的弊端,自 2015 年起,T 县引进了"大数据 + 学生资助系统",对学生的资助情况进行精准管理和监督。

T 县的"大数据 + 学生资助系统"也称"学生资助大数据系统",是一套涵盖从幼儿园到大学教育的全面资助体系。该系统与省内、市内的贫困生资助系统相连通,实现学生资助数据的共享,这大大提高了资助信息的透明度与精准度。同时,该系统与县内银行、公安、民政等多个民生部门相连,实现贫困学生家庭收入、消费、住址、房产、疾病等相关信息的实时更新。此外,该系统与学生的校园卡、图书借阅等信息相连,管理人员可通过后台数据实时了解学生情况。该系统将大数据思维应用于学生资助管理,对学生个人情况进行全方位、多角度、综合性的分析与评价,有利于精准识别困难学生,还能及时发现返贫或脱贫学生,具有重要的价值。同时,为保证贫困生的资金按时发放到位,教育局将学生的资助信息上传至该县的民生监察大数据平台,以便学生和家长实时查询,保证资助经费不被挪用,从而确保教育扶贫过程的公平性。

该系统有两个特点:一是能够实现资助对象的精准识别,确保资助资金及时发放。通过构建客观、科学、高效、易操作的家庭经济困难学生认定指标体系,"大数据 + 学生资助系统"对海量数据信息进行挖掘、提炼与识别,实现了对贫困学生贫困等级的精准认定,根据学生的个人差异、地域差异进行有针对性、个性化、差异化的资助,克服了传统人为认定方式所存在的随意性、盲目性、"一刀切"等弊端。二是对受资助学生进行动态追踪,提高了资助工作的时效性。通过与县内各平台的互联互通,"大数据+学生资助系统"能够实时提取受资助学生的基本信息,对受资助学生及其家庭情况进行实时动态监管,使资助工作更具操作性、高效性、准确性、时效性与科学性。以上两个案例的共同特点是:均开发了专门的大数据系统,均将某一领域的教育扶贫信息录入系统变成了教育扶贫大数据,均使用了大数据技术对教育扶贫工作进行管理、监控与评估,均实现了教育扶贫对象识别的精准化、管理的精细化、监控的精确化和评估的科学化,其做法均具有一定的典型性及借鉴意义。

大数据之所以能够驱动教育扶贫,其逻辑在于:首先,大数据技术的智能、准确、高效特征能够推动教育扶贫整体过程的精确化。有学者指出,大数据技术与教育扶贫的联姻在很大程度上加强了教育扶贫的精准性和靶向性,大数据教育扶贫体现了社会是一个相互联系、相互制约的有机体,承认贫困的多维性与致贫因素的多元性与复杂性。[19]这说明,大数据技术的特征属性与教育扶贫要求之间可以实现较高的匹配度,从而提高教育扶贫的效率。其次,大数据技术背后的资源共享逻辑对教育扶贫而言尤为重要。大数据技术的运用突破了教育扶贫中优质教育资源缺乏的阻碍,贫困地区教师可获取专业指导与教学资源共享,转变教学理念,提升教学技能;学生可获取多元化的学习途径,并清晰地了解自身的学习问题。再次,大数据技术驱动教育扶贫也体现了权力转移逻辑,大数据为决策者和被帮扶者提供了一个平等对话的平台,弱化了二者之间的权力地位差异,推动治理结构的扁平化,提高教育帮扶过程的管理效率。尽管如此,两个案例都反映出目前大数据应用于教育精准扶贫领域的困境,即操作人员数据素养不够,操作系统数据兼容性不强,数据分析和数据利用不足,大数据特征并未有效显现。不同的是,因受益对象单一且文化水平较高,Y市"大数据+教师发展支持系统"的大数据利用特征更明显,发挥的效用也更加突出。而另一个案例因涉及主体复杂,包括政府、学校、教师、学生、家长、企业和社会组织,需要协调的关系和内容较多,使用大数据技术的影响因素和不确定因素较多,故使用的效果相对较差。这说明,要实现大数据在教育扶贫中的精准功能,应考虑数据集成的规模、操作人员的素养、利益主体的数量和系统服务的对象。

三、问题探讨：大数据时代教育扶贫窘境

美国著名数据学家约翰·马西(John R. Masey)曾指出:"数据在未来将会越发地影响人们的日常生活、教育、经济、政治等诸多领域,学会适应数据、利用数据必然成为一种不可逆转的趋势"。[20]邬贺铨也对数据的隐含价值作出评价:"利用大数据进行分析,对我们深刻领会世情和国情,把握规律,实现科学发展,作出科学决策具有重要意义,我们必须重新认识数据的重要价值。"[21]借助大数据技术对教育教学行为数据进行采集、架构与深入挖掘,评估教师和学生的行为,能够探索教育发展的内在逻辑与规律,推动教育管理由主观性较强的经验判断向科学化的数据驱动转变,引导教师和学生行为规范,增强教育的科学性和系统性。因此,大数据在教育扶贫中的作用比较明显。根据课题组 2019 年 7 月—2020 年 12 月在贵州省 9 个地州市调查获取的 1 624 份问卷得知,在评价大数据技术对教育扶贫的重要性时,受访者将"精准识别贫困户、有效匹配扶贫资源、动态监管扶贫过程"放在了前三位,分别占 66.97%、58.22% 和 55.51%,均超过半数;接近一半的选项是"科学考核扶贫结果",占 47.51%。可见,受访者基本的共识是:大数据在教育扶贫对象识别、过程监管、资源匹配和考核评估中具有重要的作用。但是,大数据在使用中也存在一些风险与问题,如:数据修改更新困难,数据填报多头管理,分别占 34.17% 和 32.51%;数据结构不统一,数据体量不够大,数据分析利用不够,分别占 29.56%、29.5% 和 29.43%;另有 23.65% 的人选择"数据系统相互冲突",19.77% 的人选择"数据孤岛现象"。这说明,数据集成、数据挖掘、数据平台、数据共享和数据设施,是目前大数据应用于教育扶贫存在的主要问题。

1. 数据量较小，并未形成真正意义上的教育扶贫大数据库

大数据，顾名思义，必然具有海量的信息和数据资源，是基于对海量数据集成进行深层次的分析，来发现庞大繁杂数据背后所反映的社会现象和内在价值，从而得出更精确的社会评估。为了给社会问题提供个性化、具体化的方法，采用大数据技术的一个重要前提是收集海量的数据。然而，目前在教育扶贫领域，大数据是一种新引入的技术，各类数字化平台建立的时间较短，且目前硬件设备不够成熟，在数据收集方面还存在一些困难，因此可收集的数据量十分有限，只形成了简单的数据集合，尚未真正构建大型数据库，更没有形成完整的数据链条，数据轨迹追踪监测困难，这极大限制了大数据价值功能的发挥。在访谈时，Z县工信局工作人员 H① 指出，"严格来说，基层政府没有大数据，（因为）它们的数据体量都不够大。你想，一个县、一个乡的教育数据量有多大？只有全省88个县市区汇聚在一起，那才是大数据。"黄璐等也指出，教育行业数据储备严重不足，数据类型单一，数据规模有限，大大制约了人工智能教育的发展。[22] 这说明，在目前的教育精准扶贫中，大数据在数据体量层面上的"大"字还未有效体现。

2. 数据挖掘利用较少，大数据在教育扶贫中的价值未有效发挥

大数据涉及的关键技术主要包括大数据采集技术、大数据预处理技术、大数据存储与管理技术、大数据安全技术和大数据挖掘技术。大数据的主要目的是通过数据挖掘技术，对应用对象进行预测、估计与管理。[23] 但调研发现，目前大数据技术在教育扶贫中更多地停留在对数据的收集与存储上，没有构建立体化的分析模型对数据进行深入挖掘。这说明目前大数据的技术运用还停留在表面，一些职能部门的工作人员没有认识到大数据的真正价值，当这项技术落到实处时，只是被基层部门的工作人员看作一项纪录数字的常规工作，经由大数据分析的结果并没有被真正

① 男，侗族，30岁，本科，中共党员，Z县工信局大数据管理人员，访谈于2019年6月5日。

反馈到决策与管理层面,大数据助力教育扶贫对象精准识别、资源精确匹配、过程精细监管的重要作用未得到有效发挥。当然,这一现象并不是大数据教育扶贫领域特有的现象,其他领域也存在。例如,章昌平和林涛指出,精准扶贫的数据采集与分析、大数据管理中存在着"应用烟囱"和"数据孤立"现象,跨学科研究和综合集成数据分析方法应用不足。[24]也就是说,目前大数据技术在教育扶贫领域的运用仍处于初级阶段,技术运用方式单一,大多表现为数据的采集和存储技术条件不够成熟,缺乏将大数据多样化、高效地渗入教育扶贫各个环节的技术保障系统。例如,访谈时 Z 县教育局扶贫专员 P①告诉我们:"我们县教育精准扶贫有一个系统,但这个系统是 2018 年才建立的,极不稳定,之前的信息材料补充起来工作量很大,再加上这个系统牵扯的数据量比较大、面也比较广,所以这一块现在还没有完全精准,体量较小。另外,由于贫困户流动性比较大,有很多极端情况,对于人口精准识别这一块,只要这个基础没做好,我们的教育精准扶贫就不好做,会漏掉一些学生。"这说明,建立时间短会导致大数据系统的功能还不够全面,实际操作难度大,而在信息方面存在数据断层的危险,且数据的准确性待核查,这意味着当前已有的数据尚不足以支撑教育扶贫对象的精准识别,因此要实现大数据对教育扶贫的精准化驱动,应该进一步挖掘利用大数据技术的功能。当然,教育扶贫中的大数据价值不能被有效发挥和挖掘,与工作人员对大数据系统操作不熟悉也有关系。目前,鲜有系统操作员是计算机、大数据等专业人员,部分系统操作员数据素养不够、意识不强,因此对大数据系统的操作比较生疏,一旦出现问题,不能及时解决。受此影响,大数据功能也不能有效发挥。

3. 平台数量繁多,增加了教育扶贫工作人员的负担

大数据技术能够发挥作用的基础是有数据量大、系统完善、信息共享的平台作为载体,然而调研发现,大数据技术在教育扶贫领域的运用面临

①　男,侗族,30 岁,本科,中共党员,Z 县教育局扶贫专员,访谈于 2020 年 6 月 5 日。

着平台分割、系统繁杂、数据孤岛等问题。各类数据平台条块分割化状态明显，具体表现为：纵向上，不同时期的数据平台结构不一、类型各异，无法有效整合；横向上，不同功能的数据平台由不同部门或科室管理，不能相互兼容，由此带来的结果是数据系统各自独立，处于"孤岛"状态。事实上，目前确实还没有统一的数据平台可以使教和学、教和管之间的多源异构数据实现有效整合，不能实现互动中数据的实时处理和信息反馈，这使各类数据都处于孤立状态，无法形成大规模的应用。[25]例如，全国普通扶贫系统和教育扶贫系统之间不是完全兼容的，这就导致两边的数据重复录入、相互交叉。平台分割的另一个结果是平台数量的成倍增长，就教育扶贫领域而言，目前就有学籍管理系统、学生资助系统、学生营养餐系统、民生监督平台、精准扶贫系统等数字化平台，这些平台在不仅在横向上分裂，还在纵向层级上延伸，给教育部门的工作带来极大的负担。例如，T县教育局工作人员L[①]指出："仅资助这一项，我们就要同时录入国家、省、市、县四个系统，将来还要填入民生监督系统，并且还要分项录入，要分幼儿阶段的、义务教育阶段的、中职的、高中的……"。他说，"现在平台太多了，我们自己都数不清楚。"随着教育扶贫工作的深入推进，今后还会开发出更多具有其他功能的系统，若不能打破系统间分割孤立的状态，大数据技术将难以在教育扶贫领域发挥应有的作用。

由于平台数量较多，一些工作人员需同时负责管理录入多个平台系统，负担较重。T县教育局工作人员F[②]指出："我们教育局系统需要填报的数据太多了，比如我们现在的计财科，他们一个人就要填两三个系统，太多了，这无疑增加了基层教育扶贫工作部门的工作量。"同时，因为不同系统间的填报指标不一致，填报标准不断变动，导致在输入几十万条数据过程中容易造成失误，数据的准确性、有效性无法得到较高保障。另外，平台繁杂的数据和相对独立的操作也对管理者的工作带来了巨大的挑

① 男，苗族，48岁，大专学历，党员，T县教育局工作人员，访谈于2019年5月28日。
② 男，汉族，32岁，本科学历，党员，T县教育局工作人员，访谈于2019年5月28日。

战,F进一步指出:"现在平台太多了,我们自己都数不清楚了,只好专门拿一个文档来记录账号和密码。你看,记录得密密麻麻的,如果不标注,都分不清楚。"这说明,先进的大数据技术并没有让管理先进化,却陷入比原来更混乱的状态,这给教育扶贫工作带来了许多额外的负担。

4. 数据共享程度不高,背离了教育扶贫大数据使用的初衷

大数据的核心要素是通过先进的互联网技术和高速的计算能力,打破数据间的交流障碍和信息壁垒,实现数据从一个端口到另一个端口的共享与切换。然而,在平台分割的情况下,数据只是存储于电脑上的字符而不是具有流动共享价值的信息资源,其结果是扶贫信息的错位化、孤立化和壁垒化。所以,在一些学者看来,教育领域的数据治理面临信息孤岛化、模式碎片化、组织机构功能裂解化等现实困境。[26]调研也显示,Z县的教育资助发放问题,因高校与县扶贫办之间属于不同的系统和不同的管辖部门,无法实现信息共享,因此县扶贫办的资助部门无法获取省外高校的学生资助名单,不能核实已获资助的学生,导致县外省内学生资助对象难以识别精准、明确管理。关于这一点,县教育局扶贫专员 P① 是这么告诉我们的:"省外就读的学生系统我们是共享的,比较乱的一块就是在省内县外高校就读的同学,我们县教科局没有这个数据,我们只知道每年我们这里被录取了多少学生,但这些学生去读了没有,我们不清楚,因为没有高校的数据。我们之所以要核查这部分数据,是因为如果这群学生在就读的学校没有获得补助,我们就要给他相应的补助。"但是,由于缺乏这一部分数据,基层部门就只能通过人工摸排的方式来明确已在高校获得资助的学生名单,P进一步指出:"先由各乡镇的帮扶干部下去摸排,但是摸排也会出现一些问题,因为摸排是用嘴问,看不到学生在校的一些证明材料,所以摸排时就靠学生或家长自己说是否得到资助。但我们教育局发钱是要靠证明材料的,也就是要见到他有学校盖章、老师签字证明的未

---

① 男,侗族,30岁,本科,中共党员,Z县教育局扶贫专员,访谈于2020年6月5日。

得资助的材料,然后拿家里面的证明如户口本、身份证还有当地办的存折,我们才给予发放。但是,因为很多学生是外省的,要么找不到他的联系方式得不到他的材料,要么对方故意不提供材料,所以我们往往不能获得或者及时获得他的证明材料,数据库里的数据录入就不能按时完成,资金发放也不能及时到位,后来我们怎么做的呢? 让教育局的工作人员集中跑了几个地方去要那些学生是否被资助的证明,但这工作量太大,耗费的成本太高,不可持续。"从 P 的表述中我们得知,因为数据不能共享,大数据应用于教育扶贫的优势难以彰显,并且浪费了大量人力物力,不仅增加了扶贫工作的负担,还背离了大数据助力教育扶贫的初衷,应引起高度的重视。

四、路径展望: 大数据时代教育扶贫图景

大数据凭借其快速、大量、多样的特点,可以推动教育扶贫过程精准化、科学化与高效化,并有助于为未来开发出创新型的帮扶模式,但是大数据驱动教育精准扶贫也面临许多挑战。要进一步推广该模式,就国外的经验来看,首先要在政策层面给予支持,营造数据驱动教育决策的氛围。[27]不仅如此,还需要消除各级机构之间对使用相关数据的怀疑。[28]当然,不可忽视的是,大数据驱动教育扶贫的研究大多限于相关分析和预测分析。换句话说,虽然通过使用数据挖掘技术,研究人员可以搜索大量的数据,但只能回答大数据驱动的教育精准扶贫"是什么"而不是"为什么"的问题。[29]为此,应从以下路径进行优化。

1. 建立教育扶贫数据生态圈,扩充数据容量

大数据为公共管理者提供了价值依赖与工具依赖。价值依赖要求大数据的使用者重塑思维方式与行动路径,重视并利用大数据,形成数据决策与数据管理的思维模式;工具依赖指运用大数据技术构建开放平台,实现政府流程再造,促进公共管理的智能化、精准化与标准化。正是由于有

如此大的功效,国务院在 2016 年印发的《"十三五"脱贫攻坚规划》中再次强调,要"加强精准扶贫大数据管理应用",推动优质教育资源在贫困地区的共享应用。显然,Y 市具备了大数据引领教育精准扶贫的实施条件和环境,因此能够因势利导、积极探索,利用大数据容量大、变化快、多样性、高价值等特点,构建一个"提智、提质"的大数据驱动教育扶贫模式,让优质教育资源实现精准覆盖、精准推送、精准支持,持续形成教育扶贫生态环境。

为了让"大数据+教育"扶贫项目的运行更加精准、科学,就需要收集更多数据,扩大数据的规模,形成真正的大数据库。因此,建议按教育扶贫的需求,对扶贫过程中产生的大量分散数据,有计划、有组织、有目的地进行多角度、全方位、系统化地采集,具体收集途径如下:一是将以往记录的有价值的纸质信息录入系统,进行数据化保存,利于分析和运用。二是从共享数据库中获取数据。传统方式采集的数据中,静态数据较多,可通过开放接口对共享数据进行收集,实现数据的动态变化、实时更新。三是引入数据挖掘技术,通过算法搜索,将隐藏于信息中的价值数据挖掘出来。四是增加数据的使用范围和运行时间,提高数据使用的延展性。

2. 有效整合教育扶贫数据平台,实现教育扶贫数据共享

联合国教科文组织 2019 年的报告《教育中的人工智能:可持续发展的挑战和机遇》(Artificial Intelligence in Education: Challenges and Opportunities for Sustainable Development)指出,构建开放、高质量和包容性强的教育数据系统是人工智能教育可持续发展的重要前提。[30]大数据是人工智能的前提和基础,但由于各教育扶贫系统数据割裂、数据孤岛的现象严重,增加了数据处理的成本和困难,因此有必要整合平台数量,建立一个统一的大数据平台,实现数据共享。数据共享能够让更多的人充分利用已有数据资源,减少资料收集、数据采集等重复劳动和相应费用,是实现教育扶贫精准化管理的重要途径,同时也是提升政府数据资源再利用水平的关键。那么,该如何实现数据共享呢? 由于各教育扶贫数

据系统的格式不一、内容不同、结构相异,因此要实现数据共享,就应首先建立一套统一的、法定的数据交换标准,规范数据格式,使用户尽可能依据规定的数据标准来进行数据收集。建立数据标准后,要对教育扶贫数据的流向进行精细管理。数据的流向分为水平流向和垂直流向,在水平流向上,各个系统的数据依照数据字典转换成相同格式,在后台形成统一的数据库,数据库将剔除重复的数据。将这一理念映射到教育扶贫数据中,构建统一平台之后,学生和教师只用注册一次,就可以使用一个账号来查看所有的扶贫事项;在垂直流向上,中央、省、市、县四级的数据信息系统应当有相应的接口,实现数据的逐级审核,不符合要求的数据不予录入,合乎要求的数据可以互通和交换,在全省乃至全国范围内实现教育扶贫数据共享,使各级系统呈现扁平化管理的趋势。当然,为了更好地实现教育扶贫的数据共享,需要明确共享过程中的保障要素,这些要素包括:提高教育部门领导的数据共享意识,加强教育扶贫管理人员的信息素质,建立教育扶贫数据使用和管理办法,制定教育扶贫相关措施,鼓励教育扶贫数据共享行为等等。以贵州省的"大数据+学生营养餐系统"为例,如果建立一个以省或市为单位的数据平台,打通各学校和食材配送公司之间的数据壁垒,就可以更好地统筹规划各地食材的购买、运输和使用,均衡资源配置。

3. 深入挖掘数据价值,培养大数据应用于教育扶贫的思维方式

教育数据只有通过深入挖掘分析,才能将其转换为信息资源,有效发挥出以数据驱动管理的功能。正因为如此,对教育扶贫大数据进行过程挖掘,不仅有助于分析教育扶贫过程的历史数据,更有助于教育主管部门、教师改进教学决策,为学生提供教学支持。[25]在平台分割化、信息独立化的背景下,大数据技术在教育扶贫领域中发挥的作用有限。因为受主客观条件及管理偏好的影响,大数据技术应用于教育扶贫的成效与预期目标间存在一定的偏差。虽然大数据让教育精准扶贫的对象识别、资助发放、营养餐配送、信息化手段和师资培训等方面发生了较大的变化,但

从严格意义上来说,并没有真正实现大数据技术下的精准化管理。之所以呈现如此状况,与教育扶贫数据主体的思维方式有关。

大数据对政府治理提出了更高的要求,倒逼政府主动变革创新思维,不断提升公共治理水平。正如有学者指出,大数据治理必须具有服务性思维、时效性思维和开放性思维,才能满足社会公众日益增长的期望。[31]在教育扶贫中,操作主体主要是基层教务部门的公务员。虽然普遍认为基层公务员的工作主要是执行上级的决定和国家的政策,但"事实上他们正是建构政府所提供的服务的实际行动者。除此之外,若是把这些公共服务工作者的个别决策积累起来,甚至可以成为或者是等同于政策"。[32]事实上,基层公务员所作的决策,大多与重新分配以及资源配置有关,这一角色建立在与他们职位相互关联的两个层面:较高程度的自由裁量权,以及在组织权威之下所拥有的相对自主权。[31]对于基层教育工作者而言,资源有限、目标模糊和绩效评估难以量化的现实困境决定了其思维方式具有一定的局限性,因而对大数据的价值和认识容易停留在比较浅显的阶段,转变基层教育工作者的思维方式十分重要。为实现大数据决策优化,就要改变基层教育工作者的传统思维惯性,培养他们的大数据思维,这就要求:第一,积极配合上级政府工作,组织基层公务员参加大数据业务培训,使他们提高认识、开拓视野,主动配合大数据工作,提升自身能动性,提高用大数据优化决策的主观意愿;第二,加大对数据平台操作人员的业务素质培训,大力引进人才,形成稳定的大数据操作队伍。只有这样,基层教育工作者的大数据思维才能有效形成。

五、余论

大数据驱动教育扶贫领域的内在机理在于以大数据思维与技术驱动教育扶贫的精准化、智能化与差异化。教育扶贫中大数据的"大"不只是停留在表层的数据体量大小,更体现在数据背后所蕴含的价值之"大"和思维之"大",通过挖掘教师教学与学生扶贫中的数据信息,发现教育扶贫过程中的重要问题、隐藏关系,预测未来发展趋势。就此而言,本文探讨的"大数据"也许体量不够大,但其揭示的驱动教育扶贫的逻辑机理还是具有一定的参考价值。

另外,值得关注的是,大数据在教育扶贫领域的适用性问题也需引起思考。教育扶贫的内在逻辑是通过教育来提升贫困人口的自身能力,从而阻断贫困的代际传递。虽然大数据和互联网技术在改善贫困人口的文化环境方面有一定的作用,但并没有明确的证据表明,这些技术可以直接或间接地提升贫困群体的发展能力和内生动力。因为大数据技术的运算分析多是以客观的数字为基础,而教育并不完全依赖数据。相反,教育是一个多方主体参与的复杂过程,某些主观因素对于学生的终身教育和成长更具深刻影响,因此,在教育扶贫领域中,一些主体作用不能简单地由大数据和互联网技术进行替代。鉴于教育扶贫领域的数据更新较快、变化较大、范围较广,目前在教育扶贫领域更多采用的是一种大数据思维,而不是真正运用了大数据技术。展望未来,如果教育扶贫领域真正用到了大数据技术,必将带来贫困地区师生教育理念、教育方式和教育实践的转变,真正阻断贫困的代际传递。

参考文献

[1] 谢治菊.论贫困治理中人的发展——基于人类认知五层级的分析[J].中国行政管理,2018(10):106-110.

[2] 谢治菊.教育五层级阻断贫困代际传递:理论建构、中国实践与政策设计[J].湖南师范大学教育科学学报,2020(01):9-21.

[3] 胡兰.农村教育精准扶贫推进策略研究[J].中国成人教育,2018(16):155-157.

[4] 张俊,赵丽汝.精准扶贫下的农民工继续教育机制创新[J].中国成人教育,2018(07):160-162.

[5] 代蕊华,于璇.教育精准扶贫:困境与治理路径[J].教育发展研究,2017(07):9-15+30.

[6] Jeong H., Gupta A., Roscoe R., et al. Using hidden Markov models to characterize student behaviors in learning-by-teaching environments [C]//International Conference on Intelligent Tutoring Systems. Berlin, Heidelberg: Springer, 2008:614-625.

[7] Merceron A., Yacef K. Educational Data Mining: a Case Study[C]//AIED. 2005:467-474.

[8] Baradwaj B. K., Pal S. Mining Educational Data to Analyze Students' Performance [J]. International Journal of Advanced Computer ence and Applications,2011(06):63-69.

［9］ Sembiring S., Zarlis M., Hartama D., et al. Prediction of student academic performance by an application of data mining techniques［C］//International Conference on Management and Artificial Intelligence IPEDR, 2011（06）：110‐114.

［10］ Naren J., Elakia, Gayathri, et al. Application of Data Mining in Educational Database for Predicting Behavioural Patterns of the Students［J］. International Journal of Engineering and Technology, 2014, 5（03）：4469‐4472.

［11］ Rayward-Smith V. J. Statistics to measure correlation for data mining applications ［J］. Computational statistics & data analysis, 2007, 51（08）：3968‐3982.

［12］ 周利敏,钟海欣.社会 5.0、超智能社会及未来图景［J］.社会科学研究,2019（06）：1‐9.

［13］ 王钰.以大数据分析技术促教育精准扶贫［J］.电子技术与软件工程,2017（23）：174‐175.

［14］ 沈忠华.新技术视域下的教育大数据与教育评估新探——兼论区块链技术对在线教育评估的影响［J］.远程教育杂志,2017（03）：31‐39.

［15］ 许邵庭,权若青,范力,等.孙志刚：贵州由全国贫困人口最多的省变为全国减贫人数最多的省［EB/OL］.（2020-09-22）［2020-5-19］.https：//baijiahao.baidu.com/s?id=1678508483536877201&wfr=spider&for=pc.

［16］ 谢治菊,夏雍.大数据精准帮扶贫困地区教师的实践逻辑——基于 Y 市"大数据＋教师专业发展支持系统"的分析［J］.现代远程教育研究,2019（05）：85‐95.

［17］ Fischer C., Pardos Z. A., Baker R. S., et al. Mining big data in education：Affordances and challenges［J］. Review of Research in Education, 2020, 44（01）：130‐160.

［18］ 谢治菊,肖林根.互联网驱动、教育帮扶与成绩提升——基于 S 县"云录播课堂"的分析［J］.中国研究,2019（02）：36‐51.

［19］ 袁利平.基于块数据的教育精准扶贫及其模式创新［J］.国家教育行政学院学报,2020（06）：12‐20.

［20］ 胡霞.大数据时代高等教育模式转型与创新路径探究［J］.中国成人教育,2017（01）：36‐38.

［21］ 邬贺铨.大数据时代的机遇与挑战［J］.求是,2013（04）：47‐49.

［22］ 黄璐,郑永和.人工智能教育发展中的问题及建议［J］.科技导报,2018（17）：102‐105.

［23］ 陈潭.从大数据到大智库：大数据时代的智库建设［J］.中国行政管理,2017（12）：44‐47.

［24］ 章昌平,林涛."生境"仿真：以贫困人口为中心的大数据关联整合与精准扶贫［J］.公共管理学报,2017（03）：124‐134＋153＋159.

［25］ 黄琰,赵呈领,赵刚,等.教育过程挖掘智能技术：研究框架、现状与趋势［J］.电化教育研究,2020,41（08）：49‐57.

［26］ 张培,夏海鹰.教育领域数据治理的基本思路与实践路径［J］.现代教育技术,2020（05）：19‐25.

［27］ Dringus L. P. Learning analytics considered harmful［J］. Journal of Asynchronous Learning Networks, 2012, 16（03）：87‐100.

［28］ Dyckhoff A. L., Zielke D., Bültmann M., et al. Design and implementation of a learning analytics toolkit for teachers［J］. Journal of Educational Technology & Society, 2012, 15（03）：58‐76.

［29］ Daniel B. K. Big data in higher education：The big picture［M］//Big data and learning analytics in higher education. Springer，Cham，2017(3543)：19－28.

［30］UNESCO. Artificial intelligence in education：challenges and opportunities for sustainable development［EB/OL］.［2019－08－20］. https：//unesdoc.unesco.org/ark：/48223/pf0000366994.

［31］高奇琦，陈建林.大数据公共治理：思维、构成与操作化［J］.人文杂志，2016(06)：105－111.

［32］米切尔·李普斯基.基层公务员：公职人员的困境［M］.苏文贤，江吟梓，译.台北：学富文化事业有限公司，2010.

作者简介

谢治菊　广州大学公共管理学院教授、乡村振兴研究院院长，博士生导师，主要从事贫困治理与乡村振兴研究

兰凌云　俄罗斯高等经济大学硕士研究生

余燕婷　广州大学乡村振兴研究院研究助理

电子邮箱

1045150178@qq.com

Part2

教育脱贫攻坚的区域案例

Chapter 5

女性受教育水平、区域经济收敛与教育政策调整[*]
——基于教育扶贫的视角

谢童伟　施雨婷

摘　要： 教育扶贫应该关注女性受教育水平的提升。女性受教育水平作为人力资本的重要组成部分，即女性教育人力资本，是影响区域经济差异的重要原因。对 1999—2018 年全国 31 个省份的面板数据的实证研究结果表明：女性受教育水平仍然是制约经济增长的短板；中国经济存在全局性与区域性收敛，女性受教育水平对于经济差距有重要影响。女性教育人力资本的提升，具有促进区域经济差距缩小、促进经济协调发展的正向作用。在人口老龄化趋势加强的背景下，人口数量红利逐渐减少，因而发展教育，提升人力资本水平，尤其提升女性劳动力受教育水平，是促进教育扶贫增效的重要内容，也是促进经济增长与缩小区域差距的重要途径。

关键词： 女性劳动力；受教育水平；区域经济；收敛

一、引言

教育是推动现代社会与经济发展最重要的推动力之一。刘易斯（W. A Lewis）直接把"教育所引起的知识的增长"[1]归结为经济增长的三个原因之一；舒尔茨（Theodore W. Schultz）认为，"教育作为经济发展的源泉，其作用是远远超过被看作实际价值的建筑物、设施、库存物资等物

---

* 本文受上海市教委基金项目（项目编号：14000 - 412224 - 20050,14000 - 412224 - 20051）和华东师范大学国家教育宏观政策研究院基金项目（项目编号：14000 - 50406 - 515100/007,14000 - 412222 - 21007/004）资助。

力资本的"。[2]长期以来,无论是国内还是国外的研究中,关于教育与经济的探讨一直是国民经济发展中的一个热点问题。从经济增长贡献来源的角度说,教育也是一种经济活动。因此,"人力资本理论""赶超模型""干中学模型"等理论均将教育投入与培训作为经济增长的重要因素。从目前的文献可以看出,这些研究的共同点是肯定并强调教育发展对经济增长的作用。随着社会的发展,科学技术对于经济的贡献率越来越大,而科学技术的进步有赖于教育的发展,有赖于人力资本的提升。因而,教育对于社会与经济发展的作用越来越受到重视。

从性别角度看,人力资本的提升包括男性人力资本与女性人力资本两个方面。由于历史、社会文化及性别差异等原因,提高女性的受教育水平在很长一段时间没有得到足够重视。国家统计局 2012 年的数据显示,我国 15—59 岁劳动年龄人口第一次出现了绝对下降,比上年减少 345 万人。由此引发的人口老龄化、人口红利消失与经济增长与社会发展等一系列问题引起了学者乃至全社会的高度关注。不可否认的是,女性受教育程度的提高不仅是教育公平的体现,而且是人力资本提升的重要内容,更是教育扶贫、促进经济发展的重要因素。钱民辉认为,不仅要注重提高现代女性的受教育程度,而且要注重现代女性受教育程度的提高对后代女性受教育程度与全面发展的影响,进而对后代女性在劳动就业和社会发展机会均等以及对社会诸方面的潜在作用与持续影响。[3]张明芸在总结中国女性教育的特点及发展趋势的基础上指出,女性教育是一个关系民族素质、关系国家兴衰、关系社会发展和人类未来的具有战略意义的重大问题,在推动社会发展中具有不可替代的作用。[4]莉肯巴(E. Licumba)等调查了教育性别平等对 1970—2010 年间五个南部非洲国家的经济增长影响,[5]研究表明,在 1%和 10%的显著性水平上,性别平等在教育中的作用是积极的,减少教育方面的不平等将促进经济增长。莫赖斯(Maceira H. Morais)首次使用稳健的计量经济学模型评估了欧盟国家层面的性别平等的宏观经济效益。[6]模型的结果表明,改善男女平等,提高女性受教育水平,对国内生产总值和女性就业产生积极影响,这种影响表现为潜在生产力的提高。国内外对于女性教育的研究大多从法学、社会学等角度展开，主要内容包括受教育机会、过程及结果的平等性以及产生不平等的原因与改进措施；经济学角度方面主要讨论男女受教育水平差异对就业差异、收入差异的影响。相关文献表明，教育性别不平等是一个复杂的、动态变化的现象，缩小教育性别差异，提高女性的教育获得程度，将会获得巨大的社会价值和经济价值。

改革开放以来，中国经济发展取得了显著成就，然而区域发展不平衡仍然是突出特点，追根溯源，有布局与区位的原因，也有政策的原因，而人口素质即人力资本区域差异也是导致区域发展不平衡的重要原因。王善迈等认为，教育是提升人力资本的重要途径，区域间教育发展不平衡与经济发展不平衡之间相互作用，并具有一致性。[7]那么区域间女性教育发展的不平衡对区域经济发展的差异影响多大呢？本文利用 1999—2018 年全国 31 个省份(除了港澳台地区)的面板数据，讨论女性教育发展的地区差异，并从女性受教育水平与经济增长、区域经济差距收敛两方面，实证分析女性教育水平与区域经济之间的关系。

二、 研究方法

1. 变量选择

实证分析中的 Y 为各省份的地区生产总值。投资(K)、消费(CS)、贸易(TR)作为拉动经济增长的"三驾马车"，也是不可缺少的控制变量。全国女性劳动力受教育水平(FE)是重点考察的控制变量，用估算的受教育年限衡量。受教育年限是一个广泛应用于衡量教育发展的重要指标。受教育程度测算与模型参照谢童伟等[8]的方法，分为文盲半文盲、小学、初中、高中、大专与高职、大学、研究生及以上的不同学历，定义各教育程度的年限：文盲半文盲为 0 年、小学为 6 年、初中为 9 年、高中为 12 年、大专与高职为 15 年、大学为 16 年、研究生及以上为 19 年；定义平均受教育年限的数学公式如下：

$$AEY = \sum_{i=1}^{5} EY_i \times P_i$$

其中，AEY 为平均受教育年限；i 为已受教育程度的组数；EY_i 为各受教育程度的教育年限；P_i 为各组受教育程度人口占总人数的比重。受教育年限测算的数据，选择了 2000—2019 年的《中国人口与就业统计年鉴》中 31 个省份劳动力抽样调查中的"各地区受教育程度人口构成状况"的数据，计算各省份的女性平均教育受教育年限。

2. 模型选择

收敛分析是经济领域重要的研究内容，收敛模型是分析区域差距的重要方法，其内涵是新古典经济增长理论的趋同理论。在进行收敛分析时，采用区域经济学中罗伯特·巴罗（Robert J. Barro）和萨拉-伊-马丁（Sala-i-Martin）的 β 收敛模型：

$$\frac{1}{T}\log\left(\frac{Y_{i,\,t}}{Y_{i,\,t-T}}\right) = B + \beta \log Y_{i,\,t-T} + \mu_i \qquad (1)$$

公式（1）中，B 为常数，i 代表某一经济，t 表示某一时点，T 为观察期的长度，$Y_{i,\,t}$ 和 $Y_{i,\,t-T}$ 分别为观察期期末和期初的产出指标，β 则是指向稳态收敛的速度，μ_i 为随机误差项。从方程可以看出，β 值取决于初期的变量水平，与其他因素无关，故测算出来的系数反映的是一种绝对收敛。经过回归计算出来的 β 值，如果小于 0 则收敛，β 值越小说明收敛效果越明显，区域经济差距趋于缩小；反之则发散，区域经济差距趋于扩大。而在分析区域经济收敛时，添加某一影响因素为控制变量，则模型为条件收敛，模型如下：

$$\frac{1}{T}\log\left(\frac{Y_{i,\,t}}{Y_{i,\,t-T}}\right) = B + \beta \log Y_{i,\,t-T} + \lambda X_{i,\,t-T} + \mu_i \qquad (2)$$

公式（2）中，$X_{i,\,t-T}$ 为控制变量。如果系数 λ 大于零，说明所考察的控制变量对区域经济变化有正效应，反之则是负效应。

　　基于条件收敛模型,本文构建了区域经济发展的条件收敛模型,模型具体形式如下:

$$\frac{1}{T}\log\left(\frac{Y_{i,t}}{Y_{i,t-T}}\right) = B + \beta\log Y_{i,t-T} + \lambda X_{i,t-T} + \gamma E_{i,t-T} + \mu_i \quad (3)$$

将女性劳动力受教育水平(FE)、投资(K)、消费(CS)、贸易(TR)等变量添加到模型中,则构建如下模型:

$$\frac{1}{T}\log\left(\frac{Y_{i,t}}{Y_{i,t-T}}\right) = B + \beta\log Y_{i,t-T} + \lambda_1 K_{i,t-T} + \lambda_2 CS_{i,t-T} +$$
$$\lambda_3 TR_{i,t-T} + \lambda_4 FE_{i,t-T} + \mu_i \quad (4)$$

3. 数据来源

　　衡量女性劳动力受教育水平的数据选择了 2000—2019 年的《中国人口与就业统计年鉴》中的 31 个省份劳动力抽样调查中的"各地区受教育程度人口构成状况"的数据;Y 为各省份的地区生产总值,投资(K)用全社会固定资产投资表示;消费(CS)以社会消费零售总额表示,贸易(TR)用各个省份的进出口贸易总额表示;数据来源为 2000—2019 年的《中国统计年鉴》;相关数据进行了可比性处理,剔除了通货膨胀因素。

4. 研究区域划分

　　运用模型分别对全国和东部、中部、西部、东北等区域进行计量分析。区域划分根据目前一般通用的方法处理,东部地区包括 10 个省级行政区,分别是北京、天津、河北、上海、江苏、浙江、福建、山东、广东、海南;中部地区包括 6 个省级行政区,分别是山西、安徽、江西、河南、湖北、湖南;西部地区包括 12 个省级行政区,分别是四川、重庆、贵州、云南、西藏、陕西、甘肃、青海、宁夏、新疆、广西、内蒙古;东北地区包括 3 个省级行政区,分别是辽宁、吉林、黑龙江。进行区域计量实证分析,一方面可以进行区域比较,另一方面也可以进行模型稳定性的检验。由于所采用的模型中,自变量均为滞后 T 期,降低了内生问题的可能性。

三、女性劳动力受教育水平地区差异

近 20 年女性劳动力的平均受教育水平有明显的上升趋势,女性劳动力从 6.867% 上升到 9.771%,年均增长 5.47%;女性劳动力受教育水平的提升速度比男性高 1.45 个百分点;男性劳动力与女性劳动力的平均受教育水平差距基本处于下降的趋势,两者之间的差距从 1.164% 下降到 0.46%。

1999 年,全国女性劳动力平均受教育水平在 5 年以下的地区有贵州、青海、西藏,5—6 年的地区有湖北、云南、甘肃、宁夏,6—7 年的地区有安徽、山东、四川、福建、广西、重庆、江苏、江西、陕西,7—8 年的地区有内蒙古、浙江、河南、海南、湖南、河北、广东、新疆,8—9 年的地区有山西、黑龙江、吉林、辽宁,9—10 年的地区有天津、上海,10 年以上的地区有北京。为方便比较,我们以"6 年""9 年""12 年"这三个时间节点划分。其中,平均受教育水平在 6 年以下的地区有贵州、青海、西藏、湖北、云南、甘肃、宁夏,6—9 年的地区有安徽、山东、四川、福建、广西、重庆、江苏、江西、陕西、内蒙古、浙江、河南、海南、湖南、河北、广东、新疆、山西、黑龙江、吉林、辽宁,9—12 年的地区有天津、上海、北京。

2018 年,全国女性劳动力平均受教育水平在 6—7 年的地区有西藏,7—8 年的地区有贵州,8—9 年的地区有云南、安徽、甘肃、四川、青海,9—10 年的地区有宁夏、江西、广西、海南、重庆、河南、湖北、福建、山东、湖南、吉林,10—11 年的地区有内蒙古、陕西、河北、黑龙江、新疆、广东、江苏、浙江、山西、辽宁,12—13 年的地区有天津、上海,13 年以上的地区有北京。经统计,平均受教育水平在 6—9 年的地区有西藏、贵州、云南、安徽、甘肃、四川、青海,9—12 年的地区有宁夏、江西、广西、海南、重庆、河南、湖北、福建、山东、湖南、吉林、内蒙古、陕西、河北、黑龙江、新疆、广东、江苏、浙江、山西、辽宁,12 年以上的地区有天津、上海、北京。

各省份女性劳动力平均受教育水平均有明显提高,且省际差异仍然比较明显。主要表现在 2018 年所有省份的女性劳动力平均受教育年限已经没有低于 6 年的了,而且绝大多数省份的女性劳动力平均受教育年限在九年义务教育水平以上,共有 24 个省级行政区;天津、上海、北京的女性劳动力平均受教育年限超过 12 年,相当于高中教育水平以上。其中,提升最快的地区为青海、湖北、西藏、江苏、浙江、山东,增长量分别为 5.189%、4.403%、3.843%、3.823%、3.487%、3.439%;提升最慢的是东北地区,包括吉林、黑龙江、辽宁;女性劳动力平均受教育年限增长量分别为 1.382%、1.922%、1.983%。

四、女性受教育水平对区域经济收敛的影响

模型的稳定性检验主要有两种方法:一种是用不同的模型对同样的数据进行分析检验;另一种则是用同样的模型对不同的数据进行检验。为了检验女性劳动力平均受教育水平对区域经济差距的影响,分别对全国以及东北、东部、中部、西部四个区域同时做面板收敛模型;既可以检验模型的稳定性,又可以进行区域比较。从计量的结果看,全国层面及各个区域的五个面板模型的判定系数 R^2 及模型系数的显著性水平等各个判断指标可以看出模型的拟合效果较好;计量模型的运用比较合理,因此各个模型估计结果的稳健性较强(见表 1)。

表 1　女性劳动力受教育水平对区域经济收敛的影响

系数 ＼ 区域	全国	东北	东部	中部	西部
C	0.118*** (6.29)	0.200 (1.23)	0.205*** (5.38)	0.287*** (5.36)	0.224*** (9.15)
β	− 0.015*** (− 4.81)	− 0.076*** (− 3.75)	− 0.026*** (− 4.21)	− 0.030*** (− 4.48)	− 0.017*** (− 4.31)

区域\系数	全国	东北	东部	中部	西部
FE	0.019*** （11.15）	0.053*** （6.13）	0.018*** （6.81）	0.009*** （5.01）	0.006*** （3.74）
K	-0.001*** （-7.24）	-0.002*** （-4.93）	-0.001*** （-3.04）	-0.002*** （-6.95）	-0.003*** （-6.81）
CS	0.002*** （5.63）	0.009*** （2.97）	0.001** （1.98）	0.004*** （12.38）	0.004*** （5.99）
TR	-0.001*** （-7.33）	-0.002* （-7.32）	-0.001*** （-3.21）	0.001* （1.78）	0.002*** （2.95）
R^2	0.73	0.77	0.80	0.92	0.77
Adjusted-R^2	0.69	0.73	0.77	0.90	0.74

注：*、**、***分别表示在10%、5%、1%水平下显著。

从全国层面以及东部、中部、西部、东北四个区域来看，模型反映出中国区域经济差距呈现全局与局部收敛状态。四个区域中，东北的收敛速度最大，中部次之，然后是东部，西部的收敛速度最小。东北地区的收敛速度分别是全国、东部、中部、西部的 5.07 倍、2.92 倍、2.53 倍、4.47 倍。全国层面的收敛速度均小于四个区域，说明全国整体的经济差大于局部的经济差异。全国 GDP 的离散系数基本上围绕着 0.81 波动；四个区域的 GDP 的离散系数表现各有差异，东北地区从 0.64 下降到 0.20，东部地区基本上围绕着 0.62 波动，中部地区基本上围绕着 0.37 波动，西部地区从 0.76 下降到 0.70。可以看出，东北三省经济发展省际差距下降最明显，而中部地区几省的 GDP 的离散系数一直不算太大，西部地区经济发展差距也有所下降。进一步对比分析，全国的离散系数最大，西部、东部、中部次之，东北最小，这与 β 收敛分析的结果一致，也再次印证了收敛分析的有效性与稳定性。

　　全国层面以及东部、中部、西部、东北五个模型，均反映出女性劳动力受教育水平对于区域经济收敛具有正效应，尤其对于东北最明显。正效应大小依次为东北、全国、东部、中部、西部；东北的系数是东部的近三倍，是中部的六倍，是西部的六倍，是全国的三倍多。从受教教育水平离散系数看，全国从0.25下降到0.14，东北在0.02左右波动，东部从0.19下降到0.13，中部从0.15下降到0.08，西部地区从0.27下降到0.14。东北的受教教育水平离散系数最小，女性劳动力受教育水平的省际差异最小，因此东北的正效应最明显。全国受教育水平离散系数虽然比较大，但是下降的幅度最明显，下降了0.11，因此全国层面的正效应也比较大。东部的女性受教育水平一直是四个区域中比较好的，而且女性受教育水平的离散系数也下降了0.07，因此正效应位于第三。中部和西部的受教育水平虽然有了比较明显的提升，中部的受教育水平相对来说比较低，而西部受教育水平更低，因此正效应比较小。从五个模型各自的影响因素来看，每个收敛模型中女性受教育水平的效应均大于同一模型中的其他变量的效应，说明女性受教育水平的提升对于区域经济收敛的正效应比较明显。因而，无论从全国模型还是从四个区域模型来看，提升女性劳动力受教育水平有利于经济差距的缩小，同时女性劳动力受教育水平的提高是经济差距缩小的重要因素。

　　投资的系数为负，对区域经济收敛有负作用，但是负向作用比较小。一方面，投资仍然是目前各地区促进经济发展的重要手段；另一方面，反映出随着经济的进一步发展，产业结构转移与升级，投资对于地区经济的拉动作用在变小，因而投资对于区域经济的负效应也比较小。外贸对全国、东北、东部的区域经济收敛具有负效应，而对于中部、西部的影响为正效应；近年来东北的经济形势不太乐观，外贸也受影响，而东部一直是外贸投资最重要的地区，但是最近东部地区的企业经营成本与专业转移，加上中西部地区为了吸引外资，出台了不少优惠政策，促使外贸也有向中西部地区转移。因此，外贸对区域经济收敛的效应不同。消费系数为正，对区域经济收敛有正向作用；消费对于区域经济的收敛的正向作用超过投资与外贸对区域经济收敛的负向作用,也超过两者对区域经济负向作用的总和。近二十年全国居民的收入水平有了明显的提升,消费水平也随之提高,因此提升居民收入水平,促进居民消费,有利于区域经济收敛。"三驾马车"的不同表现影响了区域经济收敛效果的差异程度,这也说明了在投资和外贸对经济促进作用下降的背景下,应该提升居民的消费水平。

五、稳健性检验

教育发展对经济的影响不仅表现在对经济增长率的影响上,而且表现在对经济增长差距的收敛或者扩大上。为了检验上述计量模型的稳定性,运用面板模型对全国以及东北、东部、中部、西部四个区域分别做计量模型(见表 2)。

表 2　女性教育水平对经济增长速率的影响

系数 ＼ 区域	全国	东北	东部	中部	西部
C	− 0.002*** (8.71)	− 0.006 (1.05)	− 0.001 (− 0.38)	0.002 (0.62)	0.001 (0.77)
FE	− 0.026** (− 1.96)	− 0.578** (− 1.80)	− 0.137*** (− 3.09)	− 0.089*** (− 4.02)	− 0.015 (− 0.89)
ME	0.046* (1.75)	1.16** (2.36)	0.274*** (3.73)	0.113* (1.67)	0.051** (2.02)
K	0.064*** (11.21)	0.092** (2.39)	0.062*** (3.21)	0.049 (1.42)	0.045*** (5.44)
CS	0.183*** (12.02)	0.551*** (3.49)	0.191*** (8.00)	0.179*** (4.37)	0.195*** (17.37)
TR	0.016*** (4.71)	0.098*** (3.96)	0.021*** (2.44)	0.057*** (3.64)	0.011*** (3.81)

系数＼区域	全国	东北	东部	中部	西部
R^2	0.43	0.40	0.39	0.26	0.44
Adjusted-R^2	0.42	0.31	0.34	0.23	0.43

注：＊、＊＊、＊＊＊分别表示在10%、5%、1%水平下显著。

　　教育发展对经济的影响不仅表现在对经济增长率的影响上，还表现在对经济增长差距的收敛或者扩大上。为了检验上述计量模型的稳定性，运用面板模型对全国以及东北、东部、中部、西部四个区域分别做计量模型。将二阶差分后的各省份的地区生产总值作为因变量，将二阶差分后的女性与男性劳动力受教育水平、投资、消费、贸易作为自变量进行面板回归，目的是分析提升女性受教育水平对于经济增长速率的影响，也就是分析女性教育水平提升速率与经济增长速率之间的关系。另外，二阶差分后数据的平稳性增强，也降低了模型的内生性。模型的基本公式如下：

$$y_{it} = \sum_{k=1}^{K} \beta_k x_{kit} + \xi_i + u_{it}$$

　　其中，$\xi_i \sim i.i.d(0, \sigma_\xi^2)$，$u_{it} \sim i.i.d(0, \sigma_u^2)$ 和 $E(\xi_i, u_{it}) = 0$；$i = 1, 2, \cdots, N$；$t = 1, 2, \cdots, T$；γ 是一个常数，β 是 $k \times 1$ 向量，x_{it} 和 y_{it} 是解释变量和被解释变量。解释变量 x_{kit} 为严格外生的；对于 $i = 1, 2, \cdots, N$；$t = 1, 2, \cdots, T$；$s = 1, 2, \cdots, T$；$E(x_{kis}, \Delta u_{it}) = 0$。

　　从计量的结果看，全国层面及各个区域的面板模型的判定系数 R^2 及模型系数的显著性水平等各项判断指标可以看出模型的拟合效果较好；同时各个变量系数正负关系和显著性水平的区别不太大，计量模型比较合理，因此各个模型估计结果的稳健性较强。从全国模型可以看出，男性受教育水平的提升对于经济增长速率有正向效应，即男性受教育水平增长速率提升 1%对经济增长速率的贡献为 0.046%；而由于女性受教育水平与男性受教育水平相比，整体上仍然较低并且总体上提升缓慢，与经济增长速率表现出负效应关系。居民消费的增加对于经济增长的正向作用超过投资与外贸的作用，男性受教育水平的作用仅次于居民消费。从四个区域模型对比看，经济增长速率与男性、女性受教育水平的提升分别表现出正向效应、负效应，大小依次为东北、东部、中部及西部；东北经济增长速率与男性受教育水平的正效应、与女性受教育水平的负效应均为四个区域中最大；除此之外，增加消费、增加投资、增加外贸对东北的经济增速影响也比其他三个地区最大。各个区域模型中，东北与东部男性受教育水平的系数最大；中部与西部消费的系数最大。二阶差分后的女性教育水平提升速率与经济增长速率之间的面板回归说明，女性受教育水平仍然是制约经济增长的短板。

六、政策建议

教育是人力资本积累的重要途径，教育扶贫强调"扶贫先扶智"；从性别角度看，人力资本包含男性与女性两方面。就上述分析来看，1999—2018 年中国的女性受教育水平得到显著提高，各地区的女性平均受教育年限普遍增加，但是仍存在区域差异，中西部地区的女性教育人力资本积累不足，尤其是中西部农村地区，文盲半文盲女性人口比重大。为提高女性受教育水平，改善女性教育人力资本分布，提升教育扶贫效果，促进区域经济均衡发展，笔者从以下三个方面提出政策建议。

1. 增加对女性的教育投入，提高女性整体受教育水平

第一，中央和地方政府应加大农村女性的教育投资。适时采取倾斜性政策，增加她们的受教育机会，保障农村贫困女性完成九年制义务教育，提高基础教育水平。同时，对于接受高等教育的女性，政府可以在全国普通高校推行贫困女大学生国家助学贷款制度，并设立国家助学奖学

金,为贫困女大学生提供贴息贷款和奖学金、助学金,帮助她们完成学业。从教育机会获得上保障落后地区女性接受基础教育和高等教育,增加女性教育人力资本的积累。政府还应加大女性职业教育培训的投入。接受职业教育对于农村贫困、边远地区受教育程度不高的女性尤为有利,职业教育的发展可以为她们提供快速进入社会的专业技能,提高从业素质。政府应结合当地的产业特色开展女性职业培训活动,发挥女性自身优势学习实用技术,增强综合素质,培养女性终身学习的良好习惯,不断掌握社会所需的新的知识和技能,这样才能提高女性教育人力资本水平。此外,与女性教育人力资本水平相比,女性教育人力资本分布不平衡严重阻碍了区域经济的发展,因此政府不仅要加大对女性教育资源的投入,还要改善农村人力资本结构。

第二,促进家庭增加对学龄女性的教育投资。受文化、宗教等传统观念的影响,性别歧视导致中西部地区特别是农村地区的家庭对女性的教育投入少,甚至限制女孩受教育的权利和机会,造成女性受教育程度普遍偏低。相对于男性,女性受教育机会更容易受到家庭背景的局限。李春玲特别指出,农村贫困家庭对女性教育投入少,受教育机会也少,接受优质高等教育的入学机会就更少了。[9]因此除了单纯依靠政府的教育补偿政策外,应消除家庭教育投入的性别偏见,增加对学龄女性的教育投资,改善农村贫困地区未成年女性的受教育状况,这一过程需要政府和家庭共同配合、共同参与。

2. 建立和完善女性人才机制,提高中西部地区女性人才队伍素质水平

众所周知,发挥教育人力资本的作用不仅要依靠先进完备的基础设施等硬性条件,还需要结合良好的鼓励创新的制度环境、合理的人才使用和激励机制等软性条件。到目前为止,中西部落后地区的软硬性条件都与东部发达地区存在一定的差距,导致中西部地区女性教育人力资本水

平低、分布不平衡程度严重等问题,使得女性教育人力资本难以发挥作用,抑制区域经济发展。据此,应完善高素质女性人才的使用和激励机制,为她们提供一个良好的平台与环境。一方面,要培养大批本土高素质高水平的女性专业技术人才,做到人尽其才;另一方面,通过一系列的女性人才激励政策,比如人才落户、人才公寓、创新人才项目的资助等方式,不断扩充中西部女性人才队伍,提高女性人才队伍素质。

3. 加快制定女性就业创业配套政策,保障女性劳动力的就业权益

虽然妇女参与社会劳动的数量在上升,但女性就业中遭受性别歧视的问题仍然存在。1992 年我国颁布了《中华人民共和国妇女权益保障法》,该法规定"除不适合妇女的工种或者岗位外,不得以性别为由拒绝录用妇女或者提高对妇女的录用标准",但在现实中的可操作性欠佳。鉴于此,我国应加快建立配套执行机构,健全劳动力市场体系,确保法律条文的落实。再比如,近年来女大学生就业难问题日益凸显,劳动力市场中存在一些显性或隐性的性别歧视现象,女性劳动力的就业权益被侵害;然而与之相关的女性就业创业配套政策却不够完善,无法形成有效合力,促进女性就业问题的有效解决。对于女性就业竞争激烈、就业难的问题,应在劳动力市场采取相应的补偿性政策,提高女性的教育投资回报率,刺激扩大家庭特别是中西部农村贫困家庭对女性教育的投入。

七、总结

教育发展对经济的影响不仅表现在经济增长率上,还表现在对经济增长差距的收敛或者扩大上。女性受教育水平对于经济增长速率与区域经济收敛都有明显的影响。二阶差分后的女性教育水平提升速率与经济增长速率之间的面板模型回归说明,无论是从全国角度还是从区域角度

看,女性受教育水平均是制约经济增长的短板。其中,东北地区的经济增长速率与男性受教育水平的正效应、与女性受教育水平的负效应均为四个区域中最大。收敛分析中,无论是从全国模型还是从四个区域模型,中国经济都存在全局性与区域性收敛。消费对于区域经济收敛均呈现正效应,而且消费的效应大于投资与外贸效应;投资对于区域经济收敛均呈现负效应;外贸对于西部与中部地区呈现正效应,而对于东北与东部地区呈现负效应。东北地区的消费正效应最大,东部地区的投资负效应最明显,西部地区的外贸正效应最大。投资、消费与外贸作为拉动经济发展的"三驾马车",其对区域经济的不同作用是影响区域经济差异的重要因素。

因此,女性受教育水平对于经济差距有重要的影响。女性劳动力受教育水平的系数均为正数,有促进缩小区域经济差距、促进经济协调发展的正向作用,对于区域经济的全局、局部的影响效应超过了拉动经济的"三驾马车"。在过去的20年,男性与女性劳动力受教育水平的差距已经明显缩小,甚至有些省份女性劳动力受教育水平要高于男性,这有利于经济发展与经济差距缩小。目前,在人口老龄化趋势加强的背景下,人口数量红利逐渐减少,发展教育提升人力资本水平,提升女性劳动力受教育水平,是促进经济增长与缩小区域差距的重要途径。未来相关的政策制定不仅需要提高全国劳动力的整体水平,还应兼顾不同地区女性受教育水平的差异,精准扶持欠发达地区、贫困农村家庭的女性,通过政策扶持来进一步提升女性群体的受教育水平。

参考文献

[1] Lewis W. A. Economic Development with Unlimited Supplies of Labor[J]. The Manchester School,1954,22(02): 181-191.

[2] Schultz William Theodore. Capital Formation by Education[J]. Journal of Political Economy,1960(06): 571-583.

[3] 钱民辉.女性教育机会均等与可持续发展[J].教育理论与实践,1999(04): 35-40.

[4] 张明芸.中国女性教育的特点及其跨世纪发展趋势[J].东北师大学报(哲学社会科学版),2000(01): 79-85.

[5] Licumba E., Dzator J. & Zhang J. Gender Equality in Education and Economic Growth in Selected Southern African Countries[J]. Journal of Developing Areas,2015,49(06):

349-360.

　　[6] Morais Maceira H. Economic Benefits of Gender Equality in the EU[J]. Intereconomics,
2017，52(03)：178-183.

　　[7] 王善迈,杜育红,刘远新.我国教育发展不平衡的实证分析[J].教育研究,1998(06)：
19-23.

　　[8] 谢童伟,张锦华,吴方卫.中国教育差距收敛及教育投入体制效应评价与改进[J].当代经
济科学,2011(04)：36-41.

　　[9] 李春玲.教育地位获得的性别差异——家庭背景对男性和女性教育地位获得的影响
[J].妇女研究论丛,2009(01)：14-18.

作者简介

　　谢童伟(通讯作者)　上海海洋大学经济管理学院/华东师范大学国家教育宏
观政策研究院副教授

　　施雨婷　上海海洋大学经济管理学院硕士研究生

电子邮箱

　　xietongwei2016@163.com

Chapter 6

"三区三州"教育精准扶贫精准脱贫政策分析

李廷洲　郅庭瑾　吴　晶　尚伟伟

摘　要："三区三州"深度贫困地区是我国脱贫攻坚的主战场,教育是精准扶贫、精准脱贫的最根本手段。近年来,"三区三州"教育发展取得历史性成就,各级各类教育规模不断扩大、质量不断提升：学前教育快速发展,毛入学率快速提高；义务教育办学条件改善,均衡水平不断提升；乡村教师队伍建设得到加强；职业教育促进就业,带动脱贫能力提升；控辍保学体制机制不断健全；推普脱贫攻坚成效显著,脱贫基础能力增强；学生资助精准到人,因学致贫返贫已成历史。"三区三州"教育改革发展积累了丰富而宝贵的经验,包括：广泛凝聚教育脱贫攻坚精神共识；中央统筹支撑,八方合力支援；优先构筑四梁八柱式制度基础设施；建立多层次、跨部门的政府协同治理机制。为巩固脱贫攻坚成果,实现"三区三州"教育高质量发展,还需要进一步聚焦关键问题。

关键词：三区三州；教育；精准扶贫；精准脱贫；政策

习近平总书记在 2018 年第五次全国教育大会上强调,坚持走中国特色社会主义教育发展道路。[1]中国特色社会主义教育发展道路的内涵非常丰富,"补齐教育短板",通过教育从根本上阻断贫困的代际传递,促进社会公平正义是其中的关键内容。确保到 2020 年农村贫困人口全部脱贫,是全面建成小康社会最艰巨的任务,教育作为精准扶贫精准脱贫的重要手段,是激发贫困人口的内生动力,增强发展能力,实现"扶志扶智"的根本举措。

一、"三区三州"教育脱贫是第一个百年伟大使命的点睛之笔

西藏和四省藏区、新疆南疆四地州、四川省凉山州、云南省怒江州、甘

肃省临夏州等连片的深度贫困地区是脱贫攻坚难度最大的地区。[2] 2017年9月25日,中共中央办公厅、国务院办公厅印发《关于支持深度贫困地区脱贫攻坚的实施意见》(厅字〔2017〕41号),将上述地区概括为"三区三州"。"三区三州"涉及6省24市(州)209个县(区),总面积289.97万平方千米,占全国总面积近三分之一,但截至2017年底,总人口只有2 587万人,约占全国总人口的1.85%。"三区三州"有少数民族人口1 963.14万人,占比高达75.88%。截至2017年底,"三区三州"还有建档立卡贫困人口318.54万人,贫困发生率高达16.69%。自然环境恶劣,多民族聚居,基础设施建设滞后,宗教影响深远,贫困高发是"三区三州"的突出特征。"三区三州"有基础教育阶段学校约1.6万所,在校生550.49万人,专任教师32.58万人。在自然条件、基础设施、经济社会发展基础、文化传统等因素的综合影响下,"三区三州"教育发展水平也滞后于其他地区,是中国教育发展的薄弱地区。

一个国家整体的教育发展水平不仅取决于发达地区的教育水平,更取决于底线划在哪里。"三区三州"的土地面积占全国的近三分之一,其战略意义不言而喻。补齐"三区三州"教育发展短板,是我国全面建成小康社会的必然要求,也是我国推进教育现代化,建设教育强国的必然要求。"摆脱贫困首要并不是摆脱物质的贫困,而是摆脱意识和思路的贫困。""扶贫必扶智,治贫先治愚。"[3]提升贫困地区的教育水平是脱贫攻坚战略的关键,不仅如此,教育更是赋予贫困人口更多选择,提升脱贫基础能力的根本途径。通过实施教育精准扶贫精准脱贫,能够从根本上阻断贫困代际传递,提高贫困地区整体人口素质,真正消除贫困。[4]从这个意义上来说,在"三区三州"通过教育促进脱贫是第一个百年伟大使命的收官之笔,更是点睛之笔。

二、"三区三州"教育发展取得历史性成就

"扶贫先扶志,扶贫必扶智。"作为"扶志"与"扶智"的重要手段,教育

在"三区三州"脱贫攻坚中发挥着不可替代的作用。近年来,在党中央的领导和全国各族人民共同努力下,作为脱贫攻坚的"三区三州"地区教育精准扶贫、精准脱贫取得了重要成就。

1. 学前教育快速发展,毛入园率迅速提高

在国家政策推动和经费支持下,"三区三州"以县为单位连续实施学前教育三年行动计划。各地州把发展学前教育放到重要位置,大力发展学前教育,学前三年毛入园率快速提升。如四川省在彝区试行"一村一幼"计划;云南省迪庆州以"一村一幼、一乡一公办、一县一示范"为目标,推进学前教育规范化建设;新疆阿克苏地区将学前双语幼儿园建设作为"一把手"工程,做到"应建尽建"。2017年底,"三区三州"在园幼儿达145.01万人,较2012年增长159.13%,小学生源中接受学前教育的比例达到了93.34%,比2012年增长34.31%。同时,采用多种方式加强学前教师供给,如青海省以"县级购买、省级补助"的方式开展政府购买学前服务,实现全省46个县(市、区)全覆盖,2018年省级财政投入1亿余元购买保教岗位12 822个,覆盖1 325所幼儿园,有效缓解了学前教育师资不足问题。

2. 义务教育办学条件改善,均衡水平不断提升

2013年底,国家启动义务教育领域兜底工程,全面改善贫困地区义务教育薄弱学校基本办学条件。"三区三州"各地州依托工程实施,统筹各项资源,薄弱学校办学条件和整体功能显著提升。学校基本办学条件得到明显改善。2017年,"三区三州"小学生均校舍建筑面积达到8.14平方米,较2012年增长42.31%;初中生均校舍建筑面积达到13.87平方米,高于西部平均水平。初中危房面积较2012年减少67.52%,小学、高中、中职学校危房面积减少80%以上。同时,县域义务教育均衡发展取得重要进展。云南省怒江州通过优化学校布局,缩小城乡差异,全州所有县市均

通过国家义务教育基本均衡发展评估验收;西藏建立起城乡统一的义务教育经费保障机制,并健全校长教师交流轮岗制度,全区 36 个县通过义务教育基本均衡发展的国家验收。

3. 乡村教师队伍建设得到加强

"三区三州"乡村教师是当地教育"活的灵魂",是当地孩子睁眼看外部世界的"第一面镜子"。[5]2013 年起,国家出台集中连片特困地区乡村教师生活补助政策,2015 年起实施乡村教师支持计划。在国家层面政策的指导下,"三区三州"积极出台地方性乡村教师政策文件,进一步细化政策措施,拓展教师补充渠道,提升教师能力素质,提高教师生活待遇等关键举措,吸引年轻教师扎根乡村基层学校,保障了乡村学校的教育质量,增强了乡村教师的稳定性,减少了乡村教师流失。如甘肃省与民族类重点院校加强联系,增加招生计划,定向培养紧缺学科教师;四川省对藏彝区实施"应减不减"的教师编制审核政策,教师编制不因学生人数减少而核减,并在县域内调节使用;新疆针对南疆四地州开展教师教学信息化培训,乡村教师的信息化应用能力稳步提高;西藏在 2016 年人均月补助标准达到"二类区 500 元、三类区 1 000 元、四类区 1 500 元"的基础上,进一步提高三类区与四类区补助标准,并设立乡村教师终身成就奖;青海省大力推进周转房建设,改善教师生活条件,自 2010 年教师周转宿舍建设规划实施以来,全省共落实中央预算内投资 7.39 亿元,支持 401 所学校的10 026 套周转宿舍建设,建设标准为 35 平方米(套)/人,建设面积共 35.1万平方米,基层教师生活工作需要得到有效解决。

4. 职业教育促进就业,带动脱贫能力提升

职业教育具有职业性和教育性的双重属性,是贫困人口脱贫致富最直接、最有效的路径。与普通教育相比,职业教育的投资周期最短、回报最快、先导性作用最突出,有助于提高贫困者的职业层次和职业收入。[6]

本着以技能促就业,以就业促致富的教育脱贫攻坚思路,"三区三州"在国家重点支持下,在每个地市(州)建设好一所中等职业学校,实施中等职业教育协作计划,广泛开展公益性职业技能培训,实现脱贫举措与技能培训的精准对接。"三区三州"职业教育培养技能、促进就业、带动脱贫致富能力得到提升。一是职业学校依托本土特有的自然资源、民族文化等资源设置专业,促进区域经济社会发展和文化传承。二是积极开展职业教育对口帮扶计划,通过省内优质职业学校帮扶少数民族地区职业学校,协调东部地区职教集团对口帮扶等方式,在贫困学生资助、师资交流培训、教学资源共享、急需特色专业建设等方面深度合作。三是依托职教资源开展劳动力技能培训,教育部门配合扶贫、人力资源和社会保障等部门实施精准扶贫劳动力培训,增强职业教育服务脱贫攻坚和经济建设的能力。四是全力促进职教学生就业,通过学生自主择业、学校指导就业、企业吸纳就业、部队选征入伍等多种途径,促进职业学校毕业生就业创业。

5. 控辍保学体制机制不断健全,成效显著

"义务教育有保障"是党中央明确规定的脱贫攻坚目标,也是教育扶贫教育脱贫的政治性任务。控辍保学是实现"义务教育有保障"的基础工程。"三区三州"将控辍保学作为重大政治任务,不断建立健全体制机制,取得重要进展。一是建立健全党政合力、部门联动、因地因人施策的工作格局,"三区三州"普遍建立了各级党委、政府直接负责,各部门联动配合的工作方式,将控辍保学纳入重要议事日程。如四川省凉山州建立县(市)长、教育局局长、乡(镇)长、校长、村长、家长分工负责的控辍保学"六长"责任制,政府、学校、社会齐抓共管。二是强化追责机制,通过签订"控辍劝返复学"目标责任书,续建补建"两基"档案,执行"一票否决",领导联系包片,县级政府主要负责人问责等方式,全力提高义务教育巩固率。截至2017年底,"三区三州"小学和初中净入学率分别达到99.56%和95.35%,接近全国平均水平。其中,南疆四地州义务教育阶段实现零辍学。

6. 推普脱贫攻坚成效显著，脱贫基础能力增强

根据《推普脱贫攻坚行动计划（2018—2020年）》（教语用〔2018〕1号）等国家文件精神，"三区三州"实施推普脱贫攻坚行动，在学前和义务教育阶段全面推广国家通用语言文字授课，确保少数民族学生基本掌握和使用国家通用语言文字。特别是抓住幼儿3—6岁的语言发展关键期，在幼儿园推广普通话和规范字学习，为幼儿接受义务教育奠定了语言基础。在中小学和职业教育学校推广国家通用语言文字授课，积极推进学校语言文字规范化达标创建工程；同步推进面向成年人的普通话培训，组织开展基层干部和青壮年农牧民普通话培训，解决因语言不通而无法就业创业脱贫的问题。如甘肃省天祝县在党政机关、新闻媒体、学校、公共服务等行业全面开展从业人员普通话培训与测试；云南省迪庆州和怒江州开展"直过民族"群众普通话培训，通过训练使其达到普通话"脱盲"标准。调研中发现，"三区三州"幼儿园大班以上的学生基本可以使用普通话进行日常交流，小学及以上的学生可以接受国家通用语言文字授课，青壮年群众基本可以听、说普通话。

7. 学生资助精准到人，因学致贫返贫已成历史

在国家政策推动和经费支持下，"三区三州"已基本建立起覆盖全学段的贫困学生资助体系：学前教育对家庭经济困难儿童、孤儿和残疾儿童予以资助；义务教育实施"两免一补"政策及营养改善计划；普通高中率先免除建档立卡等家庭经济困难学生学杂费，中等职业教育对所有农村学生、城市涉农专业学生和家庭经济困难学生免除学费，高中阶段教育设立国家助学金；高等教育实施国家奖助学金、国家助学贷款、学费补偿贷款代偿、勤工助学、特殊困难补助、学费减免等多种资助方式。各地落实国家各级各类教育资助政策，部分地区还拓展免费教育范围和项目，推动从学前教育到高等教育建档立卡贫困学生的资助全覆盖。如四川省三州实行15年免费教育，建立确保每个孩子不因贫困失学的制度保障；甘肃省天祝县实施从学前教育到高中教育的"三包"政策（包吃、包住、包学习），

建立覆盖基础教育全学段的扶贫资助政策体系。

三、"三区三州"教育精准扶贫精准脱贫积累了丰富经验

"三区三州"教育精准扶贫精准脱贫各项工作取得重要进展,积累了宝贵的经验,其主要特点可以归纳为以下四点。

1. 广泛凝聚教育脱贫攻坚精神共识

在党中央的号召和政策推动下,"三区三州"各级党委、政府、广大师生、全社会凝聚了打赢教育脱贫攻坚决胜战的精神共识,形成了强大的内生动力。各级政府均将打赢教育脱贫攻坚战作为议事日程中的优先项,优先选配干部,优先配置资源,以脱贫攻坚统领其余各项工作。各级各类学校的校长、教师将教育脱贫攻坚战视作学校发展的战略机遇。民族地区家庭将教育视作阻断贫困代际传递的根本措施。在党中央号召下,凝聚各级党委、政府、全社会的共识,践行"扶贫先扶志、扶贫必扶智",是"三区三州"教育精准扶贫精准脱贫最根本的经验。

2. 中央统筹支持,八方合力支援

"三区三州"经济社会发展水平低,财政自给能力非常有限。中央大范围、高强度的转移支付是"三区三州"教育精准扶贫精准脱贫工作取得跨越式进展的根本支撑。四川省三州90%以上的财政支出来自中央转移支付;青海省果洛州地方财政收入每年仅3亿元,但支出达60亿元,转移支付比例高达95%;西藏全区财政收入185.8亿元,支出1681.9亿元,转移支付比例达89%。2019年,中央财政专项扶贫资金增量200亿元主要用于"三区三州"深度贫困地区,"三区三州"贫困发生率由2018年的8.2%下降到2%。[7]同时,在中央号召下,东部发达地区高校、企事业单位、中小学和非营利组织、志愿者等积极援建"三区三州",逐渐形成八方合力支援

的燎原之势。2017 年底,共有 14 个省份、136 个县、37 个国家部委、30 多家国企以及大批高校和企事业单位以多种形式支援"三区三州"教育发展。[8]如内地 10 省市对口支援南疆四地州职业学校,实现对口帮扶南疆职业教育全覆盖;江苏省对口支援青海省海南州,2016 年以来共选派 220余名特级教师支教;全国各地的对口支援,在"三区三州"教育精准扶贫精准脱贫中发挥了重要作用。

3. 优先构筑四梁八柱式制度基础设施

"三区三州"总面积占全国总面积近三分之一,民族宗教种类繁多,社会发展基础差异极大。面对极端复杂、繁重的教育精准扶贫精准脱贫任务,"三区三州"采取的行之有效的办法是,在中央政策的推动下,优先推出一揽子政策,构成完备的制度基础设施,为教育脱贫攻坚提供制度基础。各级各类政策定位准确、方向明确、重点突出、操作性强、彼此协调,为推动教育精准扶贫脱贫提供制度保障。一是形成国家统筹、省担总责、市县抓落实的管理体制,依据中央文件精神出台区域层面的整体设计,市州层面进一步出台更加具体的实施方案,保证国家教育精准扶贫精准脱贫政策在"三区三州"有效贯彻落实。二是在学前教育、义务教育、职业教育、普通高中教育、民族教育等细分领域提出针对性的扶贫脱贫要求,同时建立台账制度,形成与国家脱贫攻坚战略相衔接,与地方脱贫攻坚举措相协调的教育扶贫制度框架。三是明确权责分工,将扶贫脱贫责任落实到具体人员,将帮扶对象落实到具体学生,将建设项目落实到具体学校,将工作任务落实到具体年度。

4. 建立多层级、跨部门的政府协同治理机制

中央、省、市(州)、县、乡(镇)、村多层级治理是中国基本的管理体制架构;同时,教育脱贫攻坚涉及教育、编办、人社、财政、发改、农林、卫生等多个部门。"三区三州"教育精准扶贫精准脱贫建立了有效的多层级治理

和跨部门协同治理机制。一是"三区三州"各省（自治区）、市（州）、县（区旗）依据中央文件精神和区域实际，积极再制定、具体化和细化区域层面的教育精准扶贫精准脱贫政策，开展政策创新。二是各级党委、政府成立了涵盖政府各部门的工作领导小组，落实主要领导负总责的教育扶贫工作责任制，强化各级教育、人社、公安、扶贫办等相关部门间的协同，形成政府、社会、家庭和学校等多方力量合作，多种举措有机结合和互为支撑的大扶贫格局。

四、"三区三州"教育进一步改革发展要聚焦关键问题

"三区三州"教育精准扶贫精准脱贫取得重要进展，积累了宝贵经验，但仍存在不少短板，面临许多困难和挑战。"三区三州"教育改革发展要进一步聚焦关键问题，精准施策，保障脱贫攻坚目标的全面完成和成果的巩固拓展。

1. 确保学校基础设施建设达到"20 条底线标准"

义务教育"全面改薄"工程的实施起到了巨大作用，但是部分地区的保障水平较低，教学设备、住宿、用餐、饮水、洗浴条件存在明显不足，相对"20 条底线标准"尚有差距。如甘肃省甘南州还有中小学采用火炉供暖和简陋的以电取暖方式，存在安全隐患；四川省凉山州的寄宿生床位不足，等等。当前，应按照国家校舍建设、设施设备配置标准和"20 条底线标准"要求，对农牧区学校和教学点查缺补漏，坚持软硬并重，推进校园生活设施建设。

2. 工程造价核定时考虑高原高寒地区成本高的特殊性

"三区三州"地区自然环境特殊，高原、山地等特殊地理条件使得工程建设成本相对平原地区高出很多。如云南省怒江州山高坡陡、交通不便，

建筑材料需要人背马驮、二次搬运，建设场地还需要挖山平整和边坡治理、挡墙支护等。同时配套附属工程量大，维护成本也相对平原地区高出很多。接下来，在基础设施建设的项目设计、经费预算中应特别关注高原、山区基础设施建设的成本提高问题。在核定基础设施建设经费时应考虑高原、山区的特殊情况，合理确定经费标准，提高项目建设资金额度。在落实主体项目资金的同时，考虑配套设施和后期维护资金，以保障工程建设质量，建成标准化学校。

3. 聚焦教师队伍建设的关键问题，进一步加强保障

在乡村振兴的新的历史时期，"三区三州"教师队伍建设在顶层设计上需要一种更强有力的"差别化、补偿式"政策设计。[9]一是建立健全政府购买教师岗位的保障体系。在未来一段时间内，总量控制将继续成为事业编制改革的宏观约束条件。随着学前教育、高中阶段教育毛入学率不断提高，教师编制短缺问题将更加突出。在这种背景下，采用政府购买教师岗位方式解决区域性、结构性教师短缺问题将成为一个重要政策选项。但在实践中，由于政府购买教师岗位缺乏保障，这些岗位上的教师工资非常微薄，调研得到的初步结论是工资仅有在编教师工资的约四分之一，导致这些教师质量不高、稳定性差。为此，可采取以下措施。首先是确定标准。省级政府制定编外聘用教师的工资标准，规范政府购买各级各类教师岗位工资水平及社会保障水平，保障教师权益，提高教师尤其是学前教师岗位吸引力。其次是明确责任。明确编外聘用教师只要符合入职标准，其人员费用就是政府责任，不能因此挤占学校公用经费。再次是纳入预算。将政府购买教师岗位所需经费纳入省、市（州）、县财政预算。[10]二是为高原高寒地区退休教师配备安置性休养居所。在高原高寒地区长期工作的教师普遍患有高原红细胞增多症、高原血压异常、高原心脏病等各种高原疾病。[11]这些教师退休后转往中低海拔地区生活，往往会在短时间出现各种健康问题，退休后3—5年为死亡高发时段。这种现象的普遍存在对于吸引年轻教师在高原高寒地区终身从教非常不利。为此，建议在

海拔相对较低、条件相对较好的县(市)集中建设从高海拔到低海拔的过渡性教师临时居所,以保证这部分教师退休后能安享晚年。这种举措充分体现党和政府的热心关怀,具有很高的政策显示度。

4. 关注地方政府举债建设,严控债务风险

"三区三州"各级地方政府财政支付能力非常有限,大规模举债建设很有可能无能力按期还本付息,导致政府财政不能正常运转,最终给中央政府带来巨大负担。现阶段,地方政府应谨慎设定发展目标,不要好高骛远,应将有限资源优先用于保障教育脱贫攻坚基本目标的实现。同时,应建立自上而下的地方政府债务风险防控机制,综合考虑地方政府历史债务、清偿能力、发展目标等因素,设定警戒线,在不同的风险水平及时采取相应措施。

5. 进一步提升基层教育治理能力

国家宏观教育政策要覆盖学校、教师、学生等目标群体,需要经过多级地方政府的政策细化和再制定,这是我国政府多层级治理的政策格局。在这种背景下,"三区三州"各级政府的政策执行能力(主要包括政策执行机构的完善程度,政策执行人员的能力等)就显得至关重要。要进一步加强"三区三州"基层政府能力建设,优化政策执行机构的管理体制和运行机制,提高政策执行者的能力、责任意识和专业化程度,为政策执行提供更多具体建议和指南。

参考文献

[1] 2018 年全国教育大会[EB/OL].[2020 - 11 - 10].http://www.moe.gov.cn/jyb_xwfb/xw_zt/moe_357/jyzt_2018n/2018_zt18/.

[2] 习近平.在深度贫困地区脱贫座谈会上的讲话[N].人民日报,2017 - 09 - 01(002).

[3] 习近平谈摆脱贫困:扶贫必扶智,治贫先治愚[EB/OL].[2020 - 11 - 10].http://cpc.people.com.cn/xuexi/n1/2018/1009/c385476-30329647.html.

[4] 潘安琪.教育精准扶贫的价值内涵、现实问题及对策建议[J].宏观经济管理,2020(04):58 - 63.

［5］王定华.全面建成小康社会之际我国教师队伍建设基本方略［J］.全球教育展望,2018,47（11）：53－62.

［6］范小梅,吴晓蓉.教育如何促进贫困者的职业发展［J］.教育与经济,2018(01)：48－56.

［7］曹红艳,黄俊毅,陆敏.三大攻坚战取得关键进展［N］.经济日报,2020－01－05(002).

［8］李廷洲,郅庭瑾.大力加强"三区三州"教师队伍建设［N］.人民日报,2018－11－04(005).

［9］李廷洲,陆莎,尚伟伟,黄骅斐.社会网络建构下的乡村教师政策执行研究［J］.中国教育学刊,2020(07)：50－55.

［10］李廷洲,薛二勇,赵丹丹.中小学教职工编制的政策分析与路径探析［J］.教育研究,2016,37(02)：63－69.

［11］郅庭瑾,李廷洲.找准发展更加公平更有质量教育的发力点［J］.人民教育,2019(06)：1.

作者简介

李廷洲　华东师范大学国家教育宏观政策研究院副研究员

郅庭瑾　华东师范大学教育学部教授

吴　晶　华东师范大学国家教育宏观政策研究院副研究员

尚伟伟　华东师范大学马克思主义学院讲师

电子邮箱

litingzhou0702@126.com

Chapter 7

教育脱贫攻坚视角下我国实施义务教育控辍保学的意义、进程及经验[*]

贾　伟

摘　要： 在脱贫攻坚的时代背景下，我国深入实施义务教育控辍保学专项行动，对发挥教育扶贫功效、推进教育公平以及全面建成小康社会具有多维度的现实意义。以脱贫攻坚为主线，基于政策演进的视角，将新时代我国义务教育控辍保学的实施进程划分为"多点发力、酝酿推进""整体布局、系统推进""高位部署、规范推进""集中攻坚、精准推进"和"有效衔接、长效推进"五个阶段。提出脱贫攻坚背景下我国义务教育控辍保学的主要经验：立足全球化背景的同时又基于中国国情，确立并适时调整义务教育控辍保学发展的目标；构建统筹推进机制，不断深化管理机制改革，使控辍保学改革发展拥有责权明晰的制度保障；坚持同步实施与重点推进相结合，处理好上位政策部署与基层首创示范之间的关系；统筹制定支持性政策，实施基础教育发展一揽子计划，保障和促进控辍保学的深入发展。

关键词： 义务教育；控辍保学；脱贫攻坚；教育扶贫；教育公平

　　"补好全面建成小康社会短板"是中央提出脱贫攻坚的"一个目标"，而义务教育失学辍学问题正是教育脱贫攻坚的一个历史性短板。实施义务教育控辍保学是"阻断贫困代际传递"^[1]，提升国民整体素质的重要举措，是巩固发展九年义务教育，切实维护青少年权益的重要路径，也是加

---

* 本文系国家社会科学基金项目 2017 年度教育学一般课题"集中连片特困地区义务教育精准扶贫实效评价与跟踪研究"（项目编号：BHA 170115）后续研究成果之一；系重庆市教育科学"十四五"规划 2022 年度一般课题"乡村振兴背景下重庆市义务教育控辍保学的长效机制构建与实践研究"成果之一。

快推进教育现代化和教育公平的一项基础性工作。长期以来,我国适龄儿童少年失学辍学的问题一直未能得到根本解决。据测算,"我国2012年以来发生辍学情况的学生数据体量大致维持在55万—100万之间",且"由于我国义务教育阶段适龄人口基数特别巨大,在校学生数量特别巨大(2018年全国共有义务教育阶段在校生1.50亿人),再加上失学辍学儿童少年数量的逐年累计,全国范围内失学辍学儿童少年的绝对数量应该依然较大。"[2]面对义务教育控辍保学这一历史性难题,近年来,在推进脱贫攻坚的时代背景下,我国以推动教育公平为主线,以推进教育扶贫为抓手,以提升教育质量为目标,出台了诸多教育政策,持续推动着义务教育控辍保学行动的深入实施,积累了新时代义务教育控辍保学的本土经验。

一、教育脱贫攻坚背景下实施义务教育控辍保学的现实意义

义务教育有保障是"两不愁三保障"的底线目标之一,核心是控辍保学,事关脱贫攻坚成效和全面小康底色。努力实现"义务教育阶段适龄人口无辍学学生"的目标是落实"两不愁三保障"的重要内容,是全面打赢脱贫攻坚战的一项基础性工作。在脱贫攻坚的时代背景下,我国大力实施义务教育控辍保学,对发挥教育扶贫作用,促进教育公平以及全面建成小康社会具有重要的现实意义。

1. 义务教育控辍保学是教育阻断贫困代际传递的有效路径

普及有质量的教育是消除贫困的关键。义务教育控辍保学是"两不愁三保障"的核心内容之一,在阻断贫困代际传递中发挥着重要的长远的作用。联合国教科文组织专家指出,如果青年劳动力多受教育1年,其工资就会增加10%①。让贫困地区的青少年接受良好教育,是全面建成小康

---

① 中国教育扶贫成就获全球专家学者高度评价——"人类历史上的一大壮举".中华人民共和国教育部政府门户网站 http://www.moe.gov.cn/jyb_xwfb/s5147/202104/t20210406_524611.html.

社会,推动扶贫开发的重要任务,也是阻断贫困代际传递的重要途径。多项研究表明,提高受教育的人口数量是经济增长和减少贫困的关键前提之一。"越穷的地方越难办教育,但越穷的地方越需要办教育,越不办教育就越穷。"[3]李克强在 2017 年 7 月 19 日国务院常务会议上指出,"我们必须清醒认识,在一些地区,特别是贫困地区还存在着不同程度的失学辍学现象,如果不加以解决而任其蔓延,不仅会使失学辍学家庭难以摆脱贫困命运,而且会极大影响国家民族的发展未来。"教育脱贫攻坚背景下我国加强义务教育控辍保学专项行动,就是要让寒门子弟都有机会通过教育改变自身命运,进而有力阻断贫困代际传递。

2. 义务教育控辍保学是深入推进教育公平的发展诉求

从某种意义上讲,实现教育脱贫攻坚就是不断抬高教育公平的底线,从而不断实现更高水平的教育公平。在 2018 年召开的全国教育大会上,习近平总书记提出要坚持以人民为中心发展教育,这一论断是我国教育事业改革发展的出发点和落脚点,也是办好人民满意教育的根本遵循。党的十九大报告提出,"人民对更好更公平教育的需求和教育不平衡不充分的发展现实问题,是我国当前教育领域必须着力解决的主要矛盾。"[4]新时代我国的义务教育控辍保学始终坚持以人民为中心发展教育的指导思想,直面教育发展不平衡、不充分的问题,针对部分青少年群体失学辍学的各类因素,进一步健全覆盖各级各类教育的家庭经济困难学生资助体系,不断扩大残疾人受教育机会,完善进城务工人员随迁子女就学保障和农村留守儿童教育关爱服务体系,同时,不断提高城镇学校学位供给能力,提升区域基础教育特别是义务教育均衡发展水平。个人的全面发展是提升国民整体素质的诉求,也是全民受教育程度提高的基础。我国义务教育控辍保学坚持"一个都不能少"的理念,切实维护了广大儿童青少年群体的受教育权益。[5]

3. 义务教育控辍保学是全面建成小康社会的本质要求

教育脱贫攻坚既是推进全面小康社会建设的内涵需求,也是实现全面小康社会的重要组成部分。"义务教育是国家的公益性事业,是必须优先发展的基本公共事业。"[6]我国高度重视义务教育,而失学辍学是发展义务教育,实现教育脱贫攻坚必须解决的问题。党的十八大报告首次提出全面建成小康社会,明确了"现代国民教育体系更加完善,终身教育体系基本形成,全民受教育程度和创新人才培养水平明显提高"的阶段目标。党的十九大又从决胜全面建成小康社会的高度,提出实施乡村振兴战略,以教育的区域、城乡、校际均衡发展为抓手,把学校布局与乡村振兴战略融为一体。为适应全面建成小康社会的需要,我国合理规划城乡义务教育学校布局建设,完善城乡义务教育经费保障机制,统筹城乡教育资源配置,推动城镇义务教育公共服务常住人口全覆盖,不断降低农村青少年发生失学辍学现象的概率,极大地保障了农村学生的受教育权利,为实现全面建成小康社会贡献了长效智力支撑。

二、教育脱贫攻坚背景下我国义务教育控辍保学的改革进程

党的十八大以来,在教育脱贫攻坚的背景下,我国义务教育控辍保学专项行动取得了显著成效。在教育脱贫攻坚背景下,从政策演进的视角系统梳理并反思新时代我国义务教育控辍保学政策沿革与实践进程,可将其划分为"多点发力、酝酿推进""整体布局、系统推进""高位部署、规范推进""集中攻坚、精准推进"和"有效衔接、长效推进"五个阶段。

1. 教育脱贫思维孕育过程中的"多点发力、酝酿推进"阶段（2012—2013 年 8 月）

这一阶段出台的政策主要有《国务院办公厅转发教育部等部门关于做好进城务工人员随迁子女接受义务教育后在当地参加升学考试工作意见的通知》(国办发〔2012〕46 号)、《教育部等 5 部门关于加强义务教育阶段农村留守儿童关爱和教育工作的意见》(教基一〔2013〕1 号)、《教育部关

于印发〈中小学生学籍管理办法〉的通知》（教基一［2013］7 号）等。这一阶段的义务教育控辍保学工作呈现出多部门、多角度共同推进的发展形态。从教育扶贫的内涵视角来看，本阶段的控辍保学政策已经将教育脱贫的意蕴包含其中，但是教育扶贫政策的整体思维与基本思路还未真正影响到控辍保学的深入推进，仍旧以外围铺垫为发展主线。

一是多部门联合改革随迁子女升学考试制度。早在 2012 年之前，教育部就多次在年度工作要点中对随迁子女入学现象进行重点关注，如《教育部 2010 年工作要点》中明确提出要"加大改造薄弱学校力度，完善保障适龄儿童、少年免试就近入学政策措施"，《教育部 2011 年工作要点》明确，"完善义务教育均衡发展保障机制，提高农村学校生均公用经费拨款标准……深化和完善农民工随迁子女接受义务教育的'两为主'政策"。2012 年 8 月，国务院办公厅转发《教育部等部门关于做好进城务工人员随迁子女接受义务教育后在当地参加升学考试工作意见的通知》，此文件由教育部、发展改革委、公安部、人力资源和社会保障部联合拟定，这一政策是在保障进城务工人员随迁子女享受义务教育基本就学权利政策的基础上催生的针对性、补偿性、延续性政策举措，一定程度上稳住了许多因为担心异地随迁读书无法参加升学考试而被动选择辍学的学生。有必要明确，进城务工人员随迁子女是我国建档立卡贫困户的主体之一，也是后续开展教育扶贫脱贫工作的重点对象。

二是高度关注农村留守儿童特殊群体教育状况。2013 年初，教育部、全国妇联、中央综治办、共青团中央和中国关工委联合印发了《关于加强义务教育阶段农村留守儿童关爱和教育工作的意见》，力求全面加强留守儿童受教育全程管理。要求地方教育行政部门和学校全面了解留守儿童学籍变动情况，将确保留守儿童按时入学作为控辍保学工作的重要内容。同时要求优先满足留守儿童教育基础设施建设，努力实施好农村义务教育薄弱学校改造计划和初中校舍改造工程。在集中连片特殊困难地区及其他留守儿童集中地区，重点关注实施留守儿童农村义务教育学生营养改善项目。[7]这是我国在新时代扶贫攻坚背景下出台的第一个关于留守儿童关爱教育的重量级政策文件。

三是充分发挥中小学生学籍管理支撑作用。中小学生学籍管理是开展控辍保学工作的重要载体,自 2013 年起,教育部围绕规范中小学生学籍管理先后制定多项政策,印发了《中小学生学籍管理办法》,明确规定"学校应将义务教育阶段学生辍学情况依法及时书面上报当地乡镇人民政府、县级教育行政部门和学籍主管部门,在义务教育年限内为其保留学籍,并利用电子学籍系统进行管理"[8]。教育部每年的义务教育招生入学工作通知也强调,要通过学籍管理及时掌握学生流动和辍学情况。这是我国控辍保学实现信息化、数据化管理的雏形。

2. 教育脱贫路径深入融合发展中的"整体布局、系统推进"阶段(2013 年 9 月—2015 年)

本阶段的政策主要有《国务院关于进一步完善城乡义务教育经费保障机制的通知》(国发〔2015〕67 号)、《教育部 国家发展改革委 财政部关于全面改善贫困地区义务教育薄弱学校基本办学条件的意见》(教基一〔2013〕10 号)、《教育部关于印发〈义务教育学校管理标准(试行)〉的通知》(教基一〔2014〕10 号)、《教育部 国家发展改革委 财政部关于实施第二期学前教育三年行动计划的意见》(教基二〔2014〕9 号)等。从政策发展的视角看,本阶段与前一阶段整体呈现交叉推进的特征。但同时也必须看到,两个阶段存在明显差异。在本阶段,教育脱贫攻坚的思维已经融入了控辍保学的政策体系。

这主要表现在以下几个方面。一是以推进义务教育薄弱学校条件改善助力控辍。2013 年教育部、国家发展改革委、财政部联合印发《关于全面改善贫困地区义务教育薄弱学校基本办学条件的意见》,希望通过全面改善贫困地区义务教育薄弱学校基本办学条件,使"小学辍学率努力控制在 0.6% 以下,初中辍学率努力控制在 1.8% 以下"[9]。后期,教育部又印发了全面改善贫困地区义务教育薄弱学校基本办学条件"20 条底线"等政策文件。随着一系列政策措施的深入落实,广大义务教育学校特别是农村学校的办学条件得到了较大改善。二是以完善义务教育学校管理与经费保障机制加强控辍。学校管理制度的健全是构成教育扶贫脱贫机制的有力组成,而经费保障机制特别是贫困学生经费免补机制的构建完善,是我国能够大面积快速实现教育脱贫的核心动力之一。2014年,教育部印发《义务教育学校管理标准(试行)》,其在基本管理任务中明确提出"要建立控辍保学工作机制",要求及时将学生辍学情况书面上报主管部门,主动联系辍学学生家长,针对辍学原因,积极帮助学生返校。2015年,国务院《关于进一步完善城乡义务教育经费保障机制的通知》出台,统一城乡义务教育经费保障机制,实现"两免一补"和生均公用经费基准定额资金随学生流动可携带[10],使学生的异地就学、正常转学等更易于被流入地义务教育阶段学校接受,减少了因异地入学困难而被迫辍学情况的发生。三是以提升学前和特殊教育等教育普及水平推广控辍。按照党中央、国务院的决策部署,各地认真落实教育部等四部门颁布的第一、二期学前教育行动计划及教育部等七部门推进的特殊教育提升计划(2014—2016年),使得学前教育普及水平明显提高,残疾人的受教育机会也不断扩大。

3. 教育脱贫举措不断凸显中的"高位部署、规范推进"阶段(2016—2018年)

本阶段的政策主要有《国务院关于统筹推进县域内城乡义务教育一体化改革发展的若干意见》(国发〔2016〕40号)、《国务院办公厅关于进一步加强控辍保学提高义务教育巩固水平的通知》(国办发〔2017〕72号)、《国务院办公厅关于全面加强乡村小规模学校和乡镇寄宿制学校建设的指导意见》(国办发〔2018〕27号)、《教育部等六部门关于印发〈教育脱贫攻坚"十三五"规划〉的通知》(教发〔2016〕18号)、《教育部 国务院扶贫办关于印发〈深度贫困地区教育脱贫攻坚实施方案(2018—2020年)〉的通知》(教发〔2018〕1号)等。随着前一阶段控辍保学工作在各层面、各维度的不断推进,急需全面性、规范性、纲领性的控辍保学政策。在这一阶段,教育扶贫脱贫的观念与思路已经深刻影响了义务教育控辍保学的深入发展,其核心要义得到了不断凸显。

一是出台纲领性文件,推进控辍保学改革发展。国务院办公厅于2017年9月5日印发了《关于进一步加强控辍保学提高义务教育巩固水平的通知》,这是在控辍保学发展历程中最核心、影响最大的政策文本。该项政策对我国开展控辍保学作了全面的目标要求,从坚持依法控辍、提高质量控辍、落实扶贫控辍、强化保障控辍等方面明确了工作重点,从建立健全控辍保学工作机制,加强控辍保学监测机制,完善控辍保学督导机制和考核问责机制等方面落实了制度保障,并首次明确"将义务教育控辍保学工作纳入地方各级政府考核体系",提出了"扶贫控辍"[11]的顶层设计。"扶贫控辍"要求各地认真贯彻落实党中央、国务院关于打赢脱贫攻坚战的决策部署,针对"老少边穷岛"地区以及农村等失学辍学率较高的地方,把控辍保学工作作为脱贫攻坚的硬任务,压实工作责任。聚焦贫困地区和贫困人口,把建档立卡等家庭经济困难学生作为脱贫攻坚重点对象,全面落实教育扶贫和资助政策,确保孩子不因家庭经济困难而失学辍学。这一专项政策对推进新时代的控辍保学工作具有全局性、系统性的指导意义。"控辍保学自此有了行动纲领"[12]。

二是改善办学条件,为控辍保学奠定物质基础。2016年国务院印发了《关于统筹推进县域内城乡义务教育一体化改革发展的若干意见》,首次明确提出了城乡教育"四个统一",即"县域内城乡义务教育学校建设标准统一、教师编制标准统一、生均公用经费基准定额统一、基本装备配置标准统一"[13],明确要改革控辍保学机制,对建立控辍保学部门协调机制、联控联保机制、动态监测机制等作了宏观部署,并对控辍保学责任落实、营养改善计划、残疾儿童入学、完善学生资助政策等提出了较为全面的指导性意见。2018年国务院办公厅印发了《关于全面加强乡村小规模学校和乡镇寄宿制学校建设的指导意见》,在统筹规划、合理布局上着力,要求"统筹社会主义新农村建设和农村学校建设,优化农村教育规划布局,科学合理设置两类学校,妥善处理好学生就近上学与接受良好义务教育的关系"[14],坚决防止因为学校布局不合理导致学生上学困难甚至失学辍学。可以看到,诸如完善学生资助政策、营养改善计划等涉及教育扶贫的重要内容,已经融入义务教育控辍保学的基本政策框架体系。

三是落实教育扶贫,促进扶贫控辍规范开展。2016 年 12 月,经国务院同意,教育部、国家发展和改革委员会、民政部、财政部、人力资源和社会保障部、国务院扶贫办等六部门联合印发了《教育脱贫攻坚"十三五"规划》,提出要把精准扶贫、精准脱贫作为基本方略,以国家贫困县及建档立卡等贫困人口为重点,落实好"两免一补"政策,完善控辍保学机制,加大对贫困家庭留守儿童、残疾儿童少年等特殊群体的支持力度,"保障各教育阶段从入学到毕业的全程全部资助,保障贫困家庭孩子都可以上学,不让一个学生因家庭困难而失学"[15]。2018 年 1 月,教育部、国务院扶贫办又联合印发了《深度贫困地区教育脱贫攻坚实施方案(2018—2020 年)》,对《教育脱贫攻坚"十三五"规划》做了具体落实和细化补充。该实施方案强调要"完善控辍保学工作机制,因地因人施策,对贫困家庭子女、留守儿童、残疾儿童等特殊困难儿童接受义务教育实施全过程帮扶和管理,防止适龄儿童少年失学辍学"[16]。以上政策举措从根本上封堵了长久以来因贫困而导致失学辍学的源头。

4. 教育脱贫功效逐渐显现下的"集中攻坚、精准推进"阶段(2019—2020 年 6 月)

本阶段的政策主要有《国务院扶贫开发领导小组印发〈关于解决"两不愁三保障"突出问题的指导意见〉的通知》(2019 年 6 月 30 日)、《关于打赢脱贫攻坚战进一步做好农村义务教育有关工作的通知》(教基厅函〔2019〕10 号)、《关于解决建档立卡贫困家庭适龄子女义务教育有保障突出问题的工作方案》(教发〔2019〕9 号)、《教育部等十部门关于进一步加强控辍保学工作健全义务教育有保障长效机制的若干意见》(教基〔2020〕5

号)等。控辍保学已经成为"义务教育有保障"的核心内容,也必然受到决战决胜教育脱贫攻坚任务的长远功效影响。

这一阶段主要有三个特征。一是政策精准,解决突出问题。2019 年是全面建成小康社会的关键之年,脱贫攻坚,教育人同样承担着重任。2019 年 6 月 30 日国务院扶贫开发领导小组会议审议通过了《关于解决"两不愁三保障"突出问题的指导意见》,强调"贫困人口义务教育有保障,主要是指除身体原因不具备学习条件外,贫困家庭义务教育阶段适龄儿童、少年不失学辍学,保障有学上、上得起学。"[17]要求各地因地制宜细化实化标准并严格执行,既不拔高,也不降低。同时还指出,要进一步加大对家庭经济困难学生资助力度,有效阻断贫困代际传递。教育部将控辍保学纳入 2019 年教育部"奋进之笔"重点工作,聚焦扶贫扶智,先后出台《关于打赢脱贫攻坚战进一步做好农村义务教育有关工作的通知》《关于解决建档立卡贫困家庭适龄子女义务教育有保障突出问题的工作方案》等重要政策,聚焦脱贫攻坚背景下的义务教育控辍保学薄弱环节和突出问题,从加强学位保障、教学保障和资助保障[18]等方面提升供给能力,强化保学举措,实现了辍学人数大幅度下降。真正实现了义务教育控辍保学与教育脱贫攻坚融合发展。

二是细化分类,提供实践依据。2019 年初,教育部印发了《禁止妨碍义务教育实施的若干规定》,要求各地在 2019 年上半年开展一次全面排查,对机构或个人违法违规导致适龄儿童、少年未接受义务教育的行为坚决予以纠正,依法依规严厉查处问责。随后,根据前期工作经验,教育部及时发布了《辍学学生核查分类标准说明》,将疑似失学辍学学生划分为 A、B 两类。其中,A 类需要劝返人员包含(A1) 打工务农、(A2) 厌学辍学、(A3) 因病因残、(A4) 在家上学、(A5) 入寺入教、(A6) 早婚辍学、(A7) 易地扶贫搬迁、(A8) 其他原因共 8 类。虽然基层在操作实践中发现个别分类之间界限不清,但该标准的全国推行在一定程度上增强了实践操作性,也确保了全国各地控辍保学口径基本一致。2019 年,教育部会同公安部建立了"中小学生学籍信息管理系统和国家人口基础信息库"比对机制,全国有 2 075 个县制订了控辍保学工作方案,27 个省份出台了控辍保学实施办法。[19]依托全国控辍保学工作台账,实行动态更新、销号管理,精准、快速地消除了现有控辍保学面板数据。到 2019 年 11 月 20 日,"全国 832 个国家级贫困县义务教育阶段辍学学生人数已由台账建立之初的 29 万减少至 2.3 万,其中建档立卡家庭贫困学生人数由 15 万减少至 0.6 万,为 2020 年全面实现义务教育有保障奠定坚实基础"。[20]以上政策举措细化了控辍保学的具体行动办法,对各地有效落实控辍保学工作要求,提升控辍保学工作成效具有政策参考和实践指导价值。

三是完善保障机制。2019 年 7 月,教育部、国家发展和改革委员会、财政部联合印发了《关于切实做好义务教育薄弱环节改善与能力提升工作的意见》,决定在 2014—2018 年义务教育"全面改薄"工程的基础上,实施新时代的"薄弱环节改善与能力提升"计划,该政策重点就加强乡镇寄宿制学校和乡村小规模学校建设作了深入部署,再次强调"防止盲目撤并乡村小规模学校人为造成学生辍学和生源流失"。随着脱贫攻坚战的深入实施,义务教育有保障工作取得了重要进展和显著成绩。为历史性地解决义务教育阶段学生辍学问题,本阶段国家出台了具有重大指导意义的专项政策文件。2020 年 6 月,教育部、国务院扶贫办、中共中央统战部等十部门印发了《关于进一步加强控辍保学工作健全义务教育有保障长效机制的若干意见》,要求切实解决因学习困难而辍学、因外出打工而辍学、因早婚早育而辍学等问题。通过"健全联控联保责任机制、健全联控联保责任机制、健全应助尽助救助机制、健全应助尽助救助机制、健全办学条件保障机制"[21],逐步探索构建新时代我国义务教育控辍保学长效机制。

5. 教育脱贫攻坚与乡村振兴过渡下的"有效衔接、长效推进"阶段(2020 年 6 月以来)

本阶段的主要政策有《中共中央 国务院关于实现巩固拓展脱贫攻坚

成果同乡村振兴有效衔接的意见》(2020 年 12 月 16 日)、《教育部等四部门关于实现巩固拓展教育脱贫攻坚成果同乡村振兴有效衔接的意见》(教发〔2021〕4 号)、《教育部办公厅关于做好 2021 年春季学期开学前后控辍保学工作的通知》(教基厅函〔2021〕6 号)等,有力推动教育脱贫攻坚向乡村教育振兴有效衔接过渡,显示脱贫攻坚背景下的义务教育控辍保学工作进入了新的发展阶段。

2020 年底,中共中央、国务院印发《关于实现巩固拓展脱贫攻坚成果同乡村振兴有效衔接的意见》,提出打赢脱贫攻坚战,全面建成小康社会,要进一步巩固拓展脱贫攻坚成果,接续推动脱贫地区发展和乡村全面振兴。在巩固"两不愁三保障"成果方面,提出要"落实行业主管部门工作责任。健全控辍保学工作机制,确保除身体原因不具备学习条件外脱贫家庭义务教育阶段适龄儿童少年不失学辍学"[22],为"后控辍保学"时代的控辍保学行动提供了实践指引。2021 年春季学期开学前后,教育部办公厅印发了《关于做好 2021 年春季学期开学前后控辍保学工作的通知》,要求强化控辍保学工作管理,持续巩固控辍保学攻坚成果,保持政策不变,力度不减,防止辍学新增和反弹,坚决防止因疫情影响造成新的辍学。2021 年 5 月,教育部等四部门印发了《关于实现巩固拓展教育脱贫攻坚成果同乡村振兴有效衔接的意见》,进一步巩固拓展教育脱贫攻坚成果,有效衔接乡村振兴战略,接续推动脱贫地区发展和乡村全面振兴,贯彻落实党中央、国务院部署,脱贫攻坚目标任务完成后,设立 5 年过渡期。明确了建立健全巩固拓展义务教育有保障成果长效机制,建立健全农村家庭经济困难学生教育帮扶机制,做好巩固拓展教育脱贫攻坚成果同乡村振兴有效衔接重点工作,延续完善巩固拓展脱贫攻坚成果与乡村振兴有效衔接的对口帮扶工作机制等四项重点任务。特别提出了"巩固拓展义务教育控辍保学成果"的首要任务,明确了进入"后控辍保学"阶段的五项长效机制,即联控联保责任机制、数据比对机制、定期专项行动机制、依法控辍治理机制、教学质量保障机制,确保除身体原因不具备学习条件外脱贫家庭义务教育阶段适龄儿童少年不失学辍学[23]。从此,适龄儿童少年因贫失学辍学的情况在我国一去不复返了。

三、教育脱贫攻坚背景下实施义务教育控辍保学的本土经验

党的十八大以来,我国义务教育控辍保学政策实施成效十分显著。我国积极贯彻精准扶贫、精准脱贫基本方略,全面打响教育脱贫攻坚战,取得了决定性成就。最显著的成就是贫困家庭学生辍学问题得到历史性解决,实现了动态清零,对贫困学生实现应助尽助,贫困地区各级各类学校发生了格局性变化,为阻断贫困代际传递奠定了坚实基础。截至 2020年 11 月 30 日,"全国义务教育阶段辍学学生由台账建立之初的约 60 万人降至 831 人,其中建档立卡贫困家庭实现 20 万建档立卡辍学学生历史性动态清零,为 2020 年实现国家规划的义务教育巩固率达 95%,全面实现义务教育有保障目标奠定了坚实基础。"[①]中国教育脱贫攻坚的伟大成就,得益于中央政府在教育系统内外构建起的责任体系、政策体系、工作体系和监督体系,形成了教育脱贫攻坚下的义务教育控辍保学本土经验。

1. 坚持问题导向,高度重视全局性与发展性问题

我国的义务教育控辍保学行动立足全球化的背景,基于中国国情,确立并适时调整义务教育控辍保学发展的目标。

教育公平视野下的义务教育学生辍学问题不仅困扰着中国,也是一个全球性问题。联合国教科文组织统计研究所的数据显示,2014 年全球大约有 2.63 亿名儿童和青少年辍学或失学。新时代我国义务教育控辍保学的目标确定与政策实施,均是在推进教育公平的框架下展开的。面对教育发展的不平衡、不充分问题,我国以解决人民群众最关心、最直接、最现实的教育问题为核心,保障人民群众的基本教育权利。在政策制定与实践落实中,始终坚持目标导向,合理确定并适时调整控辍保学的发展目

---

① 数据来源为教育部官网(2020 年 12 月 21 日)。

标是促进控辍保学成效最优化的先行之策。2016 年，我国小学阶段净入学率已经达到 99.92%，初中阶段毛入学率达 104.0%[①]，针对义务教育入学率、升学率天花板后面的巩固率矛盾，确定了把义务教育巩固率从93.4%提高到 95.0%的阶段性目标，这是到 2020 年结束时我国义务教育控辍保学必须啃下的"硬骨头"。围绕提高全国九年义务教育巩固率这一根本性目标，国务院办公厅出台了控辍保学行动纲领性政策文件及有关补充性政策，从依法控辍、质量控辍、扶贫控辍和保障控辍四方面全面布局，确定了全局性目标、阶段性目标，明确了区域性目标和重点工作任务。经过三年努力，基本实现了不让一个孩子因家庭贫困而失学辍学的目标，基本避免了因上学远、上学难而辍学，大幅度劝返了因学习困难或者厌学而辍学的学生，形成了具有时代特色的控辍保学中国经验。

2. 坚持目标导向，全面破解科学性和规范性难题

在我国，教育脱贫攻坚背景下的义务教育控辍保学虽然不是一个新命题，但已有的可供借鉴的管理政策与实践经验并不丰富，因此，在过程中进行改革提升、完善机制就成了必然的路径选择。我国通过构建统筹推进机制，与教育脱贫攻坚整体挂钩，使控辍保学改革发展拥有责权明晰的制度保障。

具体来看，我国控辍保学机制构建主要有五个方面的典型经验。一是构建统筹推进机制，破解"谁负责、谁来管"的问题。明确义务教育是教育工作的重中之重，控辍保学是政府的法定职责。我国探索建立了控辍保学统筹推进机制，"将控辍保学工作与依法施政、政府履职尽责紧密融合，与脱贫攻坚整体挂钩，不断提高各级党委政府的重视程度与履行法定职责意识"[24]，统筹推进控辍保学工作。二是构建层级目标责任制，破解"做什么、谁来做"的问题。全国各地探索强化控辍保学督导检查，实行义务教育入学及控辍保学目标责任制。全国多数地区探索实行教育部门、

---

① 　数据来源为教育部《2016 年全国教育事业发展统计公报》（2016 年数据下同）。

乡镇政府、义务教育学校动员入学复学办法,严格失学辍学责任追究。三是构建联控联保机制,破解"共同抓、联合做"的问题。控辍保学工作是一项系统工程,全国各地建立健全了以县级人民政府为主体,多方参与联控联保的协同合作机制。县级政府履行控辍保学主体责任,相关部门和群团组织齐抓共管,形成联控联保的合力,共同保障适龄儿童少年平等接受义务教育,防止失学辍学。四是构建分类施策机制,破解"针对谁、服务谁"的问题。面对义务教育控辍保学量大面广、情况繁杂的特点,有的放矢,高度关注农村地区、边远贫困地区和少数民族地区等重点地区,高度关注初中阶段这一重点学段,高度关注家庭经济贫困儿童、农村留守儿童和困境儿童等重点群体,并出台分类施策的要点,不断拉高了教育公平的底线。五是构建动态监测机制,破解"怎么管、管什么"的问题。各地利用全国一体的义务教育控辍保学动态监测平台开展全面性、全过程监管,集中力量建立了控辍保学责任体系,确保义务教育控辍保学精准到人、责任到人、措施到人,提高了基层落实执行政策的效率和效果。

3. 坚持过程导向,统筹考量同质性与差异性特征

我国坚持义务教育控辍保学行动的同步实施与重点推进相结合,即坚持各领域、各地区、各学段、各类别协同推进,同时抓住关键地区、关键对象与关键环节重点推进,在过程中较好地处理了上位政策部署与基层首创示范的关系。

首先是同质性特征,要求协同推进,主要表现在四个方面。一是强化各领域的协同推进。强化义务教育控辍保学与全面建成小康社会,乡村振兴战略实施,城乡义务教育一体化发展,突发疫情期间"停课不停学"的合理布局与协同推进,与其他具有全局性特征的重点工作产生紧密联系,构建协同共生的关系,确保了该项工作的延续性与受关注度。二是注重各地区协同推进。虽然我国东中西部各省市县在义务教育控辍保学行动中面临的问题各不相同,也各有侧重,但是国家上位政策的部署仍然关注全局,强化各地区的步调协同,重在强化各地区对控辍保学的思想认识以

及增加完成教育脱贫任务的紧迫性。三是注重各学段的协同推进。义务教育控辍保学也涉及义务教育阶段学生的入口与出口。实践证明,学前教育作为义务教育阶段的入口,一旦得到高度重视与高质量普及,就保障了义务教育阶段的学生来源,使适龄儿童的失学率几乎为零。同时,高中教育作为义务教育阶段的出口,多元、优质、普及化发展极大地促进了义务教育阶段学生的稳定性,"读书有出路"的认识在校内外传播,也使得辍学率极大降低。此外,特殊教育、专门教育的发展,化解了长期以来累积的失学、辍学的特殊学生群体,使"义务教育有保障"得以全面实现。四是注重各类型的协同推进。这里的类型是指失学辍学学生的类型,重点包括因厌学辍学、因病(残)辍学、因贫辍学、因打工(务农)辍学等。我国协同整合全国学龄人口数据与中小学学籍信息数据等,通过大数据比对精准发现失学辍学与疑似失学辍学学生,针对不同类别同步采取不同的措施,"一个都不能少"的控辍保学理念贯穿始终,确保了工作的全面推进。

其次是差异性特征,要求重点推进,主要表现在以下三个方面:一是重视关键地区。加强对农村、边远、贫困、少数民族等重点地区的关注力度,特别是"三区"(西藏自治区,青海、四川、甘肃、云南四省藏区,新疆南疆的和田地区、阿克苏地区、喀什地区、克孜勒苏柯尔克孜自治州四地区)"三州"(四川凉山州、云南怒江州、甘肃临夏州)地区,围绕这些深度贫困地区,国家出台多个专项政策文件,建立控辍保学国家重点监测县制度,啃下全面建成小康社会最难的"硬骨头"。二是重视关键对象。主要包括农村留守儿童、进城务工人员随迁子女、家庭经济贫困儿童和困境儿童(残疾儿童、孤儿等),构建全国性的义务教育控辍保学工作台账,加强对重点群体的动态监控,保障每一个家庭的孩子都可以上学,绝不让一个学生失学辍学。三是重视关键环节。系统布局教育扶贫资助政策,并通过专项督导强化政策落实,确保适龄儿童在就读过程中不因家庭变故而辍学;全面提高教育教学质量,改善学校教育教学方式方法,建设标准校园、美丽校园与温馨校园,提升学校教育教学的吸引力;全面规范劝返复学后学生的管理,因人而异开展专项课业辅导与心理关爱,确保其不再次发生辍学;科学研判残疾儿童辍学情况,尊重客观事实与基层实践困境,合理处理送教上门与送关爱慰问的情况,人性化妥善处理确无能力接受义务教育的情况。

4. 坚持需求导向，多维应对系统性和基础性需求

以教育脱贫攻坚为发展主线,对教育公平视野下控辍保学问题的探讨,无论是理论还是实践,相关政策的制定与实施才是重要的核心环节。我国统筹制定支持性政策,实施基础教育发展一揽子计划,保障和促进了控辍保学的深入发展。

纵观新时代我国出台的基础教育政策,与义务教育控辍保学相关的政策甚多,大致可以分为以下几类。

一是保障适龄儿童少年基本受教育权的政策。教育部按惯例每年出台义务教育招生入学有关通知,协同残联共同制定发布残疾儿童招生入学专项通知。党的十八大以来,在义务教育免试就近入学的基本政策导向下,专门出台文件对进城务工人员随迁子女等群体实施特殊的招生入学政策,并在随迁子女异地升学等传统瓶颈问题上有了较大的政策性突破。与此同时,我国对贫困家庭子女、农村留守儿童等也有诸多教育关爱与教育资助政策出台。通过多维度、多渠道、多形式的政策制定与实施,依法保障了适龄儿童少年平等接受义务教育的权利。

二是持续实施改善义务教育学校办学条件的政策。首先,实施合理布局乡村小规模学校、寄宿制学校和完全小学的政策,处理好就近上学与合理寄宿、提高质量之间的关系。明确学校布局既要有利于为农村学生提供公平、有质量的教育,又要尊重未成年人身心发展规律,方便儿童就近入学。其次,我国于2014年和2019年接续启动实施了义务教育"全面改薄"工程(2014—2018年)和"薄弱环节改善与能力提升"计划(2019—2022年),全面改善了贫困地区义务教育薄弱学校基本办学条件。据2019年数据,"全国832个贫困县的10.3万所义务教育学校办学条件达到'底线要求',占94.7%。农村学校面貌得到显著改善,'最好的建筑在

学校'得到群众的公认。"[25]同时,出台义务教育学校管理标准、义务教育学校质量标准、城乡义务教育一体化发展等综合性政策文件,确保农村学校"内外兼修"发展。

三是加强农村薄弱学校师资队伍建设。师资是学校教育教学的质量保障。我国先后出台了提高教师工资待遇、改善教师工作环境、扩展教师发展空间的一系列政策,切实落实乡村教师享受乡镇工作补贴、集中连片特困地区生活补助和艰苦边远地区津贴,落实教师职务(职称)评聘向乡村学校教师适当倾斜等政策,建好建强乡村教师队伍。

四是大力实施普通义务教育阶段外的教育普及政策。学前教育是义务教育阶段的入口,普通高中教育和中等职业教育是义务教育的出口,特殊教育则贯穿基础教育的始终。2018年,我国小学学龄儿童净入学率达到99.95%[①],初中学生毛入学率达100.9%,在我国九年义务教育普及率已达到世界高收入国家的平均水平的情况下,通过扩大入口教育机会、拓宽教育出口通道等配套政策举措,推动落实学前教育三期、高中普及攻坚、特教二期等三个工程计划,学前教育、高中教育、特殊教育的普及水平都有了明显提升。到2018年,我国学前教育毛入园率已达到81.7%,全国高中阶段教育毛入学率达到88.8%,全国视力障碍、听力障碍、智力障碍三类残疾儿童义务教育普及率达90%,进一步突破了义务教育巩固率不断提升带来的边际效应,整体提升了青少年群体的受教育水平。

义务教育控辍保学是一项十分艰巨的社会工程,让每个孩子接受义务教育事关千家万户,事关国家和民族的未来。2020年是我国脱贫攻坚的决胜之年,也是后扶贫时代的开启之年。随着教育脱贫攻坚任务的全面完成,未来我国的义务教育控辍保学行动也将进入到新的阶段,控辍保学的形势和特征将会发生深刻的变化,需要立足经济社会改革发展的现实,瞄准教育改革发展的目标,融合已有经验,不断适应新形势,迎接新挑战。

---

① 数据来源为教育部《2018年全国教育事业发展统计公报》(2018年数据下同)。

参考文献

［1］李克强为何突出强调寒门子弟更要接受义务教育：阻断贫困代际传递［EB/OL］.（2017－07－21）［2021－08－21］.http：//www.gov.cn/xinwen/2017-07/21/content_5212451.htm.

［2］贾伟.新时代我国义务教育控辍保学的内在机理、现实困境及破解对策［J］.教育与经济，2020（4）：50－57.

［3］习近平.摆脱贫困［M］.福州：福建人民出版社，1992：173.

［4］习近平.决胜建成全面小康社会　夺取新时代中国特色社会主义伟大胜利——在中国共产党第十九次全国代表大会上的报告［M］.北京：人民出版社，2017：45－46.

［5］贾伟，邓建中，蔡其勇.新时代我国实施义务教育控辍保学的内在价值、政策沿革及发展经验［J］.教育与经济，2021（04）：43－51.

［6］杨晓慧主编.习近平总书记教育重要论述讲义［M］.北京：高等教育出版社，2020：140.

［7］教育部等5部门关于加强义务教育阶段农村留守儿童关爱和教育工作的意见（教基一〔2013〕1号）［EB/OL］.（2013－01－14）［2021－08－21］.http：//www.moe.gov.cn/srcsite/A06/s7053/201301/t20130104_146671.html.

［8］教育部关于印发《中小学生学籍管理办法》的通知（教基一〔2013〕7号）［EB/OL］.（2013－08－16）［2020－07－01］. http：//www.moe.gov.cn/srcsite/A06/jcys_jyzb/201308/t20130816_156125.html.

［9］教育部 国家发展改革委 财政部关于全面改善贫困地区义务教育薄弱学校基本办学条件的意见（教基一〔2013〕10号）［EB/OL］.（2013－12－31）［2020－07－01］.http：//www.moe.gov.cn/srcsite/A06/s3321/201312/t20131231_161635.html.

［10］国务院关于进一步完善城乡义务教育经费保障机制的通知（国发〔2015〕67号）［EB/OL］.（2015－11－25）［2020－07－01］. http：//www.moe.gov.cn/jyb_xxgk/moe_1777/moe_1778/201511/t20151130_221655.html.

［11］国务院办公厅关于进一步加强控辍保学提高义务教育巩固水平的通知（国办发〔2017〕72号）［EB/OL］.（2017－07－28）［2020－07－01］.http：//www.moe.gov.cn/jyb_xxgk/moe_1777/moe_1778/201709/t20170905_313257.html.

［12］刘博智.控辍保学 一个都不能少——教育系统巩固提高义务教育入学率述评［N］.中国教育报，2018－03－08（6）.

［13］国务院关于统筹推进县域内城乡义务教育一体化改革发展的若干意见（国发〔2016〕40号）［EB/OL］.（2016－07－02）［2020－07－01］.http：//www.moe.gov.cn/jyb_xxgk/moe_1777/moe_1778/201607/t20160711_271476.html.

［14］国务院办公厅关于全面加强乡村小规模学校和乡镇寄宿制学校建设的指导意见（国办发〔2018〕27号）［EB/OL］.（2018－04－25）［2020－07－01］.http：//www.moe.gov.cn/jyb_xxgk/moe_1777/moe_1778/201805/t20180502_334855.html.

［15］教育部等六部门关于印发《教育脱贫攻坚“十三五”规划》的通知（教发〔2016〕18号）［EB/OL］.（2016－12－27）［2020－07－01］.http：//www.moe.gov.cn/srcsite/A03/moe_1892/moe_630/201612/t20161229_293351.html.

［16］教育部 国务院扶贫办关于印发《深度贫困地区教育脱贫攻坚实施方案（2018—2020年）》的通知（教发〔2018〕1号）［EB/OL］.（2018－01－15）［2020－07－01］.http：//www.moe.gov.cn/srcsite/A03/moe_1892/moe_630/201802/t20180226_327800.html.

［17］国务院扶贫开发领导小组印发《关于解决"两不愁三保障"突出问题的指导意见》的通知［EB/OL］.(2019 - 06 - 30)［2020 - 07 - 01］.http：//www.cpad.gov.cn/art/2019/6/30/art_50_99421.html.

［18］教育部 国务院扶贫办印发《关于解决建档立卡贫困家庭适龄子女义务教育有保障突出问题的工作方案》［EB/OL］.(2019 - 08 - 30)［2021 - 08 - 23］.http：//www.gov.cn/xinwen/2019-08/30/content_5425812.htm.

［19］陈宝生.深入学习贯彻党的十九大精神,全力打赢统筹城乡义务教育一体化改革发展攻坚战［J］.人民教育,2018(05)：13 - 16.

［20］专访教育部党组书记、部长陈宝生：切实解决贫困地区孩子辍学等群众关切的问题取得实效［EB/OL］.(2019 - 12 - 03)［2020 - 07 - 01］.http：//www.moe.gov.cn/jyb_xwfb/xw_ft/moe_47/fthg_2019n/201912/t20191202_410509.html.

［21］教育部等十部门关于进一步加强控辍保学工作健全义务教育有保障长效机制的若干意见（教基〔2020〕5 号）［EB/OL］.(2020 - 06 - 23)［2020 - 07 - 01］.http：//www.moe.gov.cn/srcsite/A06/s3321/202006/t20200628_468793.html.

［22］中共中央 国务院关于实现巩固拓展脱贫攻坚成果同乡村振兴有效衔接的意见［EB/OL］.(2020 - 12 - 16)［2021 - 08 - 22］.http：//www.gov.cn/zhengce/2021-03/22/content_5594969.htm.

［23］教育部等四部门关于实现巩固拓展教育脱贫攻坚成果同乡村振兴有效衔接的意见［EB/OL］.(2021 - 05 - 14)［2021 - 08 - 22］.http：//www.moe.gov.cn/srcsite/A03/s7050/202105/t20210514_531434.html.

［24］蔡其勇,邓建中,贾伟.重庆：坚持问题和目标双导向完善控辍保学机制［J］.人民教育,2020(12)：27 - 30.

［25］余慧娟,李帆.2019：切实提高基础教育育人质量——访教育部基础教育司司长吕玉刚［J］.人民教育,2019(05)：27 - 32.

作者简介

贾 伟 重庆市教育科学研究院教育政策研究所助理研究员

电子邮箱

396281472@qq.com

Chapter 8

家庭教育支出对多维贫困家庭贫困脆弱性的影响研究

——基于我国 10 个贫困县的调查数据①

樊晓杰　林荣日

摘　要： 有关贫困地区农村家庭教育投入的影响,长期存在"教育致富"和"教育致贫"两种观点。目前,家庭教育支出对家庭贫困脆弱性的影响仍存在不确定性。本文基于我国 10 个贫困县的调研数据,通过构建贫困脆弱性指标,衡量贫困县家庭多维贫困状况,并在分析家庭贫困脆弱性的基础上,预测和研究了家庭教育总支出、校内外教育支出对多维贫困家庭未来贫困脆弱性的影响。研究发现,在二维贫困家庭中,校内教育支出对贫困家庭的影响随着家庭贫困脆弱度的提升而减弱,而校外教育支出则随着家庭贫困脆弱性的上升而增强。在三维贫困家庭中,校外教育支出可以显著降低其未来贫困风险,对高度贫困脆弱家庭的降低作用更加明显。最后,基于研究发现,本文提出了若干政策建议。

关键词： 贫困县；家庭教育支出；多维贫困脆弱性

一、研究背景与问题

近年来,由于我国实施精准扶贫的相关政策,贫困地区农村居民的收入水平快速增长。2018 年,我国扶贫开发工作重点县农村居民人均可支配收入 10 284 元,贫困地区农村居民人均可支配收入是全国农村平均水平的 71.0%,比 2012 年提高了 8.8%,与全国农村平均水平的差距进一步

① 本文系国家社会科学基金教育学一般项目"我国农村贫困家庭教育支付能力及其影响因素研究"(项目编号：BFA180074)的阶段性成果之一。

缩小。[1]但正如习近平总书记所说,"脱贫攻坚战不是轻轻松松一冲锋就能打赢的""脱贫攻坚工作需要加强"。这就意味着巩固脱贫成果需要全面考虑贫困的本质,应该将经济收入和其他能力因素综合起来。

我国目前主要采用静态特定时间点的经济指标来测量家庭经济收入状况和贫困状况,但在全面实现脱贫后,这种仅以经济收入作为衡量贫困状况的模式将受到挑战。可以预见,致贫程度和未来致贫风险的评估与测量将成为学界关注的重点。

教育扶贫是阻断贫困代际传递的治本之策。教育扶贫不仅要用教育去扶贫,也要关注教育对脱贫的影响。目前,贫困地区特别是农村贫困地区普遍存在"教育致富"和"教育致贫"两种观点。但是,家庭教育投入对农村家庭贫困脆弱性的影响依然存在不确定性。本研究依据2018年我国8个国家级和2个省级贫困县农村家庭的实证调研数据,分析农村家庭的贫困状况和贫困程度,对农村家庭进行多维贫困分类,计算其未来贫困脆弱性,并尝试分析和预测农村家庭教育总支出及校内外教育支出对多维贫困家庭未来贫困脆弱性的影响。

二、若干概念与文献综述

1. 多维贫困的相关研究

20世纪70年代,阿马蒂亚·森(Amartya Sen)提出了多维贫困理论。该理论的核心观点是,人的贫困不仅仅是收入贫困或消费贫困,也包括获得安全饮用水,体面地出入公共场所,接受基本的教育以及享受道路、卫生设施等多个方面的便利。该理论认为,贫困不应该局限于收入水平低下和物质匮乏,更应该考虑发展机会的缺失和能力贫困。教育作为提升人力资本的主要方式,对贫困地区人力资本的形成、提高及其结构的快速转变都具有重要意义。此后学术界逐渐从多维视角对贫困问题展开研究。[2]汤森德(Townsend)基于多维贫困理论提出,在考察贫困时,除了物质、教育和健康外,还应包括贫困个体面临风险时的脆弱性以及表达自身需求能力的缺失。[3]

基于相关理论,现有针对贫困脆弱性的研究主要有两维、三维、六维等不同层级的划分。张金平从农户家庭特征和地理区位特征的双视角对多维贫困影响因素的空间分异进行了研究。[4]联合国开发计划署(The United Nations Development Programme,UNDP)在《人类发展报告(2010)》(Human Development Report 2010)中提出的多维贫困指数(multidimensional poverty index,MPI)包含健康、教育、生活水平三个维度。[5]同时,王小林从经济维度(收入和就业)、社会发展维度(教育、健康、社会保障、信息获得)以及生态环境维度(新发展理念、生态补偿脱贫的实践经验以及人们追求更加美好生态环境的需求)来衡量贫困。[6]此外,汪三贵等从收入、消费、资产、教育、健康等多个维度对建档立卡贫困户的贫困状况进行精准识别。[7]李响从人力资本、自然资本、金融资本、物质资本、社会资本、环境/背景脆弱性等6个维度对贵州省县级多维贫困家庭进行度量。[8]石丹等选取了收入、教育、医疗、养老、住房和支出这6个维度的10项指标对湖北省精准扶贫情况进行研究。[9]但研究家庭教育支出对贫困地区不同贫困程度家庭的影响,仍缺乏研究和明确的结论。[10]本研究拟采用经济收入、身心健康、能力提升机会三个维度来分析农村家庭贫困状况和贫困程度。

2. 贫困脆弱性的相关研究

家庭未来的贫困状况只能事前预测,无法直接观察。目前衡量贫困的指数多采用静态特定时间点的家庭经济状况来测量,并未全面考虑家庭其他非经济因素的影响。有学者通过"脆弱性"这一概念来解释家庭未来某些福利和经济损失的概率,如家庭由于不确定事件引起的未来福利损失就可以被定义为脆弱性。[11]贫困脆弱性作为衡量家庭脆弱性的一个重要方面,不仅考虑现在的家庭特征和经济状况,更将未来家庭可能面临的各方面风险也考虑在内,从而预测家庭未来陷入贫困的可能性。[12][13]因而,本文基于多维贫困理论,重点研究多维贫困家庭在未来因教育而陷入贫困的概率,即多维贫困脆弱性研究。

贫困脆弱性取决于家庭贫困的特点和家庭应对贫困风险的能力,贫困脆弱程度主要是由于缺乏抵抗风险的手段,导致更容易遭受风险的伤害,这是一种动态的贫困范式[14]。因而,这个指标可以分析家庭从不贫困状态进入贫困状态以及继续维持贫困状态[15]。目前,国内外学者主要采用预期的贫困脆弱性(vulnerability as expected poverty,VEP)、低期望效用的脆弱性(vulnerability as low expected utility,VEU)和风险暴露的脆弱性(vulnerability as uninsured exposure to risk,VER)等三种方法对贫困脆弱性进行测量。[16][17]研究发现,家庭的贫困脆弱性受到环境、物质、经济、政治、社会和文化等多种因素的综合影响[18],主要包括经济发展不平衡[19]、个体与家庭特征[20]、人力资本[21]、社会保障政策[22]、公共转移支付能力[23]、外界援助与医疗保险[24]等方面。

3. "教育致富"与"教育致贫"的相关研究

20世纪60年代,以舒尔茨为代表的众多学者提出了"人力素质贫困理论"。该理论认为,贫困地区落后的主要根源在于人力资本的匮乏[25],贫困脆弱性也是造成贫困的原因之一[26]。当前,在学前教育、义务教育和高中教育阶段,我国农村家庭的经济负担大部分与孩子的教育有关。家庭教育支出是暂时性的,而且与其他消费支出不同,它是为了未来的收益进行的投资。[27]但当前有关教育支出与农村家庭未来贫困可能性两者之间的关系没有得到明确结论[28],主要存在相对立的"教育致贫"与"教育减贫"两种观点。

持"教育致贫"观点的学者认为,一方面,由于教育的溢出效应会降低政府对贫困地区及弱势家庭的教育投资激励,从而加剧教育投入不平衡的程度[29];另一方面,由于农村地区基本公共服务较差,整体教育质量偏低,这也变相增加了贫困家庭在子女教育方面的支出,从而会显著增加家庭陷入贫困的概率。[30]武向荣依据2012年宁夏农村贫困地区家庭教育支出数据得出其家庭教育平均负担率为42.01%,直接影响子女接受高等教育的机会,进而潜在影响家庭未来经济收入。[31]王建军等根据阿马蒂亚·森的多维贫困理论提出,政府人均教育支出越高及中小学拥有的教育设施越好,则家庭陷入贫困的可能性就越低。[32]祝伟等认为,贫困家庭教育资源的投入不足会增加陷入贫困陷阱的可能性,从而减少由人力资本带来的收入增长。[33]张栋浩等提出,中国农村家庭在教育投入上的波动可能会导致非贫困农户与贫困农户同时面临返贫的可能。[34]周渝霜基于中国家庭金融调查(China Household Finance Survey,CHFS)2017年数据的实证结果发现,家庭教育的支出与负债会加重家庭未来陷入贫困的可能性。[35]

持"教育减贫"观点的学者认为,无论是公共投资教育还是个体投资教育,都将提高受教育者的人力资本存量和家庭的资源禀赋,降低子代的贫困脆弱性,从而阻断贫困的代际传递[36]。从教育的直接效应来看,家庭对子女的人力资本投资可以促使子女接受更好的教育,从而以提高子女劳动技术水平的方式实现家庭整体经济收益的增加;从教育的溢出效应来看,教育的家庭投资提升可以促进人力资本增加,进一步提高社会生产率,促进整体社会经济增长,反过来又会在一定程度上缓解家庭个体的贫困。斯丽娟依据2016年中国家庭追踪调查(China Family Panel Studies,CFPS)数据计算得出结果,家庭教育支出显著降低了农户的贫困脆弱性,且对贫困家庭的降低程度大于非贫困家庭。[37]然而,当下研究更多集中于公共教育投入,聚焦家庭教育支出的相关研究较少。家庭教育支出的多寡与贫困家庭脆弱度的强弱关系是否与公共教育支出规律相契合,仍需要进一步研究。基于此,本文提出第一个研究假设。

H1:家庭教育支出可以显著降低多维贫困家庭的贫困脆弱性,且家庭贫困维度越高,这一作用越显著。

4. 家庭的校内外教育支出对贫困家庭的影响

随着家长教育观念的更新,家庭的教育支出越来越多。丁小浩将家庭教育支出分为校内教育支出与校外教育支出两大类,校内教育支出包括学杂费、书本费、伙食费、交通费、住宿费、择校费等,校外教育支出包括投入兴趣班、家教等校外补习的费用。[38]迟巍研究得出,义务教育阶段校外补习支出已与校内教育支出持平,[39]而邓海建以西安市为案例研究得出,近十年来家庭教育支出"校内回落校外涨",二者差距已缩减至近乎持平状态。[40]

面对农村相对薄弱的教育资源,农村家庭往往会通过校外的"影子教育"加以弥补。[41]近年来,校外教育在我国农村地区蓬勃发展,越来越多的农村家庭也开始重视对于子女的校外教育支出。薛海平指出,2004年我国城镇家庭校外教育平均支出为1 187.68元,接近总教育支出的1/3,已然成为城镇在校生家庭重要的支出之一;[42]2016年人均补习支出2 311.97元。李娟研究表明,新疆农村家庭的孩子校外教育支出已经成为家庭教育费用的主要部分。[43]另外,刘保中研究发现,校外教育支出从学前到小学再到初中呈现比较明显的递增趋势,而中低收入家庭和农村户籍家庭在支出上处于劣势[44]。

目前,多数研究表明,校外教育增加与家庭贫困呈负相关。薛海平发现,校外教育的增加能够帮助提升学生文化课成绩和特长能力,有助于降低家庭原本的贫困程度。[45]周春芳认为增加农村弱势群体的子女教育支出,有利于打破教育投资的"马太效应",从而阻断贫困的代际传递。[46]然而少数学者提出相反的观点,如万里洋实证研究表明,包括课外辅导费用在内的高昂的教育支出在城市家庭消费中的比例越来越高,对于城市弱势家庭来讲是家庭致贫甚至返贫的关键因素。[47]

整体来看,目前已有研究更多集中于校内外教育支出现状、影响因素及区域间差异性的研究,且多以城市家庭为研究对象。对于校内外教育支出与贫困家庭贫困脆弱性之间的关系仍未有明确定论。基于此,本文又提出如下两个研究假设。

H2:家庭的校外教育支出比校内教育支出更能增强家庭的贫困脆弱性。

H3:家庭的校内外教育支出对多维贫困家庭的贫困脆弱性影响更显著。

三、数据来源与研究设计

1. 数据来源

本文的数据来自课题组对我国 2018 年部分贫困县家庭教育支出和家庭贫困状况的相关调研。调查选取了东中西部地区的 10 个贫困县(即东部地区的福建省平和县、江苏省阜宁县,中部地区的湖北省巴东县、孝昌县、大悟县及江西省吉安县,西部地区的甘肃省秦安县、通渭县、临洮县和乐民县),家庭样本量为 9 836 个。

2. 变量定义

本研究在家庭多维贫困界定与识别上,选取经济收入、身心健康、能力提升机会三个维度,构成多维贫困家庭指标体系。在经济收入指标上,我们把"建档立卡贫困户"或"家庭人均收入低于 14 元/人/天"(国际贫困支出标准为 2 美元/人/天)视为经济贫困。在身心健康指标上,我们选取家庭成员的身体状态和心理健康状况来衡量,如家庭有残疾人或单亲家庭被视为健康贫困。在能力提升机会指标上,我们选取以下两项来衡量,只要符合其中一项,则被视为机会贫困:一是家庭成人没有机会获得非正规教育、培训等人力资本提升机会;二是家庭目前可以承受孩子受教育的最高程度低于高中水平。最后,按照贫困维度将农村家庭划分为零维贫困、一维贫困和多维贫困三类。

本文因变量为多维贫困脆弱性,将通过家庭目前基本状况,计算并衡量其未来陷入贫困的可能性。自变量是家庭教育支出、校内教育支出和校外教育支出。家庭教育支出数据根据调查问卷中"2018 年家庭用于孩子教育的总费用多少元?"获得;校内教育支出数据通过"2018 年您的孩子上学支出的学费、书费、择校费、住宿费、伙食费、交通费、校服费等费用共多少元?"获得;校外教育支出数据"通过家庭教育总费用减去校内教育支出"得出。在涉及的模型中,均将校内教育支出和校外教育支出分别取对数处理。

　　此外,样本家庭的个体特征包括民族、户籍、家庭孩子的数量、家庭所在地区等。变量中民族以汉族为参照,户籍以农业户籍等分别构建虚拟变量。家庭所在地区基于家庭填写地址,分别归为东部、中部、西部,并以东部为参照构建 2 个虚拟变量。

3. 研究设计

　　为了分析家庭教育总支出、校内外教育支出对多维贫困家庭贫困脆弱性的影响,本研究对实证调查数据进行了多角度分析。具体的研究思路如下:首先,根据多维贫困的相关概念设计贫困县家庭多维贫困指标,并计算调查家庭的多维贫困脆弱性,再根据贫困脆弱率阈值将贫困家庭进行分类;其次,使用 Probit 回归模型和 FGLS 回归模型的方法,分析家庭教育支出对全部贫困家庭特别是高度贫困家庭贫困脆弱性的影响;最后,分析家庭校内外教育支出对各种贫困维度家庭未来贫困脆弱性的影响。

四、实证分析

1. 贫困地区多维贫困家庭的贫困脆弱性分析

　　本文使用预期的贫困脆弱性(VEP)方法对样本家庭的贫困脆弱性进行分析。其中,贫困脆弱性方法是通过 T 时期的家庭特征计算 $T+1$ 时期家庭陷入贫困的概率来获得相应的脆弱性度量。该方法将现有家庭的特征、经济状况与未来家庭可观测到的风险相联系,测算未来家庭可能陷入贫困的可能性。[48]其优点在于能够反映一个家庭的贫困动态变化,同时数据可得性相对较好。只要基于贫困线便可测定其值,因此比其他贫困脆弱性的衡量方法更便捷。[49]主要思路是使用三阶段广义最小二乘法估计,即通过建立收入均值和收入波动模型,再估计人均收入对数,并对回归后的残差平方进行 OLS 回归。

$$\ln income = X_i \ \beta + e_i \tag{1}$$

其中，income 代表家庭人均收入水平，X_i 为家庭个体特征和影响家庭状况的因素，包括民族、户口、是否为建档立卡户、是否为单亲家庭、是否为残疾家庭、是否与孩子生活一起、家庭人口数量和家庭所在地区等因素对家庭的暂时性和持久性收入的影响等。在上述回归的基础上，构建两次异方差结构权重，重新对残差平方和收入对数进行加权回归，最后获得估计值，即：

$$e_i^2 = x_i \theta + \varepsilon_i \tag{2}$$

$$E\left[\ln income_i \mid X_i\right] = X_i \, \beta_{FGLS} \tag{3}$$

$$V\left[\ln income_i \mid X_i\right] = e_i^2 = X_i \theta \tag{4}$$

$$VEP_i = \phi\left[\frac{\ln poorlevel - \ln income_i}{\sqrt{x_i \theta}}\right] \tag{5}$$

假定贫困地区农村家庭的收入对数服从正态分布。$\ln poorlevel$ 为本文设定的贫困标准的对数值。由于本文的研究目的在于分析贫困地区农村家庭未来的贫困脆弱性，因而没有采用我国现行脱贫标准，即农民年人均纯收入（2018 年全国脱贫标准约为人均纯收入 3 200 元），而是采用了2018 年集中连片特困地区农村居民人均可支配收入 10 260 元的标准来计算其贫困脆弱性。

贫困脆弱性的阈值是界定是否脆弱的标准。根据已有的相关研究，贫困脆弱性的阈值分为 29%、49% 和 79% 三级，即预测未来贫困发生的概率低于 29% 为不脆弱，29%～49% 为低度脆弱，49%～79% 为中度脆弱，79% 以上的为高度脆弱。[50]

研究发现，贫困县家庭的贫困脆弱类型分布呈现"偏 U"字型（见图1），即未来不容易致贫的家庭占比为 81.11%，未来有可能面临贫困的家庭占比为 19.89%，其中低度贫困脆弱性家庭占 6.40%，中度贫困脆弱性家庭占 0.46%，高度贫困脆弱家庭占 12.02%。结合家庭多维贫困状况，零维贫困家庭全部为不脆弱家庭；在一维贫困家庭中，不脆弱家庭占比为

85.41%,而低度、中度和高度贫困脆弱家庭占比分别为 7.22%、0.16% 和
7.22%,均高于全国平均水平;在二维贫困家庭中,不脆弱家庭占比为
65.11%,高度贫困脆弱家庭占比也很高,达到 22.67%,低度和中度贫困脆
弱家庭占分别为 10.86% 和 1.36%,也偏高;三维贫困家庭的脆弱性分布
与二维贫困家庭分布趋势相反,高度贫困脆弱家庭占比高达 61.48%,远
超整体平均水平,低度和中度贫困脆弱家庭的占比却低于二维贫困中同
类型家庭,而不脆弱家庭的占比只有 33.97%,远低于之整体平均水平,这
一结果不仅说明多维贫困家庭未来致贫的可能性远高于其他家庭,而且
说明家庭当前贫困程度越高,其未来贫困脆弱性也会越高。

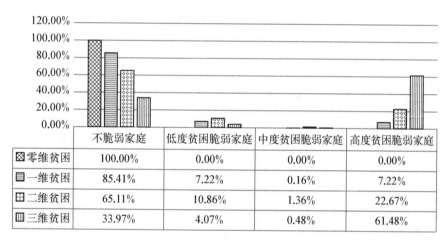

	不脆弱家庭	低度贫困脆弱家庭	中度贫困脆弱家庭	高度贫困脆弱家庭
零维贫困	100.00%	0.00%	0.00%	0.00%
一维贫困	85.41%	7.22%	0.16%	7.22%
二维贫困	65.11%	10.86%	1.36%	22.67%
三维贫困	33.97%	4.07%	0.48%	61.48%

图 1　调查样本县(贫困县)贫困家庭的多维贫困脆弱性分布

笔者根据贫困县家庭多维贫困脆弱性情况,对 2018 年家庭教育支出、
校内教育支出和校外教育支出的分布情况进行了描述性统计(如表 1 所
示)。在不脆弱家庭中,零维贫困的家庭教育总支出为 13 800 元,低于其他三
种维度贫困家庭和整体水平。在低度贫困脆弱家庭类型中,三维贫困家庭的
教育支出达到 15 400 元,高于一维和二维贫困家庭;中度贫困脆弱家庭样本量
较少,一维贫困家庭教育支出最高,达到 18 800 元,二维、三维贫困家庭的教育
总支出低于整体 10 000 元水平;而在高度贫困脆弱家庭中,三种维度贫困家庭

的教育支出差异较小,均为 11 000 元左右。另外,除中度贫困脆弱的一维贫困家庭外,其他贫困脆弱性的家庭校外教育支出均高于家庭校内教育支出。

表 1　多维贫困家庭的教育支出和贫困脆弱率描述性统计

多维贫困度	指　标	零维贫困 中位数（元）	样本量	一维贫困 中位数（元）	样本量	二维贫困 中位数（元）	样本量	三维贫困 中位数（元）	样本量	整体情况 中位数（元）	样本量
不脆弱家庭	家庭教育总支出	13 800		15 000		15 500		15 100		15 000	
	校内教育支出	3 215.5		3 600		3 500		3 325		3 500	
	校外教育支出	8 300	2 266	8 650	3 846	9 700	1 726	10 310	142	8 900	7 980
	贫困脆弱率	0		0		0		0		0	
低度贫困脆弱家庭	家庭教育总支出			13 200		12 450		15 400		13 050	
	校内教育支出			4 000		3 630		2 150		3 750	
	校外教育支出			7 700	325	7 675	288	11 300	17	7 700	630
	贫困脆弱率			0.46		0.34		0.39		0.46	
中度贫困脆弱家庭	家庭教育总支出			18 800		9 630		9 650		10 000	
	校内教育支出			6 000		3 080		1 850		3 060	
	校外教育支出			4 500	7	4 390	36	7 800	2	4 500	45
	贫困脆弱率			0.60		0.79		0.76		0.79	

多维贫困度		零维贫困		一维贫困		二维贫困		三维贫困		整体情况	
指　标		中位数（元）	样本量	中位数（元）	样本量	中位数（元）	样本量	中位数（元）	样本量	中位数（元）	样本量
高度贫困脆弱家庭	家庭教育总支出			11 100		11 100		10 000		11 000	
	校内教育支出			2 600	325	2 550	601	2 100	257	2 500	1 183
	校外教育支出			4 850		5 620		5 000		5 350	
	贫困脆弱率			1		1		1		1	

2. 家庭教育总支出对贫困地区家庭贫困脆弱性的影响

首先说明，本节旨在分析家庭教育总支出对贫困县家庭贫困脆弱性的影响，因而重点关注贫困脆弱率 $Vul_i \geqslant 0.29$ 的全部贫困脆弱家庭和 $Vul_i \geqslant 0.79$ 的高度脆弱贫困家庭，并采用 Probit 模型估计教育总支出对家庭贫困脆弱性的影响。在全部贫困脆弱家庭的模型 1 中，如果 $Vul_i \geqslant 0.29$，则定义 $Vul_i = 1$；如果 $Vul_i < 0.29$，则定义为 $Vul_i = 0$；在高度脆弱家庭的模型 2 中，如果 $Vul_i \geqslant 0.79$，则定义 $Vul_i = 1$；如果 $Vul_i < 0.79$，则定义为 $Vul_i = 0$；而模型 3 和模型 4 采用 FGLS 回归模型对 Probit 模型 1 和 2 估计的边际效应。

表 2 是家庭教育总支出对全部贫困脆弱和高度贫困脆弱家庭的脆弱性影响数据。从模型 1 和模型 3 可见，家庭教育支出与贫困脆弱全部家庭呈显著负相关，分别为 -0.176 和 -0.047，说明教育总投入可以显著降低家庭贫困脆弱率，有助于缓解贫困家庭的未来贫困代际传递。特别是对高度脆弱家庭的影响比整体贫困家庭减少了 0.005（见模型 2）。因此，整体来看，家庭教育总支出可以显著降低贫困家庭的贫困脆弱性，而且对

高度贫困脆弱的家庭影响更加显著,说明假设 H1 成立。其他数据特征见表 2。

表 2　家庭教育总支出对贫困县家庭多维贫困脆弱性的影响(回归结果)

	Probit 模型 1	Probit 模型 2	FGLS 模型 3	FGLS 模型 4
被解释变量	贫困脆弱 全部家庭	高度贫困 脆弱家庭	贫困脆弱 全部家庭	高度贫困 脆弱家庭
家庭教育 支出	− 0.176 *** (− 11.417)	− 0.181 *** (− 11.681)	− 0.047 *** (− 11.067)	− 0.045 *** (− 11.136)
民　族	− 0.228 (− 1.347)	− 0.023 (− 0.128)	− 0.054 (− 1.390)	− 0.050 (− 1.292)
户　口	0.629 *** (12.791)	0.729 *** (14.215)	0.154 *** (19.729)	0.169 *** (22.603)
家庭人数	0.111 *** (11.387)	0.111 *** (11.338)	0.025 *** (9.495)	0.023 *** (9.173)
留守儿童	− 0.009 (− 0.276)	− 0.011 (− 0.351)	− 0.007 (− 0.711)	− 0.005 (− 0.536)
父母教育 最大程度	− 0.403 *** (− 21.444)	− 0.412 *** (− 21.679)	− 0.085 *** (− 19.658)	− 0.080 *** (− 19.604)
截　距	1.737 *** (7.155)	1.499 *** (6.003)	0.867 *** (14.052)	0.816 *** (13.647)
样本量	9 836	9 836	9 836	9 836
R　方			0.283	0.284

注:括号内为标准误,*** $p<0.01$,** $p<0.05$,* $p<0.1$。

3. 家庭的校内外教育支出对东中西部贫困县家庭多维贫困脆弱性的影响

首先根据家庭贫困程度进行分组,再通过多元回归模型分析子女教育的校内教育支出和校外教育支出对不同脆弱类型家庭的影响。模型5、6、7、8分别对应东中西部脆弱率$Vul_i<0.29$的贫困不脆弱家庭类型中的零维、一维、二维和三维贫困家庭；模型9、10和11分别对应的是东中西部脆弱率$Vul_i\geqslant0.29$的贫困脆弱家庭类型中的一维、二维和三维贫困的全部家庭；模型12、13和14分别对应东中西部脆弱率$Vul_i\geqslant$0.79的高度贫困脆弱家庭类型中的一维、二维和三维贫困家庭，结果如表3所示。

研究发现，在不脆弱家庭中，零维和一维贫困家庭的校内、外教育支出对家庭贫困脆弱性并无显著影响（模型5和6）。而在贫困脆弱家庭整体和高度贫困脆弱的一维贫困家庭中，校内、外教育支出对家庭贫困脆弱性则存在显著性影响。在全部贫困家庭中（模型9），校内、外教育支出会显著降低家庭未来贫困脆弱性。家庭校外教育支出的回归系数为－0.030，家庭校内教育支出的影响显著且回归系数为－0.037，说明在全部贫困家庭中，家庭校内、外教育支出每提升1个单位，家庭未来的贫困脆弱率将整体降低0.067。但在高度贫困脆弱的一维贫困家庭中（模型12），校内、外教育支出对高度贫困脆弱性的影响明显降低，说明对于这类家庭而言，家庭教育支出对其未来贫困脆弱的影响较弱。总之，家庭校内、外教育支出对降低一维贫困家庭的未来贫困脆弱性更显著。

在二维贫困家庭中，家庭校外教育支出对各类型家庭呈负向影响。具体来看，在不脆弱贫困的家庭中（模型7），校外教育支出影响显著且回归系数为－0.002。在全部贫困脆弱家庭（模型10）和高度脆弱家庭（模型13）中，校外教育支出对贫困脆弱率呈现显著且负向增强作用，回归系数分别为－0.028和－0.033。但是，家庭校内教育支出对全部贫困脆弱家庭的回归系数为－0.017，显著性降低，而家庭校内教育支出对高度贫困脆弱家庭的影响则不存在差异显著性。整体来看，在二维贫困家庭中，校外教育支出对降低家庭贫困脆弱性有显著影响，但校内教育支出对贫困家庭的影响随着家庭贫困脆弱度的提升而减弱。

表3　家庭的校内外教育支出对东中西部贫困县各维贫困家庭的影响（回归结果）

Probit 模型序号 变量	不脆弱家庭				贫困脆弱家庭			高度贫困脆弱家庭		
	5 零维贫困	6 一维贫困	7 二维贫困	8 三维贫困	9 一维贫困	10 二维贫困	11 三维贫困	12 一维贫困	13 二维贫困	14 三维贫困
家庭校内教育支出	0.000 (1.459)	0.000 (0.518)	-0.000 (-0.587)	-0.002 (-0.638)	-0.037*** (-5.842)	-0.017** (-2.417)	0.009 (1.129)	-0.002* (-1.870)	-0.006 (-0.663)	-0.002 (-0.133)
家庭校外教育支出	-0.000 (-1.412)	-0.000 (-0.815)	-0.002*** (-2.592)	0.004 (1.140)	-0.030*** (-4.332)	-0.028*** (-4.433)	-0.022*** (-3.832)	-0.002* (-1.766)	-0.033*** (-4.413)	-0.042*** (-5.093)
民　族	0.001*** (2.699)	-0.013 (-1.082)	-0.021 (-1.164)		0.093 (1.271)	-0.201*** (-10.431)	-0.035 (-1.455)	0.001 (0.246)	-0.140 (-1.542)	-0.116*** (-2.998)
户　口	0.002*** (5.189)	0.004*** (6.991)	0.003 (1.309)	0.017 (1.414)	-0.215*** (-6.238)	-0.202*** (-9.177)	-0.028 (-1.594)	-0.008*** (-3.309)	-0.204*** (-5.199)	0.082 (1.114)
家庭人数	-0.000* (-1.772)	0.000 (0.869)	-0.001 (-1.163)	-0.002 (-0.407)	0.061*** (9.712)	0.043*** (8.051)	0.002* (1.680)	0.002** (1.971)	0.047*** (7.989)	0.007* (1.841)
留守儿童	-0.001 (-0.820)	-0.001 (-1.333)	-0.002 (-1.062)	0.034*** (3.084)	0.056** (2.397)	0.025 (1.111)	0.019 (0.809)	0.007 (1.237)	0.060** (2.250)	0.000 (0.008)
父母教育最大程度	-0.000 (-0.815)	-0.003*** (-5.633)	-0.004*** (-5.501)	-0.013* (-1.821)	-0.008 (-0.638)	-0.009 (-0.698)	0.004 (0.396)	-0.001 (-0.319)	-0.011 (-0.774)	-0.033* (-1.732)
截　距	0.002 (0.778)	0.026** (2.070)	0.066*** (3.372)	0.035 (0.635)	1.051*** (9.115)	1.319*** (14.609)	1.075*** (13.830)	1.013*** (84.491)	1.096*** (7.721)	1.351*** (7.275)
观察样本	2 264	3 846	1 726	142	657	925	276	325	1 037	298
R 方	0.007	0.024	0.030	0.078	0.200	0.110	0.052	0.035	0.084	0.080

注：括号内为标准误，*** $p<0.01$, ** $p<0.05$, * $p<0.1$。

在三维贫困家庭中,家庭校外支出对全部贫困脆弱家庭和高度贫困脆弱家庭有显著负向影响。在高度贫困脆弱家庭中,校外教育支出对降低家庭贫困脆弱率的影响最大,降低了 0.042 个单位(模型 14)。在全部贫困脆弱家庭中,校外教育支出对其贫困脆弱率的降低依然有显著影响,但其系数为 0.022(模型 11)。值得一提的是,校内教育支出对三维贫困家庭的贫困脆弱率影响不显著。因此,在贫困地区的三维贫困家庭中,校外教育支出对降低高度贫困家庭的未来贫困脆弱性的作用更大。通过分析各维贫困家庭的校内、外教育支出对贫困家庭未来脆弱率的影响,验证了假设 H2 和假设 H3 的成立。

五、结论与建议

1. 主要结论

通过以上研究,本文主要得出如下结论。

(1)被调查的 10 个贫困县家庭的贫困脆弱类型整体呈现"偏 U"字型分布,即未来不容易致贫的家庭占 81.11%,未来比较容易致贫的家庭占 19.89%,其中低度贫困脆弱家庭占 6.40%,中度贫困脆弱家庭占 0.46%,高度贫困脆弱家庭占 12.02%。

(2)多维贫困家庭未来致贫的风险远高于其他家庭,而且家庭当前贫困程度越高,其未来多维贫困脆弱性也会越高,特别是三维贫困家庭的贫困脆弱性分布远超整体平均水平。

(3)家庭教育总支出可以显著降低家庭的多维贫困脆弱性,对高度贫困脆弱的家庭影响更加显著。

(4)家庭的校内外教育支出对贫困地区多维贫困家庭脆弱性的影响存在显著差异。

(5)在不脆弱家庭中,校内外教育支出对零维、一维贫困家庭的贫困脆弱性并无显著影响。

(6)贫困地区家庭校外教育支出是影响贫困家庭未来贫困脆弱性更

关键的因素。

（7）在高度贫困脆弱的一维贫困家庭中，校内、外教育支出对家庭贫困脆弱性都存在显著性影响；在二维贫困家庭中，校内教育支出对贫困家庭的影响随着家庭贫困脆弱度的提升而减弱，而校外教育支出则随着家庭贫困脆弱性的上升而增强；对于三维贫困家庭，降低校外教育支出可以显著降低其未来贫困风险，特别是对高度贫困脆弱家庭的降低作用更加明显。

2. 相关建议

（1）建立多维贫困识别标准和巩固脱贫成果的相关机制

我国即将实现全面脱贫，但从长远来看，未来仍需采取多种手段来巩固扶贫成果，包括建立多维贫困标准。这不仅需要考虑贫困建档立卡和家庭的经济收入维度，还应结合家庭提升机会能力和健康等多方面因素，精准识别家庭贫困程度，使扶贫更具针对性和准确性。建议国家有关部门尽早建立多维贫困识别标准，同时建立和完善巩固脱贫成果的相关机制。

（2）科学调控基础教育资源，促进教育资源分配均衡化

国家应该充分发挥基本公共服务中教育的长效扶贫机制，将发展教育作为未来全面脱贫后巩固脱贫工作的重点之一。近年来，我国基础教育综合使用各种政策工具，不断向贫困地区、中西部地区和低收入群体倾斜，保障和提高了贫困家庭子女的受教育机会。在未来巩固脱贫成果时，一方面需要科学调控贫困地区的基础教育资源，保障其基本教育资源供给，并不断提升城乡教育机会的公平度。可以根据多维贫困家庭的实际状况，进一步完善教育扶贫专项政策，如多维贫困家庭可以适当减免其基础教育阶段的校内外教育支出等。另一方面，还可以尝试设立补偿性或公益性的校外教育项目，使贫困家庭子女能够享受更丰富的社会教育资源，切实保障贫困家庭子女的生存和发展权益，特别应设法减轻高维贫困家庭的校外教育负担，通过教育手段有力阻断家庭贫困的代际传递。

参考文献

［1］国家统计局官网［EB/OL］.［2019－08－12］.http://www.stats.gov.cn/ztjc/zthd/sjtjr/d10j/70cj/201909/t20190906_1696324.html.

［2］Sen A. Development as Freedom［M］. Oxford：Oxford University Press，1999.

［3］Townsend P. The International Analysis of Poverty［M］. The International Analysis of Poverty. Harvester Wheatsheaf，1993.

［4］张金萍,林丹,周向丽,余珍鑫,宋伟,程叶青.海南省农村多维贫困及影响因素的空间分异［J］.地理科学进展,2020,39(06)：1013－1023.

［5］United Nations Development Programme. Human development report［R］. 2010.

［6］王小林,冯贺霞.2020年后中国多维相对贫困标准：国际经验与政策取向［J］.中国农村经济,2020(03)：2－21.

［7］汪三贵,郭子豪.论中国的精准扶贫［J］.贵州社会科学,2015(05).

［8］李响,齐文平,谭畅,王艳慧,王白雪.农村家庭多维贫困脆弱性度量及其空间分布——基于CHNS数据的实证分析［J］.高技术通讯,2019,29(11)：1136－1147.

［9］石丹,刘睿彬.基于多维贫困测度的湖北省精准扶贫成效评价［J］.统计与决策,2020,36(04)：44－48.

［10］刘艳华,徐勇.中国农村多维贫困地理识别及类型划分［J］.地理学报,2015,70(06)：993－1007.

［11］Alwang J.，Siegel P. B.，Jorgensen S. L. Vulnerability：a view from different disciplines［J］. Social Protection & Labor Policy & Technical Notes，2001：1－60.

［12］斯丽娟.家庭教育支出降低了农户的贫困脆弱性吗？——基于CFPS微观数据的实证分析［J］.财经研究,2019(11).

［13］李丽忍,陈云.我国农村家户多维贫困脆弱性的测度分析［J］.统计与决策,2019,35(11)：76－81.

［14］沈小波,林擎国.贫困范式的演变及其理论和政策意义［J］.经济学家,2005(06)：91－96.

［15］世界银行.2000/2001世界发展报告［M］.北京：中国财政经济出版社,2001.

［16］李丽,白雪梅.我国城乡居民家庭贫困脆弱性的测度与分解［J］.数量经济技术经济研究,2010(08)：61－73.

［17］武拉平,郭俊芳,赵泽林,等.山西农村贫困脆弱性的分解和原因研究［J］.山西大学学报(哲学社会科学版),2012,35(06)：95－100.

［18］林文,邓明.贸易开放度是否影响了我国农村贫困脆弱性——基于CHNS微观数据的经验分析［J］.国际贸易问题,2014(06)：23－32.

［19］Gloede O.，Menkhoff L.，Waibel H. Shocks, individual risk attitude, and vulnerability to poverty among rural households in Thailand and Vietnam［J］. World Development，2015，71：54－78.

［20］李丽,白雪梅.我国城乡居民家庭贫困脆弱性的测度与分解——基于CHNS微观数据的实证研究［J］.数量经济技术经济研究,2010,27(08)：61－73.

［21］Imai K. S.，Gaiha R.，Thapa G.，et al. Financial crisis in Asia：Its genesis, severity and impact on poverty and hunger［J］. Journal of International Development，2013，25(08)：

1105－1116.

　　[22] 徐超,李林木.城乡低保是否有助于未来减贫——基于贫困脆弱性的实证分析[J].财贸经济,2017(05).

　　[23] Celidoni M. Vulnerability to poverty：An empirical comparison of alternative measures[J]. Applied Economics,2013,45(12)：1493－1506.

　　[24] 韦惠兰,罗万云.精准扶贫视角下农户生计脆弱性及影响因素分析——基于甘肃省贫困地区的实证调查[J].河南师范大学学报(哲学社会科学版),2018,45(02)：65－71.

　　[25] 刘维忠.新阶段新疆农村扶贫开发模式与对策研究[D].北京：中国农业大学,2010：4.

　　[26] 黄承伟,王小林,徐丽萍.贫困脆弱性：概念框架和测量方法[J].农业技术经济,2010(08)：4－11.

　　[27] 张永丽."教育致贫"悖论解析及相关政策建议——以甘肃省14个贫困村为例[J].西北师大学报(社会科学版),2017,54(02)：20－29.

　　[28] 文宏,谭学兰.农村家庭"因教致贫"现象解读与政策建议——基于脆弱性理论视角[J].西北农林科技大学学报(社会科学版),2015,15(02)：113－120.

　　[29] 张锦华.教育溢出、教育贫困与教育补偿——外部性视角下弱势家庭和弱势地区的教育补偿机制研究[J].教育研究,2008(07).

　　[30] 张永丽,刘卫兵."教育致贫"悖论解析及相关精准扶贫策略研究——以甘肃14个贫困村为例[J].经济地理,2017,37(09)：167－176.

　　[31] 武向荣.农村贫困地区家庭教育支出及负担的实证研究——基于宁夏两个国家级贫困县的调查[J].教育理论与实践,2015,35(16)：21－25.

　　[32] 王建军,杨辉平,虎晓坪.新疆县域多维贫困研究[J].新疆财经,2016(02)：36－46.

　　[33] 祝伟,夏瑜擎.中国居民家庭消费性负债行为研究[J].财经研究,2018,44(10)：67－81.

　　[34] 张栋浩,尹志超.金融普惠、风险应对与农户家庭贫困脆弱性[J].中国农村经济,2018(04).

　　[35] 周渝霜.教育支出与贫困脆弱性——基于CHFS微观数据的实证思考[J].区域治理,2019(52)：64－66.

　　[36] 解雨巷,解垩,曲一申.财政教育政策缓解了长期贫困吗?——基于贫困脆弱性视角的分析[J].上海财经大学学报,2019,21(03)：4－17.

　　[37] 斯丽娟.家庭教育支出降低了农户的贫困脆弱性吗?——基于CFPS微观数据的实证分析[J].财经研究,2019,45(11)：32－44.

　　[38] 丁小浩,翁秋怡.权力资本与家庭的教育支出模式[J].北京大学教育评论,2015,13(03)：130－142.

　　[39] 迟巍,钱晓烨,吴斌珍.家庭教育支出平等性的实证研究[J].教育与经济,2011(04)：34－37＋44.

　　[40] 邓海建. 教育支出何以"校内回落校外涨"[N].中国教育报,2014－06－04(002).

　　[41] 王晓磊,张强.高学历家庭影子教育支出是否更多——基于倾向值匹配的考察[J].北京工业大学学报(社会科学版),2018,18(06)：78－87＋96.

　　[42] 薛海平,丁小浩.中国城镇学生教育补习研究[J].教育研究,2009(01).

　　[43] 李娟.新疆多民族背景下家庭校外教育支出差异分析[J].合作经济与科技,2013(09)：123－124.

　　[44] 刘保中."扩大中的鸿沟"：中国家庭子女教育投资状况与群体差异比较[J].北京工业大学学报(社会科学版),2020,20(02)：16－24.

　　[45] 薛海平,李静.家庭资本、影子教育与社会再生产[J].教育经济评论,2016,1(04)：

60 - 81.

　　［46］周春芳,苏群,王翌秋.农户分化背景下农村家庭子女教育投资的异质性研究——兼论影子教育对教育结果均等化的影响［J］.教育与经济,2017(02)：62 - 68.

　　［47］万里洋,吴和成.中国城市家庭脱贫可持续性发展研究——基于贫困脆弱性视角［J］.东北大学学报(社会科学版),2020,22(02)：23 - 30 + 49.

　　［48］Kurosaki T. Consumption Vulnerability and Dynamic Poverty in the North — West Frontier Province, Pakistan［R］. 2002.

　　［49］Chaudhuri S., Jalan J., Suryahadi. Assessing Household Vulnerability to Poverty from Cross Sectional Data：A Methodology and Estimates from Indonesia［J］. Discussion Paper, Columbia University, 2002.

　　［50］周君璧,施国庆.农村家庭贫困脆弱性与扶贫对象精准确定［J］.贵州社会科学,2017(09)：145 - 151.

作者简介

　　樊晓杰　复旦大学高等教育研究所博士生,研究方向为教育经济与政策

　　林荣日(通讯作者)　复旦大学高等教育研究所教授,法学博士,博士生导师,主要从事教育经济与政策研究

电子邮箱

　　xj18@fudan.edu.cn

　　rrlin@fudan.edu.cn

Part3

教育脱贫攻坚的内在机理

Chapter 9

走向个体均衡：基于高质量发展的教育公平深度推进理路[*]

杨　进　柳海民

摘　要： 我国义务教育进入了高质量发展阶段,确立了"更加公平、更有质量"的教育现代化目标。推进教育均衡的已有成就,为实现聚焦个体的差异性公平提供了条件和基础,应当沿着"区域均衡—群体均衡—个体均衡"的路线图,将教育公平深度推进到每一个在教育中处于困境的个体身上,使优质教育资源真正覆盖全体,以学力提升为核心,最终达成个体均衡发展。为此,我们从专项计划呈现制度设计、平台建设实现互联互通、监测评价保障可持续运行、全面动员确保师资支撑等四个方面提供实现路径。

关键词： 义务教育公平;教育均衡发展;个体均衡;学力提升

当前,我国经济进入高质量发展新阶段,教育也迈进了质量提升的关键期。当受教育机会得到充分保障后,更加优质、公平、包容的教育成为人民的迫切需求。教育部原部长陈宝生提出:"建设教育高质量发展体系,提升贯彻落实新发展理念的高度。把高质量摆在更加突出的位置,作为教育发展的行动自觉和内在追求,以高质量为统领,推动整体性流程再造、机制塑造和文化打造。"[1]教育高质量发展的核心理念是更加公平和更有质量,教育公平是社会公平的重要基石,体现社会主义制度的价值力量。高质量发展必须回归教育的本质,聚焦人本身,将公平落实于教育中的个体,尤其是处于教育困境中的每一个人,而不依其所处地域、出身、家

---

* 本文系国家社会科学基金教育学重大招标课题"新时代中国教育高质量发展的路径和对策研究"(项目编号：VFA190004)的成果之一。

庭经济等外部符号划分的"人群"。本文提出"个体均衡"的概念,便是将"人"从"人群"中剥离出来考虑,为我国教育公平的深度推进提出可供参考的方向。

从中华人民共和国成立之初提出"教育向工农开门",到 21 世纪提出"把促进公平作为国家基本教育政策",党和政府始终把促进教育公平作为执政理念、行动目标和政策措施。[2]2010 年《国家中长期教育改革和发展规划纲要(2010—2020 年)》、2019 年《中国教育现代化 2035》等一系列政策有力推动了我国教育公平的逐步深入,在实现基本均衡的基础上朝着优质均衡的方向迈进。从对教育均衡发展战略阶段的梳理中,可以清晰地看到教育公平的推进之路。

一、从区域均衡到群体均衡:教育公平的初步完成

教育公平作为政策话语始于 21 世纪初,在此之前,中国教育的发展为此奠定了重要的基础。1992 年党的十四大提出了普及教育的"两基"目标(基本扫除青壮年文盲,基本普及九年义务教育),在 2000 年底达成"两基"目标的地区,其人口覆盖率达到 85%以上;职业初中、高中、学院与普通教育、成人教育互通,建立起完备的职业教育体系;高等教育的毛入学率达到 15%。[3]教育规模和教育总量均有长足发展,我国绝大多数地方基本解决了"有学上"的问题。[4]这为此后教育公平的政策话语提供了前提。

1. 在区域间着力弥补落差,实现起点公平

教育的飞速发展惠及每个家庭,也带来一些问题,其中最突出的是存在于东西部之间、经济发展水平不同的省间、城乡之间的教育差距。教育规模扩张太快,学校建设、硬件设施、师资配给、教学水平、班额大小等跟不上发展速度,义务教育呈现不均衡状态。中国义务教育的实施实行分步走的范式:先考虑地区发展的不均衡,再重点突破,最后全面实现九年制义务教育。[5]针对不同的区域差异,国家采取了相应的政策,大力促进

教育公平的实现。

针对东西部区域差异，国家实施了攻坚专项计划，中央财政拨款专门解决西部地区孩子"有学上"的问题。2004 年，《国家西部地区"两基"攻坚计划（2004—2007 年）》正式启动，之后的 4 年间，410 个攻坚县（团场）中有 368 个实现"两基"目标，其他 42 个达到"普六"标准，西部地区"两基"人口覆盖率达到 98％。[3]通过努力，西部广大地区与全国其他地区一样，基本完成普及义务教育的战略任务。此后，国家又采取了一系列的政策措施，包括针对贫困地区和农村地区的专项扶持计划，确保了普及九年义务教育（下文简称"普九"）的巩固率。

针对省际区域差异，国家通过教育经费拨款机制的改革来缩小差距。在 2000 年以前，我国省际、地区间的国家财政性人均教育经费差异非常大。2000 年我国普通小学和初中生均预算内事业拨款地区差距悬殊，最高的上海市（小学 2 756.71 元，初中 2 825.60 元）与最低的河南省（小学 251.45 元，初中 409.19 元）分别相差 2 505.26 元和 2 416.41 元。[6]当时的中央转移支付制度非但没有缓解省际不公平，反而加剧了不公平程度。[7]推行义务教育均衡发展之后，2005 年颁发的《国务院关于深化农村义务教育经费保障机制改革的通知》指出，国家按照"明确各级责任、中央地方共担、加大财政投入、提高保障水平、分步组织实施"的基本原则，改革农村义务教育经费保障机制。中央重点支持中西部地区，适当兼顾东部部分困难地区。翟博通过构建教育均衡发展指数，杨俊、李雪松运用教育基尼系数，对我国 1996—2004 年数据进行分析，发现各地区间的基础教育差距总体上呈现缩小态势。虽然地区间教育发展水平还存在一定的差距，但这种差距很大程度上是由于历史原因造成的，而这种差距也是逐年缩小的，呈现收敛的趋势。[8]

针对城乡区域差距和校际差距，我国主要通过推行"以县为主"的管理体制改革，实行县域内义务教育均衡发展政策。2001 年《国务院关于基础教育改革与发展的决定》指出，要实施"以县为主"的管理体制，合理规划和调整学校布局，迅速缩小县城、乡镇间义务教育发展的差距，在一定程度上促进了义务教育的均衡。2005 年颁发的《教育部关于进一步推进义务教育均衡发展的若干意见》(下文简称《意见》)中明确指出：要切实落实教育经费"三个增长"和新增教育经费主要用于农村的要求，在经费投入上对薄弱学校的改造采取倾斜政策，城市教育费附加要优先用于薄弱校改造。另外，国家也把农村义务教育全面纳入公共财政保障范围，逐步实施了国家贫困地区义务教育工程、农村中小学危房改造工程、农村中小学现代远程教育工程、农村义务教育"两免一补"政策，巩固和完善农村中小学教师工资保障机制等。2010 年颁发的《国家中长期教育改革和发展规划纲要(2010—2020 年)》提出促进义务教育均衡发展的方针。2012 年颁发的《国务院关于深入推进义务教育均衡发展的意见》指出，"率先在县域内实现义务教育基本均衡发展"，并在同年启动县域义务教育均衡发展督导评估。这一系列的惠农、向农政策强力推动了农村义务教育的发展，加速缩小城乡教育之间的差距，推进教育公平的落实。

区域均衡的推行有赖于中央和地方的双重发力，教育公平的侧重点主要表现在两个方面：一是学校办学条件和环境，基础设施的配套和改善；二是普及九年义务教育，保障学生的入学机会平等。让每个孩子都上得起学，让每一所学校都没有危房，让每一位学生都有教师教，保证了起点公平，也是最基本的教育公平。

2. 对群体实行资源支撑，倡导过程公平

罗尔斯(J. Rawls)的社会正义论认为，当社会资源不得不进行不均等分配时，考虑到优质社会资源的稀缺性，综合考虑社会上不同群体的需要，资源的分配原则应该是以有利于在社会中处境最不利成员的最大利益的原则来进行资源分配。[9]在全国完成了"普九"的基本任务后，我国进一步明确了义务教育均衡发展的战略方针，根据罗尔斯的社会正义论，将教育资源的分配向弱势群体倾斜。

教育中的弱势群体通常是指由于某些身体上的障碍或者因为缺乏经济、社会和文化资本而不能平等享有受教育机会或优质教育资源的群体。

具体到学校教育领域，主要包括家庭经济困难学生、残疾儿童、女童、进城农民工子女、偏僻地区儿童等。[10]针对不同的弱势群体，国家采取了有针对性的扶助措施。

针对家庭经济困难的和偏僻地区的学生群体，国家实行了助学金政策和"两免一补"（免杂费、免书本费、补助寄宿生生活费）政策。2003 年颁布的《国务院关于进一步加强农村教育工作的决定》中明确指出："中央财政继续设立中小学助学金，重点扶持中西部农村地区家庭经济困难学生就学，逐步扩大免费发放教科书的范围。各级政府设立专项资金，逐步帮助学校免除家庭经济困难学生杂费，对家庭经济困难的寄宿学生提供必要的生活补助。"[11]这一方面是"普九"巩固成果的需要，另一方面也确保了我国义务教育阶段不再出现"因贫失学"的现象。

针对残疾儿童群体，我国在 2005 年颁发的《意见》中特别指出："不断提高残疾儿童少年义务教育普及程度。要优先保证农村残疾儿童少年享受'两免一补'政策，努力改善特殊教育办学条件。"并在 2017 年 2 月 23 日公布修订后的《中华人民共和国残疾人教育条例》，以专项法规的形式确保残疾儿童的受教育权利，在各级各类残疾人受教育年限、课程方案、类别、师资、仪器设备和其他特殊资源方面都作出详细的规定，给予他们法律保障和社会关爱。

针对农民工子女群体，主要分为进城务工随迁子女和农村劳动力输出地的留守儿童两个部分。进城务工随迁子女入学问题以"两为主"政策为代表。"两为主"政策最早出现在 2001 年国务院印发的《关于基础教育改革与发展的决定》中，明确提出"以流入地政府管理为主，以全日制公办中小学为主，依法保障流动人口子女接受义务教育的权利"（简称"两为主"政策），"平等接受义务教育的条件"是针对这个群体的教育政策中最核心的原则，也是教育公平实施最显性的表达。2006 年，教育部为了更好地贯彻落实《国务院关于解决农民工问题的若干意见》精神，特别提出在义务教育领域，各地应采取灵活的措施，安排农民工子女就读公立学校；同时大力提倡建设农村寄宿制学校，满足包括留守儿童在内的农村学生的寄宿需求,并配套心理健康教育、法制教育、安全和生存教育等,号召全社会捐助、关心、扶持农民工子女,提高他们受教育的质量。

从区域均衡到群体均衡,既是空间视界的转换,更是教育公平的关注点"从物到人"的重要一步。起点公平之后,教育均衡发展的核心就转移到了教育中的人,他们接受教育的各种条件是否平等,如何缩小师资、教学、班额等方面的差距,以及不同层次水平、不同身份背景、家庭资源、就业导向等的学生在教育期待上的层级差异。2019 年,全国共有 7 个省份、69 个县(市、区)通过了义务教育基本均衡发展国家督导评估认定。截至目前,全国共有 23 个省份整体通过了国家认定,占 71.9%,累计 2767 个县(市、区)通过国家认定,占 95.3%。同时,监测复查显示,绝大多数县义务教育基本均衡发展态势向好,99.2%的县小学和初中校际综合差异系数保持在标准值之内。[12]我国县域义务教育基本均衡已经进入了决胜阶段,在此基础上,同步推进优质均衡的逐步实现。

二、走向个体均衡:基于差异的结果公平

区域均衡和群体均衡这两类均衡发展的政策虽然实施有先后、有侧重、有分别,但究其实质而言,都是在公共教育资源均等化分配的原则下进行,都属于最低限度的教育公平。那么,教育公平如何在底线水平上继续深入发展,应从宏观的、外部条件的、关照群体的视角转向微观的、内部发展的、指向个体的视角去考虑。义务教育均衡发展的核心要义就是为每一个学生的成长负责,为他们的自由、和谐发展提供有力保障,这是现代教育发展的最终目标。教育高质量发展最终体现在个体的教育生活质量上,体现在个体的成长发展上。[13]因此,我们需要进一步厘清个体发展的重要性,将个体从"群"和"类"中抽离出来进行分析。

1. 回归人本身,突破群类划分的局限性

基于群体与类别划分施行教育公平是考虑外部条件的思路,没有看

到教育中的"人"，并且难以囊括所有处于教育困境的儿童。我们目前划分群体的标准是相对一元的，或按经济水平（如贫困家庭），或按地域（如中西部），或按身份（如留守儿童），或按身体状况（如残疾），或按家庭资本（如单亲）等，这是无法囊括所有需要帮扶的个体的。例如按经济水平来划分群体，就会有相应的经济帮扶措施，这是教育扶贫中常见的手段。有学者研究学生的经济地位与教育效果的关系时提出，在社会经济地位的临界点（假设存在临界点）之上，一个人的社会成就受社会经济地位的影响就会极小（边际递减现象出现）。[14]但更多的研究表明：教育中不存在一个较低的学生社会经济地位程度临界点，如果真是这样的话，教育公平发展将会容易许多，政府只需针对低社会经济地位学生加以补偿就够了，实际上，具有中间社会经济地位或者较高社会经济地位的很多学生在国际阅读能力测试中，仍然得分较低。[15]这些研究打破了我们以往理解教育公平的一个误区，即教育公平实施的前提是以经济地位来区分地域和人群，因而只需要在扶贫意义上去谈教育公平。

　　事实上，除了受政策关照的弱势群体外，我国还有一些隐性的弱势群体，如城市贫民、低学历者、低收入者、家庭照管不善者等等。如果我们都按一个标准来划分人群，一方面无法穷尽，增加了实践难度；另一方面也容易忽略那些看似外在条件优越，但实际处于教育生活困境中的儿童。从微观的教育过程来看，学习有困难（如阅读障碍）、心理亚健康、拥有某种天赋（天才）、无理由厌学等多种境况的学生，也需要教育提供专门且专业的帮助。教育公平的价值理念更应该在每一个需要的个体身上体现出来。这就意味着，教育公平的深度推进，更应将目光转向关注教育内部，突破外部条件带来的局限。

2. 差异性公平理念：促进个体均衡样态

　　所谓个体均衡，是相对于区域均衡和群体均衡提出的，是教育公平的最终目标导向。其内涵是指在教育公平关照人本身的基础上，依据全员负责的基本原则，从教育内部审视，个体间享有的教育资源没有本质差距,并且能够服务于个体教育生活的差异性需求,形成教育优质均衡样态。个体均衡的提出,不仅是对当下教育均衡发展的继承和创新,更是在起点公平和过程公平后对结果公平的有力推动。构建起每个个体都能自由而全面发展的教育公平理论,是需要特别强调差异与个性的。因此,我们在平等性公平和补偿性公平之后,应该建立"差异性公平"的理念,根据受教育者的差异状况,提供精准扶持,以满足不同层次、不同期待下的教育需求。有学者认为:基础教育公平可以分为低位公平、中位公平和高位公平三个层次。低位公平是对贫困区、薄弱村、困难生精准帮扶,也就是"没有资源给资源";中位公平是提供优质的资源,提供多样性、充分性和选择性;高位公平不仅仅是大家都能享受到优质的资源,还要关注教学过程,提升核心素养,适应个体差异。[16]当教育公平落实到个体身上时,精准的帮扶就成为必然,教育资源的分配是不平均的,教育追求是非同质性的,却是最合理和最适切的。优质公平必须是差异性的,这种差异性可以同时推进"更加公平"与"更有质量"的双重实现。

在当前信息技术日新月异的基础上,要实现个体间资源均衡是有可能的,并且是指日可待的。尤其在后疫情时代,在线教育大规模实施,人们逐渐接受并习惯了在线学习,相关技术也逐步成熟,受众对网络资源进行了筛选,大数据的采集和分析又为后续的教育资源建设提供了非常实用的建议。义务教育的在线课程资源逐步从"优质、碎片、独特"向"优质、系统、基础"转变,从整体上说,其实用性、多样性的特点更加突出,普惠的覆盖面也更大。一些具有特色的优质教育资源也具有了普遍的市场,为那些有特殊需求的人提供定制收费服务,更加个性化。

三、以学习力提升为核心,个体均衡的实现路径

为什么要以学习力提升为核心来实现个体的均衡发展?第一,在高度竞争的社会中,学习力的培养与提升是核心的竞争性教育资本。教育公平之所以是社会公平的基石,其原因在于通过教育扶助弱势来弥补差

距，提高弱势群体的竞争性教育资本累积能力，从而在社会阶层流动中获得公平竞争的机会。因此，教育公平最终落实到个体身上，应以学习力的培养与提升为重。第二，在学习型社会中，学习力是当下及未来人才的第一能力，衡量教育质量的国际标准亦是学生学习能力的水平和学业成绩的高低。如经济合作与发展组织（Organization for Economic Co-operation and Development，OECD）发起的国际学生评估项目（Programme for International Student Assessment，PISA）测试中，选择基础教育中的核心学科素养阅读、数学与科学，并通过测试来评估学生知识迁移能力和问题解决能力。在未来急速变化的社会中，持续学习是我们提高适应性的唯一方法，因此，在义务教育阶段，聚焦个体的学习力培养是高质量教育的关键所在，也是个体最终实现和谐发展的基础。高质量公平最终走向个体均衡发展，离不开国家的持续投入，社会正义的深入贯彻，教育自身的不断变革，信息技术的强力支撑。围绕学习力提升来精准扶持，需要在制度、技术、评价、师资等方面共同推进。

1. 专项计划呈现制度设计

推进教育公平的第一责任人是政府，政府要在制度层面进行顶层设计。我国的社会发展和教育改革是在政府强有力的领导下进行的。政府的每一个五年计划都是在认真思考中国社会发展的历史阶段，总结前一阶段的成就，梳理现存问题，确定发展重点的基础上拟定，并带领全国人民奋斗实施。2020 年是全面建成小康社会和"十三五"规划的收官之年，也是"十四五"规划的布局谋篇之年。2020 年 9 月 22 日，习近平总书记在北京主持召开教育文化卫生体育领域专家代表座谈会。党坚持以民为本、人民至上，坚持立党为公、执政为民，就是要把人民对美好生活的普遍愿望，通过编制五年规划这种机制上升为整个国家的发展蓝图，把加强顶层设计和坚持问计于民统一起来，从而推动"十四五"规划编制符合人民所思所盼，更好地维护和实现人民群众的根本利益，让改革发展成果更多更公平地惠及全体人民。[17]

对教育中亟待解决的重点难点问题,政府已经形成了成熟的专项计划解决模式。专项计划中有专门的财政拨款、针对性的举措、可操作的策略、社会力量的配合、监督评价机制等等,可以快速打出一套"组合拳",及时有效地突破难点,推动进步。如针对乡村教师结构性短缺,"下不去"的问题,颁布《乡村教师支持计划(2015—2020 年)》《关于实施农村义务教育阶段学校教师特设岗位计划的通知》,基本形成了"专项计划 + 应考招聘"相结合的乡村教师补充机制,对稳定乡村教师队伍效果显著。

我们已经处在推进优质均衡的时间节点上,解决差异性公平滞后的问题,要抓住国家"十四五"规划的重要契机,设立类似于"义务教育阶段学生学力提升扶持计划"的专项计划,采用自上而下的路径,政策理性先行,完成制度设计,统筹考虑实施推动。"学力提升扶持专项计划"要以全国中小学校为依托,充分尊重学校教师和校长的专业能力,筛选和申报处于学习困境中、需要专门帮助的学生进入专项计划。在不增加在校任课教师负担的情况下,动员所有师资力量参与扶助学生,再用科学的评价系统测试学生是否真的得到了提升,达到了预期的水平。如果一切顺利,就可以撤出扶助计划,进行下一阶段的自主学习。我国台湾地区也有类似的做法,早在 20 世纪 90 年代就开始推行"补救教学"政策①,至今已经实施了近 30 年时间,其中的可能性和成功经验为我们实施专项计划提供了有效的参考和借鉴。

2. 平台建设实现互联互通

信息时代中数字、信息、通信技术的发展日新月异,为教育发展提供了强有力的支撑,甚至引领了教育改革,催生了新的教育模式。我国的教

---

① 中国台湾地区的"补救教学"政策是 20 世纪 90 年代开始实行的,最初是帮助偏乡、离岛这样的偏僻不发达地区低学业成就的中小学生,通过当局的教育资源倾斜和专项投入,使他们能够得到专业的帮助,提高基础的学习能力和学业成绩。后来逐渐由点到面,推广到城镇学校,最后惠及全台湾地区学生。经过多年的教育实践,已经形成了一套相对完整的系统,在缩小教育差距,提高学生学习能力,提升教育质量方面颇有成效,其成熟的经验可以为我们提供有价值的借鉴。

育信息化建设的特点是低起点、快步伐,在教育现代化和教育强国建设的战略方针指引下,近十年间先后发布了《教育信息化十年发展规划(2011—2020 年)》《教育信息化"十三五"规划》《教育信息化 2.0 行动计划》《教育现代化 2035》等一系列文件。教育信息化的实践取得了历史性的成就,实现了"三通两平台"(宽带网络校校通、优质资源班班通、网络学习空间人人通,建设教育资源公共服务平台、教育管理公共服务平台)建设与应用的快速推进,成为促进教育公平、提高教育质量的有效手段。同时提出了未来发展的目标:"到 2022 年基本实现'三全两高一大'的发展目标,即教学应用覆盖全体教师、学习应用覆盖全体适龄学生、数字校园建设覆盖全体学校,信息化应用水平和师生信息素养普遍提高,建成'互联网＋教育'大平台,推动从教育专用资源向教育大资源转变。"[18]

当前的教育信息化发展为学生的个性化学习提供了很好的基础,数字教育资源公共服务系统为全面覆盖义务教育阶段的学生做好了准备,并在内容上有了共性、个性俱在的综合化供给。但是,教育资源平台的建设却不够理想,承载资源的供给载体的协同性也有待加强,一些地区甚至未能完成数字教育资源平台建设。截至 2018 年 10 月,国家数字教育资源公共服务体系已接入省级平台 15 个、市级平台 27 个、区县级平台 25个,但大部分平台没有接入体系,资源服务体系的互联互通程度仍不强,服务体系尚不完备。[19]已有教育资源平台的跨区域协同性、多重交互性、资源共享性等方面也需要进一步完善。

要满足学生个性化的学习需要,提供精准的教育帮扶,教育专业平台的建设至关重要,不仅要在技术层面不断突破与完善,提高为教育服务的能力和水平,还要在应用与管理方面进行深度的互联互通,建立协同发展机制,实现从国家、省、市到县、乡、校,再到各个家庭的多元主体力量协同与融合。

3. 监测评价保障可持续运行

制度设计和平台建设为实现差异性公平提供了基础和前提,要实施运行,还需要一套科学的筛选、帮扶、评价、退出、补充的系统,通过大数据监测来保证专项计划的良性运转。"大数据技术将实现区域教育均衡发展由群体到个体的转变,促进教育均衡发展由初级走向高级。"[20]我国已经实施了全国联网的义务教育学籍管理体系,教材逐渐统一为部编版,学习内容与进度全国也基本同步,这一切都为统一的学习能力测试评价系统提供了可操作的条件。以校为主,通过班主任申报名单,测评系统测试筛选,确定需要进行精准扶持的学生,接受专门的教育平台提供的帮助(线上+线下),一段时间后,再次通过测评系统测试学生是否达成了预期的教育结果,决定是需要继续帮扶还是可以退出专项计划。整个过程建立起学生的学习档案,为后续教师进行教育教学提供参考。我国台湾地区的补救教学方案在这方面做得很好,其教学实施运作模型见图1。

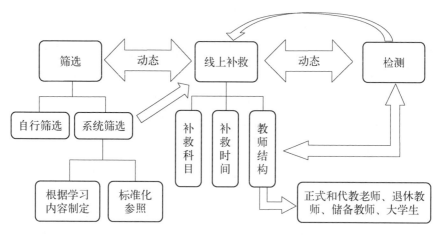

图1　我国台湾地区中小学补救教学实施运作模型①

台湾地区的补救教学配套了一个动态的、双向反馈的评量系统,将学生、教师、专家团队有机结合。学生通过系统筛选进入,系统评价同步给出每个人个性化的学习能力测评报告,根据报告提供的学生需求点的不同,教师进行教学和帮助。如果教师遇到教学困难,也可以反馈给评量系

———————————

① 黄秀霜,陈慧萍.携手计划标准作业流程手册[M].台南市教育网路中心出版.

统,系统中的专家团队看到之后,提供合适的建议回馈给教师。在整个补救教学运行中,科学评量系统起到了核心作用,它不仅是多元主体参与的媒介、评价监测的工具,也是教育力量融合的联结方式。

教育质量监测与评价是我国教育现代化建设的重要组成部分,构建全过程、全方位人才培养质量反馈监控体系是未来的重要目标,教育资源公共服务平台和教育管理公共服务平台的建设,实现跨区域互联互通,使评价系统的数据收集和运算能够实现全覆盖,汇聚形成义务教育阶段学生学习帮扶大数据。利用系统监测过程中的动态数据,呈现真实的教育过程,对数据进行统计分析和建模,能够更准确地把握现状、预测未来,为我国义务教育高质量发展政策提供依据。

4. 全面动员确保师资支撑

教师是教育中的灵魂,是教育软实力的代表,是教育质量提升的关键,是教育公平彰显的力量。学生学习力提升专项计划中需要充足的师资,也需要教师做大量的工作。当前中小学教师的工作强度普遍超负荷,为教师减负的文件正陆续出台。如何在不增加现任在岗教师负担的同时,还能有效实施计划,满足学生的个体需求? 我们思考的范围不能局限在学校教育系统内,而要调动全社会的力量,将隐性的、潜在的师资全面动员起来,共同参与到教育公平的事业中。

显性的师资力量主要是指学校教育系统中的在职教师,当下的教师减负重心在于尊重教师的专业自主权,减掉非教学工作带来的负担,从繁杂的外部事务中解放出来。减负之后的教师应该专注于了解学生、研究教学、发展专业能力等。我们可以采用形式多样的激励机制使教师积极参与进来,如轮流参与制、计算工作量制、荣誉奖励制等等。一方面将教师目前的课后单独辅导、与家长沟通的零碎工作整合起来,系统化地展开,同时利用监测评价体系的技术手段更好地统计教师的工作量,为更好地实施绩效工资提供参照;另一方面,教师在参与过程中,因为对学生提供了精准帮助,并且目睹了学生的改变和成长,这大大增强了教师工作的价值感,使教师的自身生命与职业意义之间建立了更紧密的联结。

隐性的师资力量主要是指学校教育系统外的具有教育资质或者教学能力的人员,包括:拥有教师资格证书但目前不在岗的人员、教育培训机构的教员、已退休但还有工作能力的教师、各级各类政府购买服务的试用教师、线上教育平台具备教育能力的人员、师范大学里实习期的准教师等等。这些潜在的师资如果以某种方式被激活并整合起来,将是庞大的辅助支撑力量。他们不一定都有资格承担教导学生的责任,但是可以从批改作业、讲解习题、分享体验、情感关怀等不同角度介入,使专项计划的实施更有温度、更流畅、更有效率。

教育部曾于 2014 年发布《关于教师参与志愿服务活动的指导意见》,号召广大教师积极参与志愿服务活动,将农村留守儿童、城市随迁子女、困难家庭学生、残疾和学习有困难学生,以及薄弱地区教师等作为主要服务对象。2018 年 7 月教育部与财政部联合印发《银龄讲学计划实施方案》,3 年内招募 1 万名讲学教师到农村义务教育学校讲学,该方案明确了银龄讲学的目标任务、工作要求、保障措施与组织实施,对实施范围、人数、招募条件与程序、经费与政策保障、层级组织与实施进行了说明。这些举措的实施,已经尝试探索了师资来源多元化的路径,也为教师队伍质量的提高作出了有益贡献。教育公平的深化需要更多的教师参与,既是对现有教师补充机制的挑战,也是一个重要的契机。在后疫情时代,借助"互联网＋"的技术便利,发挥政府主导的作用,做全社会的总动员,将设计人员、科技人员、教育人员、学者专家、管理人员、维护人员等各方面人才整合起来,凸显叠加效应,为学生的个性化成长提供充分的、多样化的资源选择,实现教育强国的伟大目标。

综上所述,义务教育均衡发展从基本均衡走向优质均衡,既是层级上的跃迁,也是理念上的超越。同时,教育公平逐步实现从机会、环境、资源均等分配的起点公平,到师资、生源、班额配比等缩小差距的过程公平,再到基于个体差异需求提供多样化、个性化的教育服务,最终实现个体均衡发展的结果公平。今天,区域之间、群体之间的差距依然存在,我们要做好基本均衡成果巩固与完善的工作,在缩小差距和改善薄弱方面继续努力,同时也向着高质量公平前进,以"人"的需求和成长为行动的逻辑起点,最终达成教育的终极目标,实现个体均衡意义上的全面发展。

参考文献

[1] 陈宝生.建设高质量教育体系加快建成教育强国[N].消费日报,2021－01－08(B01).

[2] 袁振国.教育公平的中国模式[J].中国教育学刊,2019(09)：1－5.

[3] 王爱云.改革开放40年中国共产党推进教育公平的实践和经验[J].党的文献,2018(06)：70－79.

[4] 吴亚林.义务教育学校布局：10年来的政策回顾与思考[J].教育与经济,2011(02)：14－18.

[5] 柳海民,王澍.中国义务教育实施30年：成就、价值与展望[J].北京大学教育评论,2016(04)：175－184.

[6] 曾天山.促进义务教育均衡发展的基本思路[J].教育研究,2002(02)：16－18.

[7] 祝梅娟.我国省际间教育投入公平状况的实证研究[J].经济问题探索,2003(02)：121－124.

[8] 孙百才.改革开放三十年来中国地区间教育发展的收敛性检验[J].清华大学教育研究,2018(06)：14－18＋27.

[9] Rawls J. A Theory of Justice[M]. Cambridge, Oxford, Clarendon Press, 1972(53)：66－68.

[10] 劳凯声.中国教育改革30年.政策与法律卷[M].北京：北京师范大学出版社,2008：237－239.

[11] 国务院关于进一步加强农村教育工作的决定[EB/OL].(2008－3－28)[2003－9－17].http://www.gov.cn/zhengce/content/2008-03/28/content_5747.htm.

[12][16] 刘彦华.2020中国教育小康指数：96.1——教育公平大跨步[J].小康,2020(25)：50－52.

[13] 王澍.抓两头带中间：中国教育高质量发展的动力机制[J].东北师范大学学报(哲学社会科学版),2020(06)：105－112.

[14] Willms J. D. Ten Hypotheses about Socioeconomic Gradients and Community Differences in Children's Developmental Outcomes[R]. Report Prepared for Human Resources Development Canada, 2003.

[15] 薛二勇.论教育公平发展的三个基本问题[J].教育研究,2010(10)：24－32＋30.

[17] 光明日报评论员.让"十四五"规划更暖心[N].光明日报,2020－9－24(01).

[18] 教育部.教育信息化2.0行动计划[EB/OL].(2018－4－13)[2018－4－25]. http://www.moe.gov.cn/srcsite/A16/s3342/201804/t20180425_334188.html.

[19] 高铁刚,张冬蕊,耿克飞.数字教育资源公共服务供给机制研究——基于1996—2018年教育信息化政策变迁的研究[J].电化教育研究,2019(8)：53－59＋69.

[20] 刘雍潜,杨现民.大数据时代区域教育均衡发展新思路[J].电化教育研究,2014(5)：11－14.

作者简介

    杨   进   东北师范大学教育学部副教授,博士生导师

    柳海民   东北师范大学教育学部教授,博士生导师

电子邮箱

    36308921@qq.com

    liuhm@nenu.edu.cn

Chapter 10

寒门学子的进阶之路
——由"寒门贵子"现象引发的对底层家庭孩子教育获得的思考

王兆鑫　赵新生　宋文玉

摘　要： 改革开放以来，高等教育日渐成为舆论的"重镇"，这与社会转型以及阶层结构变化密不可分。作为一个群体现象，"寒门贵子"的教育获得与向上社会流动一直是国家和社会关注的重要议题，他们在读书过程中面临的挑战和取得高学业成就的原因也一直是学界试图刻画与阐释的中心。本文分析寒门学子在教育起点、教育过程、教育结果中面临的挑战和存在的劣势，围绕已有研究试图梳理从寒门学子到"寒门贵子"的进阶成长之路，探索寒门学子进入重点高校后面临的"阶层伤害"，最终从社会学和教育学视角审视"寒门贵子"现象，旨在从多元维度着手，营造更公平、健康的社会环境，让底层家庭的孩子"少一点寒，多一点暖"，感受到更多的温暖与希望。

关键词： "寒门贵子"；阶层伤害；社会流动；城乡；教育获得

在中国，针对"寒门贵子"的论述早在古典文学作品中便可窥一斑，如"宰相出青衣""朝为田舍郎，暮登天子堂""寒门出贵子，白屋出公卿"……可见"寒门出贵子"的现象历来得到社会与民众的关注。无论是在崇尚"万般皆下品，唯有读书高"，想在读书中寻找"黄金屋"和"颜如玉"的功利主义读书观导向的古代社会，还是在推崇"知识改变命运"，对读书寄予厚望的现代社会，一代代寒门子弟都将"出人头地"的希望寄托在教育上。但是教育的回报并不总是尽如人意。关于"寒门难出贵子"的讨论刺激着大众的神经，教育投入与教育获得之间的不确定性催生了"新读书无用论"，寒门学子的教育将何去何从？

　　进入 21 世纪以来，国内社会与学者高度关注寒门学子的教育问题。对这一问题的关注与我国 20 世纪 70 年代末的改革开放和 90 年代末的高等教育扩招政策密切相关。"寒门学子"是一个描述出身农村贫困家庭青少年学生的本土概念，他们的教育机会、教育获得以及社会流动成为学术研究中重要的三个领域。改革开放之后，国家、社会与个体的关系凸显出两个重大维度的转变。第一，社会结构由原先的"两个阶级、一个阶层"转变为当代中国社会的十大阶层结构[1]，底层群体生存状况与个体社会流动能力得到国家与社会的极大关注。第二，文凭社会之下，随着考试制度与学术标准的进一步完善，学术效率主义逐步取代平均主义，资源禀赋差异加大了不同家庭出身的孩子们能够获得的教育机会的差距，高等教育入学机会的阶层差距也呈现扩大化趋势[2]，最终在社会层面呈现：处于社会底层的孩子难以进入名校，也难以实现向上的社会流动。

　　当下，网络媒体常常依据现实案例，围绕"教育与社会分层"辅以精心设计的标题大做文章，如对"小镇做题家""阶层旅行者"等群体的讨论，以映射底层家庭青少年在教育获得与社会流动中面临的困境。"寒门难出贵子"社会现象的深化与外延，既引起底层社会大众对"社会分层"现象的洞察与无力改变的挫败感，也激化了社会矛盾。"培优、比名校、选学区房"等行为似乎与底层家庭的孩子毫不相干。国内不少贫困地区仍然盛行"读书无用论"的论调，尽管一定程度上这与家庭中"向钱看"的功利主义导向不无相关，但也间接透出底层家庭对高等教育的寒心与失望。

　　目前研究寒门学子，有三个问题需要探究。首先，寒门学子的"寒"究竟体现在哪些方面？他们相较优势阶层家庭的孩子存在哪些劣势？面临哪些挑战？其次，为何部分出身寒门的学子能够突破家庭阶层局限，进入北大、清华这样的名校成为"寒门贵子"？进入重点高校、成为"贵子"后就万事大吉了吗？最后，应该怎样审视"寒门贵子"这一现象？教育究竟应该在"寒门"与"贵子"之间发挥怎样的作用？国家与社会又能够为"寒门贵子"不再成为一个问题朝哪些方向努力呢？文章试图围绕这三大问题，结合国内外学者的研究给予答案。

一、何为"寒门"："寒门学子"进阶之路的"拦路虎"

《现代汉语词典》中将"寒门"定义为：贫寒微贱的家庭。结合当代中国社会现实，国内学者常将农村出身的孩子定义为"寒门学子"。[3]这是一种比较笼统的定义，其出发点是农村出身作为户籍制度的产物，衍生出了城乡结构对立下资源不平等的社会现实。现在的"寒门学子"应该缩小这一概念的空间，不仅考虑家庭所处地域，还应该更精准地考察个体家庭背景的实际情况，如民族、经济收入、父母文化、家庭情况等等。[4][5]之所以需要精准定义"寒门学子"，与我国社会转型背景下中国广大农村的地区差异以及农村社会内部的贫富分化存在着密切联系。精准界定"寒门学子"的概念内涵也将有助于我们回归针对寒门学子招生政策中的精神初衷，如"国家专项计划""高校专项计划""地方专项计划"等。"寒门学子"通常内涵了普遍意义上的"农家子弟"[6]与"第一代大学生"[7]，本文中的"寒门学子"是指农村家庭出身、经济比较困难的学生。

与优势阶层的学生相比，"寒门学子"教育获得中的一大劣势就是目前经验研究中已经被普遍接受的事实，即他们中的大多数人进入了大专院校或地方本科大学/学院，而难以进入国家重点高校。而且，即便他们进入重点院校，仍然存在着身份转型中的不适应——阶层分化带给个体的"隐性伤害"。[8]很多进入重点高校的"寒门学子"仍然带有阶层惯性，成为有光明、没前途的"蚁族"。在高等教育扩招的当代中国，"寒门"身份究竟对底层青少年的教育机会和教育获得产生了怎样的影响？他们究竟面临怎样特殊的挑战？我们可以从教育起点、教育过程与教育结果三个纵向的维度去探究、考察。[9]之所以界定这样纵向的分析视角，缘于我们已经主体性地认为，学校尤其是就读高校的质量（资源、级别、文化）与社会属性（生存导向或地位导向），事关个体最终所能通过教育达成的社会地位。

在教育起点上，国家的地理区域分布、城乡二元结构以及其内涵的教育资源配置与经济、文化发展不平衡是造成个体教育起点差异的核心原因。皮埃尔·布迪厄(Pierre Bourdieu)与帕斯隆(Jean-Claude Passeron)在《继承人——大学生与文化》中提到：对社会地位最低的人来说，接受高等教育的主观愿望比客观机会还要小。[10]国内学者对此也有证实，底层社会的文化性因素，如家长对孩子的教育期望相较城市家庭更低，[11]其主要原因就是底层家庭中父母的学历更低。[12]转型期的中国乡土社会中，传统的家庭结构出现破裂，青壮年劳动力外流严重，致使很多孩子在孩童时期便处于留守状态。家庭中长辈的受教育水平有限，加上父职或母职的缺位，使孩子的家庭原生教育呈现真空状态，缺少对孩子的教育启蒙与引导，导致部分孩子的行为缺少道德化的管制，容易产生越轨情节与辍学行为。究其原因，与底层社会中孩子的成长轨迹给其他孩子造成的"示范效应"关系密切。不可否认，城乡之间学校的教学水平和质量客观上存在差异，城乡二元体制之下，经济发展不平衡，教师本身的向城性流动使得教学水平高、业务能力好的乡村教师流向城里的学校，乡村学校的教学质量得不到保证。若有家庭经济资本的支持，农村家庭更有可能帮助学生获得择校的自主权，可以选择教学质量好的学校就读，但现实中能够帮孩子择校的农村家庭少之又少，大多数农村学生在义务教育阶段是就近入学。"一步赶不上，步步赶不上"，孩子当前就读学校的类型将直接决定他可能就读的下一阶段学校的质量；此外，户籍制度对农村孩子造成的空间约束导致他们难以主观选择优质的教育资源，从而更容易深陷社会惯性的"泥潭"之中。美国学者安妮特·拉鲁(Annette Lareau)在布迪厄研究的基础上，聚焦中产与底层家庭中文化资本传递的"秘密"，发现中产家庭父母对孩子的协作培养方式很好地让孩子习得了精英阶层的文化惯习，父母通过多种策略让家庭的优势资源转化为孩子的文化资本，彰显了文化资本在家庭代际传递中的可见性。反观工人与底层家庭的孩子，"自然成长"的教养方式背后是父母受资本劣势与阶层意识的局限，他们能够为孩子提供的教育投资或支持行为表现出诸多的疲态与无力感，孩子更少参与结构化的社会活动，[13]难以达成布迪厄所说的"社会炼金术"。[14]可见，寒门学子在教育起点上不仅面临着社会结构化不平等所导致的资源差异，也面临着阶层属性所导致的格局与眼界上的劣势。

在教育过程中，底层孩子的学业表现、就读学校以及所能接触到的学业环境依然与出身密切相关。结构化的资源劣势以及书籍课本中城市中心主义取向的知识设计，让底层孩子在习得知识时难以调动自己的生活经验，对部分专业术语的理解比较困难。学校场域中的教师素质以及学校环境等都在无形中建构出孩子的学业表现与学习态度。底层学校中的资源劣势需要孩子们付出更多的努力，[6]假如我们一味强调底层文化资本对寒门学子突破出身劣势的可能性，容易让更多的农村孩子背负道德枷锁，也极易在现实中引发底层孩子的集体性哀鸣。底层家庭的孩子在学校教育中始终面临着教育分流，他们的退路极为狭窄。寒门学子内部之间存在着激烈的竞争，他们不仅要与优势阶层家庭的孩子争夺教育资源，在内部也存在着强有力的筛选机制，职业院校成为很多农家孩子中考失利的选择，[15]他们只能在这里完成社会阶层的再生产。寒门学子在应试教育的环境中被塑造为"只会考试的孩子"，他们不能享受校园中的快乐，也难以阅读一些经典读物，无法衔接"高雅文化"。被屏蔽的课外活动与社会生活让他们在升入大学后面临着严重的文化不适感，[16]极易产生自卑情绪。他们也很容易被家庭事务牵累而更早地进入社会参加工作，或者寻求短期内能够产生经济效益回报的技能专业与学校，相较优势阶层的孩子在选择专业时考虑个人兴趣、职业发展、长期谋划等，底层家庭孩子的选择则兼具现实的理性考量和无奈妥协，他们选择专业时更加看重未来的就业前景和经济回报，即便家长难以提供专业化的支持，但家长的建议在专业选择中所起的作用不容忽视，部分寒门学子在喜欢的专业和回报高的专业之间无奈妥协。此外，寒门学子在化学、物理、生物等学习过程中，涉及实验这一类亲身操作的课程时，往往只通过课本上的演绎或者教师的解读草草结束，难以亲自操作，无法得到亲身的科学体验。总之，底层家庭孩子的教育过程是一种局限于学校规范中的应试性学习模式，他们习得的文化较少涉及交际能力、社会参与、自我价值实现等维度，内化"读书改变命运"的程度将直接决定他们最终所能取得的学业成绩。

在教育结果上,大多数的寒门学子并没有获得"教育改变命运"的机会,他们迫于多方压力提前进入了社会。部分寒门学子进入职业院校学习专业技能,尽管这部分学生对职业教育的前景持乐观态度,但他们依旧难以实现阶层的跃升。部分优秀的、努力的底层家庭孩子进入了大学,他们貌似实现了大学梦,但这是高等教育扩招的必然结果,他们仍然难以进入高水平的学术型大学。文凭通货膨胀使得"遍地都是大学生"成为人们感叹的话语,大众化的教育模式整体上提升了全民的受教育水平,但特权阶层以及中产家庭的孩子仍然是精英院校中的主要人群。[17]一个直观的证据就是,尽管 2011—2015 年"第一代大学生"在大学生群体中占到 70%—75%,①但是仅有 3.37%的学生就读于"985 工程"院校、8.59%的学生就读于"211 工程"院校,剩下 42.46%的学生就读于地方本科大学、45.58%的学生就读于地方本科学院。[18]高等教育文凭的进一步通货膨胀,增加了底层家庭在教育投资中的焦虑感与教育回报中的不公平感,并进一步衍生出大众化教育阶段的"新读书无用论"。文凭社会之下,个人简历内涵的出身与素质事关其能够通过教育文凭所能达成的社会流动,而美国学者劳伦·A. 里韦拉(Lauren A. Rivera)已经在《出身:不平等的选拔与精英的自我复制》(*Pedigree: How Elite Students Get Elite Jobs*)一书中明确地指出了顶级工作的竞争对社会经济地位占优势的候选人是有利的,[19]因为他们拥有正确的文化符号,如知名学府的文凭、鲜活的互动风格等更符合招聘者的偏好。因此,尽管越来越多的底层孩子取得大学文凭,但他们仍然难以通过教育实现向上社会流动。

关于底层孩子教育获得过程中面临的困难与挑战,西方学者已经形成了比较主流的理论解释,他们深入家庭以及学校内部,洞察了学校在文化生产与阶层生产之间的作用。鲍尔斯(Bowles)与金蒂斯(Gintis)以对

---

① 本数据来源于清华大学教育研究院史静寰教授主持的"中国大学生学习与发展追踪研究(China College Student Survey,CCSS)"项目数据。

应原理概括了学校再生产的内部机制,他们认为美国的资本主义教育通过将教育中的社会关系与生产过程中社会关系的"对应"来实现年轻一代的社会化。[20]对应原理解释了教育制度与生产过程的社会关系,指出教育制度协助社会生产完成了技能人才的分类,在个体通过教育实现阶层分工的过程中实现了经济不平等关系的合法化建构。布迪厄从文化资本的角度建立了家庭文化资本与学校文化价值之间的互动关系。在布迪厄看来,家庭为孩子输送的文化资本是最具社会决定性的教育投资,也是家庭资本完成继承性传递最佳的隐蔽方式。家庭在文化资本传递的过程中,教育系统成为衔接家庭学术投资策略与社会再生产体系的桥梁,合法化的教育系统默认了文化资本的世袭性传递,进而为社会结构的再生产作出贡献,并成为"为了淘汰距学校文化最远的那些阶级"的制度化途径。[21]

二、何以出"贵子":"寒门"学子何以跃"龙门"

"贵子"意味着高教育获得与向上社会流动的实现。既然为"高"教育获得,那么"寒门贵子"一词便具有历史意涵,需要通过历史发展的纵向维度去考察。魏晋以降,寒门学子很难通过教育奋斗实现社会上升,北宋时出现显著的"寒门出贵子"现象,究其原因,一方面是因为政治及教育改革打破了中古权贵社会结构,为寒门学子依靠教育奋斗获得社会上升提供了公平的制度途径;另一方面是因为寒门学子自身的行动力量,他们经由自身的努力实现了向上流动。[22]在大学扩招以前,专科生便可称为"贵子"(高等教育扩招前,入学率基本维持在 5% 以下)。对于寒门学子来说,考上专科便意味着未来拥有了"铁饭碗",可以吃"国家粮",能够实现阶层的跃升;大学扩招后,特别是高等教育步入大众化阶段后,专科生甚至本科生也都很难称为"贵子"(2019 年全国教育事业发展统计公报显示,高等教育毛入学率 51.6%),国家不再分配工作,每年本科毕业生人数递增,没有了工作保障的本科、专科生难以依靠教育和学历实现自己的阶层跃升。而且,在一流高校新生当中,农村新生的比例长期不高,远低于农村人口在全国人口中的比例。[23]"贵子"之前加上"寒门"意在形成一种对比,以体现"寒门贵子"的艰辛以及他们在农村与城市两种社会空间中的转换与游离。换言之,在城乡变迁剧烈的当代中国,高等教育毛入学率已经突破50%,大量的高职高专院校成为部分高中生不必努力便唾手可得的囊中之物,寒门学子不再艰辛,即便他们从"寒门"步入高校,也再难被称为"贵子"。随着文凭的通货膨胀,高等教育在就业市场作用下加速分化,高考的含义发生了从"考大学"向"考好大学"的转变。招考制度在创新型人才培养背景下不断演化,信息收集、院校选择、专业优劣等无限度地从高考后提前到文理分科,再提前到高一选科,经济资本、文化资本与社会资本不断参与择校、择业,"贵子"的诞生更加依赖家庭出身以及孩子们在不同阶段能够进入学校的类型。从这个角度看,"寒门"再难出"贵子"。

那么,面对从教育起点到教育结果的多重不利条件,"贵子"是如何从种种制度壁垒、文化壁垒中突围,并打破阶层再生产的魔咒? 是什么促成了这种高教育获得呢?

布迪厄的文化再生产理论提出之后,迪马乔(P. DiMaggio)提出了"文化流动"(cultural mobility)理论,两者之间引发了一场持久的论辩。迪马乔对布迪厄理论的挑战首先在于文化资本是否必要地、持久地与家庭社会经济背景相连;其次在于个人有没有自主获得文化资本来改变劣势地位的可能。[24]迪马乔的研究发现,文化资本对低阶层男生学业成就的正效应比高阶层男生更明显,与父辈教育水平较高的学生相比,文化资本对父辈教育水平中等和较低的男性学生的作用更大。[25]卡米金与克拉伊坎普(Kalmijn & Kraaykamp)的研究同样印证了文化流动理论,他们的经验研究发现,与占主流位置的白种人相比,文化资本可以为处于劣势的少数群体提供更多的阶层流动路径。[26]论辩的持久性还表现在,相关研究者也不断证明了布迪厄的文化再生产理论。[27]我国也有经验研究表明,布迪厄的文化再生产理论并不完全适用于中国语境,其解释力有限。马洪杰等人的研究指出,文化资本对学业成就的作用有限,文化资本诸类型产生的作用有所不同且存在阶层差异,并进一步认为文化再生产模型适合解释当前中国教育分层,但不可高估文化资本对学业成就和教育获得的作用。[28]文化再生产理论与文化流动理论之间的论辩,以及文化再生产理论在中国情境下的讨论,让我们看到了文化与教育的复杂关系,也看到了社会处境不利群体进行阶层流动的理论缝隙。

我国对于寒门贵子的教育获得有诸多研究,这些研究多达成两个目的:一个是本土化解释"何以出贵子",另一个是与文化再生产理论形成对话,试图拓展、部分超越、部分颠覆几近形成学术霸权的文化再生产理论。通过文献梳理发现,杨春华提出"无形的文化资本"概念认为,无形的文化资本是农村家庭社会地位获得的关键因素,这种"无形的文化资本"指的是以"生存心态"为意识导向,以个人和社会的价值判断为行动基础的一种潜在的通过个人的努力或者交换获得的文化资本;[29]安超等人的研究认为,劳工家庭涵养了孩子尊重劳作价值的心性品质,这种品质让孩子更适应现代教育马拉松长跑式的竞争;[30]胡雪龙等认为本分是农村家庭文化资本的核心,它为农村学生提供了基本的身份认同,即只有学习才能获得个人身份,只有学习才能获得意义感;[31]程猛提出了"底层文化资本"这一概念——将农家子弟独特的文化生产所铸就的先赋性动力、道德化思维与学校化品质作为一种"身体化文化资本"来看待,并将其命名为"底层文化资本";[32]许多研究发现大学教育对家庭背景的影响有削弱作用;[33]朱焱龙强调高等教育获得"链条"中的微观因素,尤其是代际支持的重要性,微观因素的作用机制主要体现为"资本补给"与"自觉共情"两种家庭支持策略,这两种策略使寒门学子的教育进阶过程更加顺利;[34]王兆鑫运用自我民族志的方法阐释了乡土中重视读书的文化和家庭教育环境的重要性,认为读书是个体成功、实现追求功业的路径,而个体对未来"过上好日子"的向往与获得家庭、乡土社会认同的形象憧憬,是提升个体能动性与抗逆力的重要动力。[35]

然而,即便有如此多的经验研究告知了我们底层家庭孩子能够进入名校的原因,依然有大量的研究证实:底层孩子即使进入精英大学,仍然面临着阶层割裂所导致的隐性伤害。[36]他们的父母通常缺乏大学经验,他们难以得到来自周边亲人或者同辈人的经验指导，对于大学中的精英文化，如社团活动、人际交往方式、学术标准等缺乏必备的认识与技能，短期内很容易陷入一种身份转型的挣扎之中，并出现自卑、孤僻等性格。此外，身份转型的困难无疑推迟了他们真正进入大学的时间，与同龄中产家庭的孩子相比，他们对自己的未来缺乏理性的安排，出身导致的视野或者格局的局限让他们难以把握学校中或许能够改变自身命运的机遇。另外，他们也通常因为经济问题陷入困境，占用过多的时间做兼职以维持基本的开销，这进一步影响到他们的学业表现。[37]尽管大学为个体提供了很多学习与锻炼的路径和平台，但这些机遇的幕后与个体的文化技能以及经济基础密不可分。因此，很多大学中的机会对底层孩子来说是难以企及的。研究底层孩子进入名校后的身份体验将是我们下一步研究的重点。

总的来说，中国社会非常重视教育，这种重视在不同阶层具有普遍性。一方面有传统文化中尊师向学的加持，甚至部分家庭在发展过程中形成了制约家庭成员的行为规范和家庭文化；另一方面，户籍制度的存在某种程度上给予了农村人进城体验城市生活的动力，他们期望以孩子的学业改变家庭的命运，实现"改头换面"。说到底，目前中国的高考制度在根本上将阶层流动、人才选拔与将阶层文化转化为分数的能力衔接在一起，而不是与某一阶层相关的文化衔接在一起。在这个意义上，高考这一人才选拔制度虽然存在诸多缺点，却非常公平。它在最大限度上赋予了个体通过教育进行阶层流动的可能性，给予了寒门学子发挥其特有文化资本的机会。而且，乡土社会中的"关系人物"也是极为重要的社会资本，这种关系资源的存在很容易解开制度化的束缚，让孩子在择校、树立学习榜样、在学校中被特殊照顾等方面处于优势地位。同样，在国家制度层面，通过制定诸如"国家专项计划""国家助学贷款"等补偿性政策，以及多所名校推出的诸如"筑梦计划""自强计划"等高校专项计划，给予了不少贫困地区的孩子读名校的希望。

三、"寒门贵子"现象再审视

按照日常的语义理解与研究中的默认定义,"寒门贵子"背后意味着一种特殊的流动方式,这种流动方式便是教育。对于"寒门难出贵子"的讨论便被聚焦在教育公平这一问题上,但也忽视了另一个方面。随着市场经济的深入发展,多元价值观也同样裹挟着乡村,并与传统价值观碰撞、冲突甚至取而代之。底层民众一方面看重教育的作用,期待孩子通过教育换取衣食无忧、远离劳作的"铁饭碗";另一方面,他们不再局限于土地,而有了更多的谋生方式,谋生方式的多元化拓宽了底层民众的视野,也强化了对"教育现状"的认识。"读书贵、就业难、起薪低"的"新读书无用论"让他们开始思考教育投资与教育回报之间的关系。说到底,社会的开放给予了个体更多的选择,"寒门难出贵子"是一个结果描述,其中必然关系到教育公平,但若忽视了市场化背景,忽视了中国的城乡转型,忽视了高等教育的内部分化,便很容易从教育公平走向教育平均,甚至还存在走向反向歧视的风险。事实上,从对"贵子"的理解中也不难看出这一点,"贵子"在大学扩招前几乎可以等同于高等教育获得,教育的高回报率使得"贵子"出了校门便可拥有稳定、体面的工作;而大学扩招后,特别是高等教育大众化后,高等教育的获得越来越难等同于"贵子",人们对于"贵子"的关注持续到就业与工作晋升阶段,即最终所能达成的社会经济地位。因此,教育由"寒门贵子"的流动路径,变为成为"贵子"的第一要素,而成为真正的"贵子"不仅意味着高等教育的获得,还意味着通过文凭获得了一份世俗眼中的体面工作,在这一过程中,我们却忽视了社会已有的阶层结构与全民文化水平的普遍提升。也正是在这个意义上,我们认为对于寒门贵子的讨论如果局限于教育公平,会使得这一问题被窄化,也是教育不可承受之重。说到底,寒门贵子是一个社会问题,只是关注被集中于教育领域而已。

政策与制度设计存在一个先验假设——为了多数人的最大利益,为了整个社会的发展。因此,每一项政策、制度必然伴随着受益群体与受损群体。更严谨地说,是受益大的群体与受益小的群体。在这个意义上,"寒门贵子"是社会流动过程中必然出现的一个群体,是现代化进程的一部分。一个健康的社会一定具有流动性,可以说,在达到物质极其充裕、人人自由全面发展的共产主义社会之前,"寒门贵子"将长期存在。我们要解决的问题不是消灭"寒门贵子",制造教育乌托邦以达至人人同一,而是将"寒门贵子"再问题化,将"寒门贵子"放到更广阔的背景下加以审视、讨论。"寒门贵子"再问题化并不意味着要将"寒门贵子"再次推上舆论的风口浪尖,而是意味着探索如何让社会拥有健康的流动阀门,如何让"寒门贵子"的讨论不再引发公众敏感而焦虑的情绪,如何让教育不再被阶层流动绑架。我们认为社会层面需要考虑的问题是如何使得"寒门"没有那么"寒",如何搭建、提供完善的社会支持网络与开放的公共环境,使"贵子"少一些情感纠结,少一些对底层家庭身份的敏感与自卑,多一些情感的自由表达。我们认为教育系统不应该局限于高等教育招生优惠政策,不应该局限于教育经费投入、资源调配,而应该进一步将视野打开,将目光转向课堂,转向对焕发学生生命活力与学习热情的教学生活的关注,让底层的孩子在校园、班级中同样能够感知外面的世界,习得或者补充更多的文化素养,让他们在升学进程中不再时刻陷入身份的分裂之中。

四、总结与展望

"寒门"与"贵子"作为两个对立感、反差感极强的概念,内蕴了当前社会学、教育学以及管理学中对于多重问题的探讨,如社会分层、教育公平、国家治理等。因而,想要解决寒门学子问题,不能仅限于对教育功能的思考,更应该从国家政策、社会问题的视角去商议办法措施,归根结底,这与我国的户籍制度密不可分。

高等教育对于寒门学子来说,并不只是知识教育的场域,也是获得个人社会资本的场域,他们在这一过程中开拓视野与格局,通过建立个人强社会资本来弥合家庭社会资本的弱势地位,为自己实现阶层流动争取可能。但是,在文凭通货膨胀的社会现实之下,无论是底层家庭还是优势阶层家庭的孩子,单纯依靠"教育文凭"作为所有实现向上社会流动机会的"敲门砖"已经不太现实。因而,优势阶层家庭的父母开始寻找更多的途径、策略去丰富孩子的简历,如社会资本、经济资本等。转来转去,最终又归因到了社会结构分层之下的个体出身。这也是当前"内卷化"这一概念愈演愈烈的原因。

我们之所以重新审视"何为寒门、何以出贵子"这个历久弥新的教育社会学问题,源于目前学界仍在就这一议题展开讨论,从不同层面去解读寒门学子身上的"寒"。我们认为,我国教育社会学领域对寒门学子的关注基本呈现三个时期的转向。初始阶段,学者们单纯地通过实证研究揭示底层孩子在教育获得中面临的机会不平等;之后,学者们则开始结合"寒门"与"贵子"两个维度,既从身份反差中凸显底层孩子升学进程中的悲苦,又从不同角度去解释部分个体取得高学业成功的原因,如文化、社会支持、个体努力等;现在,学者们开始继续深化,将"寒门贵子"的生命历程拉长,关注他们在大学中的表现,以及以后的就业去向等。例如"寒门贵子"进入大学后的身份不适应、就业地与家的距离、最终达成的社会经济地位等等,这样更好地在寒门学子的研究中纳入家庭背景、教育获得以及社会流动等因素,这也是接下来需要继续深入的方向。

参考文献

[1] 陆学艺.当代中国社会十大阶层分析[J].学习与实践,2002(03):55-63+1.

[2] 杨东平.高等教育入学机会:扩大之中的阶层差距[J].清华大学教育研究,2006(01):19-25.

[3] 范先佐."寒门难出贵子"的原因及解决之道[J].全球教育展望,2020(03):36-41.

[4] 刘乾铭,黄素君.寒门学子如何突破困境——香港抗逆学生的影响因素及启示[J].教育学术月刊,2018(11):80-86.

[5] 余卉,胡子祥.寒门再难出贵子? 社会资本双重属性下青年就业的质性研究[J].中国青年研究,2019(12):57-63.

[6] 程猛."读书的料"及其文化生产——当代农家子弟成长叙事研究[M].北京:中国社会科学出版社,2018:40.

[7] 王兆鑫.寒门学子的突围：国内外第一代大学生的研究评述[J].中国青年研究,2020(01)：94-104+48.

[8] Xie AL & Reay D. Successful rural students in China's elite universities：habitus transformation and inevitable hidden injuries? [J]. Higher Education，2020(01)：21-36.

[9] 王兆鑫.不平等的童年：农村孩子向上流动中教育公平的文献综述[J].少年儿童研究,2019(08)：44-55.

[10] 皮埃尔·布迪厄,J.-C.帕斯隆.继承人——大学生与文化[M].邢克超,译.北京：商务印书馆,2002：6.

[11] 王甫勤,时怡雯.家庭背景、教育期望与大学教育获得：基于上海市调查数据的实证研究[J].社会,2014(01)：175-195.

[12] 杨春华.教育期望中的社会阶级差异：父母的社会地位和子女教育期望的关系[J].清华大学教育研究,2006(04)：71-76+83.

[13] 安妮特·拉鲁.不平等的童年[M].张旭,译.北京：北京大学出版社,2010：1.

[14] 皮埃尔·布迪厄.文化资本与社会炼金术-布迪厄访谈录[M].包亚明,译.上海：上海人民出版社,1997：83.

[15] 张济洲,黄书光.谁读职校——基于社会分层视角[J].全球教育展望,2015,(09)：31-37+114.

[16] Stephens NM，Townsend SSM，Markus HR & Phillips LT. A cultural mismatch：Independent cultural norms produce greater increases in cortisol and more negative emotions among first-generation college students[J]. Journal of Experimental Social Psychology，2012(06)：1389-1393.

[17] Lucas & Samuel R. Effectively maintained inequality：Education transitions，track mobility，and social background effects[J]. American Journal of Sociology，2001(06)：1642-1690.

[18] 张华峰,郭菲,史静寰.促进家庭第一代大学生参与高影响力教育活动的研究[J].教育研究,2017(06)：32-43.

[19] 劳伦·A.里韦拉.出身：不平等的选拔与精英的自我复制[M].江涛,李敏,译.桂林：广西师范大学出版社,2019：305-315.

[20] 杜亮.鲍尔斯和金帝斯教育思想探析："对应原理"及其批判[J].比较教育研究,2009(08)：52-56.

[21] 皮埃尔·布迪厄,J.-C.帕斯隆.再生产——一种教育系统理论的要点[M].邢克超,译.北京：商务印书馆,2002：24.

[22] 周勇.寒门学子的教育奋斗与社会上升——历史社会学视角[J].南京师大学报(社会科学版),2017(04)：94-99.

[23] 李晓亮.农村高中日常教学实践与高考改革之脱节——为何"寒门难出贵子"？[J].全球教育展望,2020(03)：75-89.

[24] 郑雅君.谁是90后名校优等生——文化资本与学业成就关系的个案研究[J].甘肃行政学院学报,2015(05)：69-81+127-128.

[25] DiMaggio Paul. Cultural capital and school success：The impact of status culture participation on the grades of U.S. high school students[J]. American Sociological Review，vol. 1982(06)：189-201.

[26] Matthijs Kalmijn & Gerbert Kraaykamp. Race，cultural capital，and schooling：An analysis of trends in the United States[J]. Sociology of Education，1996(01)：22-34.

［27］ Jaeger & Meier M. Equal access but unequal outcomes：Cultural capital and educational choice in a meritocratic society［J］. Social Forces，2009(04)：1943 - 1971.

［28］马洪杰，张卫国.文化再生产抑或文化流动：中国中学生学业成就的阶层差异研究［J］.教育与经济，2019(01)：25 - 34.

［29］杨春华.“无形文化资本”与农村家庭社会地位的获得：基于对农村调查的思考［J］.山东社会科学，2014(08)：87 - 92.

［30］安超，王成龙.经验回溯与文化反思：劳动阶层研究生的群体叙事［J］.中国青年研究，2016(08)：59 - 65.

［31］胡雪龙，康永久.主动在场的本分人：农村学生家庭文化资本的实证研究［J］.全球教育展望，2017(11)：104 - 116.

［32］程猛.“读书的料”及其文化生产［M］.北京：中国社会科学出版社，2018：111 - 149.

［33］许多多.大学如何改变寒门学子命运：家庭贫困、非认知能力和初职收入［J］.社会，2017(04)：90 - 118.

［34］朱焱龙.“资本补给”与“自觉共情”：低阶层子代获得高层次高等教育过程的代际支持［J］.中国青年研究，2018(06)：91 - 98.

［35］王兆鑫.“走出乡土”：农村第一代大学生的自我民族志［J］.北京社会科学，2020(05)：26 - 36.

［36］ Covarrubias R.，Valle I.，Laiduc G. & Azmitia M. “You never become fully independent”：Family roles and independence in first-generation college students［J］. Journal of Adolescent Research，2019(04)：381 - 410.

［37］ Pascarella E.T.，Pierson C.T.，Wolniak G.C. & Terenzini P.T. First-generation college students-Additional evidence on college experience and outcomes［J］. Journal of Higher Education，2004(03)：249 - 284.

作者简介

王兆鑫　　浙江师范大学法政学院讲师，博士，研究方向为教育社会学
赵新生　　北京师范大学教育学部硕士研究生
宋文玉　　北京师范大学教育学部博士研究生

电子邮箱

wangzhaoxin@zjnu.edu.cn

201921010012@mail.bnu.edu.cn

swy01172021@163.com

通信地址

浙江省金华市迎宾大道 688 号浙江师范大学

Chapter 11

后扶贫时代贫困学生扶助路径研究
——基于关系主义视角

潘士美　王　可

摘　要： 全面脱贫之后,我国将进入后扶贫时代,重视社会制度建设的"结构主义"和聚焦能力发展的"个体主义"贫困观的局限性越发凸显。强调复杂互动的关系主义为后扶贫时代分析相对贫困的"个体感知"和"多维建构"提供了新的理论视野。关系主义视角下,贫困的出现是贫困个体在社会结构、文化和心理等诸多复杂情境中的互动关系发展不充分而建构起来的社会现象。当前存在的正义脱节、资源窄化、规则迷失、情感缺位和行为偏差等系列贫困学生扶助困境,需要我们正视传统正义的实践局限,立足多元正义审视贫困;推动多样化教育资源倾斜,跳出筛选信息的狭隘视野;强化贫困生文化适应能力,消除主流群体的各类蔑视;依托社会情感课程和活动,营造综合育人环境;筑牢扶贫社会关系网络,回归学生自主理性规划。

关键词： 后扶贫时代;贫困学生;关系主义;路径研究

　　中华人民共和国成立 70 多年以来,我国扶贫模式从传统的救济式过渡到目前的精准脱贫,教育在其中的支撑作用日益突出,中国的教育扶贫政策设计也经历了从组织建设到能力建设性扶贫政策工具的转变。[1]基于重视脱贫制度和组织建设的结构主义以及聚焦能力建设的个体主义贫困观,我国基本构建了奖、助、勤、贷、减以及社会助学的一体化贫困生资助模式,并且从宏观制度层面给予了贫困地区教育教学较大倾斜,这些措施对于缓解贫困生的经济压力,提升个体学业水平发挥了重要的作用。然而,这两种扶贫理论都存在理论偏狭,它们将贫困简单归结为社会结构性因素和个体能力缺陷或文化基因[2]，忽视了贫困学生在宏观社会情境中与各主体及其微观要素之间的互动关系以及贫困的社会建构过程，故而在实践层面没有将贫困个体的完整主体性发展置于中心位置，过分注重物质扶助而无法满足贫困学生的心理诉求等一系列高质量发展需要，一定程度上影响了扶贫效果。2020年全面建成小康社会之后，我国将进入后扶贫时代，扶贫工作重心逐渐转向解决相对贫困问题，"激发内生动力"和"增强贫困人口自我发展能力"的国务院脱贫攻坚部署[3]和习近平总书记"阻断贫困代际传递"[4]的教育扶贫新要求，也需要进一步回应贫困学生扶助政策在扶贫理论、分配观念、扶助内容和内生动力等方面面临的一系列问题。在这种背景下，贫困学生扶助政策该依据什么理论去做顶层设计？如何规划贫困学生扶助的路径才能既符合我国国情又能满足新时代贫困学生发展新要求？这是摆在我们面前的重要理论和现实难题。

一、如何理解和解决贫困：从结构到关系

不同的贫困理论建立在对社会构成的不同理解基础之上，同时在符合这种理解的正义观视域之下开展扶贫行动，以满足社会伦理要求，即不同的扶贫观有着不同的本体论、认识论、价值观和方法论，这种差异从根本上塑造着教育扶贫政策实践的不同方向（见表1）。

表1　不同理论基础下的扶贫观差异

扶贫观 哲学基础	本体论	认识论	价值观	方法论	代　表　人　物
结构主义贫困观	世界由整体构成	社会决定论	分配正义	整体论：改革社会制度	布迪厄（Pierre Bourdieu）、缪尔达尔（Karl Gunnar Myrdal）等
个体主义贫困观	世界由个体构成	理性行动论	发展正义	还原论：提升个体能力	舒尔茨（Theodore W. Schultz）、森（Amartya Sen）、刘易斯（Oscar Lewis）等

续　表

扶贫观哲学基础	本体论	认识论	价值观	方法论	代　表　人　物
关系主义贫困观	世界由关系构成	复杂系统论	多元正义	互动论：重塑关系网络	多纳蒂(Pierpaolo Donati)、克罗斯利(Nike Crossley)等

1. 重视社会制度的结构主义贫困观

结构主义贫困观的立论基础是社会决定论。社会决定论建立在"世界由整体构成"的本体论之上，认为社会或社会系统依据一定的规律演化，社会结构或制度在社会系统中发挥一定的功能，个体从属和服务于整体，行为很大程度上受到社会结构的限制，贫困的出现是源于社会结构运行的失调以及由此造成的资源分配不均。因此，解决贫困需要遵循"分配正义"，诉诸整体的社会制度改革和资源的再分配，以对贫困群体进行补偿。这种结构主义归根结底是属于功能主义的，如布迪厄(Pierre Bourdieu)强调社会制度尤其是教育制度对于弱势学生阶层流动的影响，旨在诉诸社会制度和教育制度的改革来打破贫困的再生产。缪尔达尔(Karl Gunnar Myrdal)也指出，发展中国家的贫困产生与国家的生产条件、生活水平以及制度、组织和政策存在关联，贫困劳动者的行为应该在社会和制度背景中加以理解。[5]因此，应当通过权力关系、土地关系以及教育体制方面的改革，逐步使收入趋于平等，随着收入水平的提高，贫困者就可以改善他们的营养和教育状况。

在这种结构主义的思维下，我国教育扶贫早期实践主要诉诸相应的组织建设和宏观的教育体制机制改革。如1985年成立了国务院扶贫开发领导小组(1993年更名)，建立了反贫困的组织机构，并颁布了一系列教育体制改革文件，如《中共中央关于教育体制改革的决定》(1985)、《中国教育改革和发展纲要》(1993)、《关于完善农村义务教育管理体制的通知》(2002)、《关于深化农村义务教育经费保障机制改革的通知》(2005)等，在国家层面进行了体制变革，利用建立起来的分级管理教育体制，国家对教育资源进行整体调配和转移支付,重点关注农村义务办学和贫困群体上学问题,逐步改善农村中小学办学条件,并建立起覆盖各学段的贫困家庭学生资助制度。结构主义在宏观教育扶贫环境的改善上发挥着重要作用,然而,仅依靠外部环境和制度支持,并不足以帮助贫困群体完全脱离贫困处境。一方面,这种结构主义扶贫不够精准化,不容易使贫困个体拥有实际获得感;另一方面,这种视角忽略了教育贫困主体的主观能动性,容易造成资源浪费和滋生"等、靠、要"等惰性思想和行为。

2. 聚焦能力发展的个体主义贫困观

个体主义贫困观的立论基础是理性行动论。它建立在"世界由个体构成"的本体论之上,认为个体才是社会世界的唯一实体存在,个体的主观态度和准则决定了人们的行为意向,个体的理性行动是社会世界的积极能动因素。贫困的出现往往是由于个体能力和意志力等发展不充分造成的,进而造成系统性贫困。因此,解决贫困需要遵循"发展正义",保障个体基本发展机会和权利,认为对个体能力进行开发和干预是解决贫困问题的重要手段。如舒尔茨(Theodore W. Schultz)认为,改善穷人福利的关键性生产因素不是空间、能源和耕地,而是提高人口质量,提高知识水平[6]。阿马蒂亚·森(Amartya Sen)的可行能力理论认为,贫困不是单纯由低收入造成的,很大程度上是因为可行能力缺失造成的[7],贫困被视为可行能力的被剥夺。奥斯卡·刘易斯(Oscar Lewis)等认为,穷人会在贫困中形成特定的个体生活方式、行为规范及价值观念,这种贫困文化塑造着贫困学生的基本特点和人格[8],在这种环境中成长的下一代会自然习得这种文化,形成稀缺心态以及获得较低的自控力[9][10],由此会导致短视和过度规避风险等行为决策偏差,进而陷入贫困循环。

在个体主义贫困观下,我国主要将扶贫重点放在提高贫困人口知识、技能水平,增强其素质上,如借助《关于深化教育改革全面推进素质教育的决定》(1999)、《关于深化教育体制机制改革的意见》(2017)和《关于深化教育教学改革全面提高义务教育质量的意见》(2019)等政策,扶贫重点逐渐从制度性建设转换到"质量"内涵性发展上来。还借助单独的行动计划，如"特岗计划"(2006)、师范生免费教育制度(2007)、"国培计划"(2010)以及校长教师交流轮岗制度(2014)等，来提高农村贫困地区的教师学历水平以及教育教学能力，对贫困群体进行"能力"援助；利用农村义务教育学生营养改善计划(2011)积极改善贫困学生的营养资源；依托贫困地区定向招生专项计划(2012)等政策保障贫困地区子女入学机会等。然而，个体主义以发展个体能力为核心目标进行贫困扶助，立足经济视角，更多地将贫困个体视为一种人力资源。一方面，这种扶贫观过度关注个体智力表现，忽略了贫困个体的人际关系和情感发展，容易使学生道德发展受限；另一方面，忽略了贫困个体的文化适应性，没有全面考虑贫困个体完整性发展在价值观等层面的需求。

3. 强调复杂互动的关系主义贫困观

马克思早在《关于费尔巴哈的提纲》中就指出："人的本质不是单个人所固有的抽象物，在其现实性上，它是一切社会关系的总和。"[11]人的全面发展的根本宗旨和任务可"归结为这样一条绝对命令：必须推翻那些使人成为受屈辱、被奴役、被遗弃和被蔑视的东西的一切关系"。[12]中国传统社会也是一个关系社会，梁漱溟提出的"伦理本位"和费孝通提出的"差序格局"是对中国传统关系的核心概括。当今中国人仍然十分重视关系的构造，因此，关系也是把握中国当前社会规律的一条重要学术路径。现代关系主义社会学家如多纳蒂(Pierpaolo Donati)认为，社会应该被理解成关系之间的网或者网络，当干预某种现象时，必须考虑行动涉及的其他相关的主体、周围的客体以及"网络的效应"。[13]这种关系网络由社会结构情境、社会文化情境和社会心理情境组成。社会结构情境可被视为社会经济和政治网络，它的主要功能是为贫困个体提供可用的资源。社会文化情境是由符号或概念组织而成的网络结构，主要提供规范性规则和解释性规则作为贫困个体的行为参照。社会心理情境则是精神结构，它有助于形成长久和稳定的人际关系和情感关系。[14]这三种关系情境不但能独自运作，而且纵横交错、互相重叠地影响行动者的社会行为。但个体作为行动者在这些情境中并不是被动的,他们具有反思性和创造性,可以依靠自己的意志来行事,并通过解释框架、规范的确定和不同的手段来调节和运用这些规则和资源进行社会互动,影响和改变关系情境,完成自身发展,更换社会网络中的位置,从而跳出贫困陷阱。

关系主义贫困观的立论基础是复杂系统论。这种复杂系统论建立在"世界由复杂关系构成"的本体论之上,认为世界是多元复杂的,用还原到个体中去或用整体看待事物的方法不足以把握复杂世界。关系可以作为社会的一种实体而存在,人们在社会情境网络中的复杂互动关系中塑造着自身,也塑造着整个世界。贫困的出现往往是贫困个体在经济、文化等诸多复杂情境中的互动关系发展不充分造成的。因此,解决贫困需要遵循"多元正义",在经济、政治、文化、心理等宏观和微观方面均给予支持,这些支持都需要依靠关系系统来输送、反馈和调节,才能转化为贫困个体发展的有效给养。从这种互动关系出发,可以识别个体互动的机制及其模式,可以根据谁与谁互动、如何开展互动等分析某种结果出现的原因,并预测相关后果,也就能根据这种互动对贫困个体进行精准扶贫和防范性扶贫。关系主义贫困框架超越了个体主义的狭隘视野和结构主义的宏观视角,不是个体主义和整体主义贫困观的简单嵌套,而是将个体放置于与其他行动者同等的互动情境中,利用关系将个体的主动性和创造性充分激发出来的,促进个体全面发展的扶贫观(见图1)。

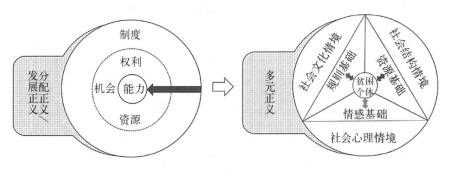

图1　从结构主义和个体主义贫困观逐步深化走向关系主义贫困观

二、后扶贫时代为什么需要关系主义

1. 关系主义为相对贫困的个体感知提供了互动论基础

进入后扶贫时代之后,我国扶贫的中心任务由攻克绝对贫困走向解决相对贫困,党的十九届四中全会明确提出,要"坚决打赢脱贫攻坚战,巩固脱贫攻坚成果,建立解决相对贫困的长效机制"。[15]相对贫困具有个体感知性,贫困个体会基于特定参照群体,通过自我比较、与他人比较,对其获得感、幸福感进行评价,纵向和横向两个维度及其交互作用共同决定了个体的贫困感知结果。[16]这种对比是借助个体与个体之间的网络、资源、信息和交往互动发生的,没有以个体为中心的社会互动网络的参照系,个体也就失去了对比的基础。离开了个体与其社会网络的互动,对自我贫困的感知就不会深刻,因为"那是别人的事情",而非与自己紧密相关。因此,理性地在社会网络中选择参照系进行个体心理比较就成为了缓解相对贫困的关键。关系主义强调行动者之间的关系互动,可以为个体在"圈子"内部理解自己的社会网络相对位置,获得心理预期和进行行为选择提供理论支撑,同时也可以为相对贫困的扶贫干预提供实践路径,如可以辅助干预者选择个体关系中的某条路径生成干预策略进行心理和行为干预。

2. 关系主义为相对贫困的多维建构提供了建构论框架

相对贫困具有多维建构性。相对贫困是一个综合而复杂的社会现象,贫困个体的需求是多样的,既包含温饱的生存需求,也包含教育、医疗等基本生活需求,更包含社会排斥,强调公民权利和政治平等、社会参与等权利需求。[17]这种多维综合特征与关系主义的多维贫困情境具有高度一致性,这种多元的情境给予贫困个体多方资源、规则以及情感支撑,确保贫困个体在这些情境中发展成为完整的人,为贫困学生的高质量发展提供了多重路径。此外,相对贫困具有更复杂的建构性特征,由于地域差异、家庭背景差异、政策等对社会成员接受教育机会的影响,贫困个体在社会资源分配、社会参与、人际交往等方面的劣势不断积累,导致缺乏足够的阶层向上流动的机会和路径,造成贫困的出现和代际间传递,这已经成为相对贫困的重要致贫机制。这种建构性与个体在复杂社会网络中建构自身的行为逻辑具有一致性,关系主义可以为这种多维建构性的分析提供复杂建构论框架。

三、关系主义视域下当前贫困学生扶助的困境审视

1. 正义脱节: 传统正义下扶助路径有限, 无法关照个体的完整发展过程

以分配正义和发展正义为代表的传统正义,直接指向可以分配的教育资源、教育权利和发展机会。重视教育资源、权利和机会的分配是重要的,因为这些是教育的制度前提,保障个体能力发展也是正当的,因为这是个体发展的核心目标。改革开放以来,我国教育扶贫的一系列政策实践在学校硬件配置、师资配置与贫困地区教育经费安排上,都以构建补偿性扶贫政策体系为主,旨在保障适龄青少年儿童获得均等的教育资源、平等的权利和发展机会。但是当个体教育机会和资源的外在社会保障已经逐步完善,个体能力发展能够得到较充分保障的时候,我们要意识到,是否还有其他方面的缺失?很显然,这些资源不应该局限在宏观物质层面,外在的制度保障并不是教育的全部,能力发展也并不是教育内在本质的唯一追求。传统正义观下这些扶助路径凸显出的有限性主要体现在以下几点。第一,在目标层面,过多关注了宏观制度,忽略了微观的课堂、班级和师生交往;过多关注了可以分配的物质等显性资源,忽略了信息等重要的隐性资源;过多关注了上学机会,忽略了学校内部的实际参与机会;过多关注了有利于经济和人力资本提升的智力发展,忽略了学生的社会情感发展。第二,在过程层面,这两种正义观倾向于关注单向分配如物质性

资源等数量型的输送,忽略了贫困个体对这些资源的需要、接受、利用程度,忽略了贫困个体与扶贫环境、各级各类主体之间的互动过程等质量向度。第三,在结果层面,过多关注了贫困学生当下生活和学习困难的问题,较少关注贫困学生的全面发展赋能。总体来看,过多关注"浇水施肥",而较少关注贫困个体自我的"吸收"与完整"生长过程"以及未来发展,是传统正义观下扶助路径的主要缺陷。

2. 资源窄化: 资源内涵和评价口径的窄化,缩小了扶助行动的实施广度

当前,对贫困学生进行扶助,从资源层面看存在资源窄化的问题,主要体现在三个方面,一是资源内涵的单一化,二是评价口径的单一化,三是资源输送主体的单一化。第一,在资源内涵方面,主要将扶助资源聚焦于显性宏观资源,如资金和机会层面,主要是为贫困学生提供"奖、勤、助、贷、减、免、补"等资金扶助以及贫困地区定向招生专项计划来保障贫困地区子女入学机会,但忽视了信息等微观隐性资源。阿比吉特(Abhijit V. Banerjee)等人在《贫穷的本质: 我们为什么摆脱不了贫穷》中指出,"穷人通常缺少信息来源,相信那些错误的事情",[18]尤其在信息社会,个人有限的信息数量和质量在很大程度上影响了其参与社会活动的能力。贫困学生周围的社会环境通常较差,榜样作用较弱,缺少有效信息的指导使得他们往往缺少改变自己命运的参照对象和有效实施策略。第二,在评价口径上,目前对贫困学生(包括义务教育阶段、高中教育阶段以及本科以上阶段)进行扶助评价主要面向四个群体,即建档立卡家庭学生、农村低保贫困户学生、特困人员救助供养的学生以及残疾学生,这些扶助均以收入为主要识别和评价标准,虽然综合考虑住房、教育、健康等情况,但实际操作性不强。第三,在资源输送主体方面,对学生进行扶助已经成为政府的重要责任,但是教师、家长、同伴以及与贫困学生紧密相关的关系网络却责任不明,尚未形成全方位、全途径的社会综合扶助网络。

3. 规则迷失：贫困学生文化适应困难，在主流文化中边缘化

规则是不同个体在社会文化情景下进行有效交流互动的基础。这些规则包括构成性规则和调整性规则。从本质上讲，构成性规则主要是针对某种特定活动的界定，并充当一些诠释性工具，用来理解他者在干什么，调整性规则用来调整行动。[19]第一，贫困学生在构成性规则上往往存在理解偏差，他们从小生长在贫困文化中，往往到大学才开始接触城市文化，这些贫困学生文化资本的先天不足，会暴露其在语言偏好、文化活动、价值观、社会关系等与主流文化不相适应的一面，出现文化适应困难。如贫困者通常比富有者表现出更多的风险规避行为[20]，两者在交往过程中会出现价值判断和选择相互背离的情况，而不满足主流文化要求的判断和选择实际上会被排斥，他们的话语权遭受剥夺。第二，在调整性规则上，高校精准扶贫政策的设计中，受扶助个体灵活选择的机会不多，扶助过程模式化情况较为普遍，实际的参与权被剥夺，这种方式给受扶助个体的母体文化带来深远影响，造成部分受扶助个体经历文化阵痛，产生主流文化与贫困文化的冲突[21]。贫困个体在与不同个体行动者和法人行动者交往的过程中话语权和参与权的缺失，导致贫困学生的适应性障碍，如何减少这种文化冲突以及解决贫困个体在主流文化中的边缘化问题是关系主义视域下必须思考的问题。

4. 情感缺位：过于注重学业能力扶助，忽略了个体的社会情感培育

社会情感能力是个体在复杂情境中需要掌握的与个体适应和社会性发展有关的核心能力。社会情感能力的本质是关系的社会性构建，其中包括学生与自我、与他人和与集体的三方面关系。[22]在自我层面，由于缺乏正确的自我观，贫困学生自认为能力有限，无法改变现实困境，就会缺乏长远的期望，尤其是农村处境不利学生自我管理能力相对较弱，自信心相对不足等问题突出，[23]会直接影响其学业表现，增加问题行为发生概率。在与他人和集体的关系层面，贫困学生容易与周围的同学相处不融

洽,行为上表现出不合群,内心深处有很强的孤独感,在一些同学聚会、购物消费等方面,贫困学生难以找到心理归属感,[24]进而在集体互动中表现出非团结行为,不主动承担集体责任,出现逃避集体活动的行为。当前教育扶贫过于注重"智"的层面,而忽略了"情"的问题,没做到"情智双扶"。教育扶贫政策的焦点往往强调各种"资源"的公平分配,旨在促进起点公平,为个体认知能力发展保驾护航,却忽略了教育贫困主体内部心理发展策略,尤其是社会情感的发展。因此,要扭转当前教育扶贫中存在的过分关注学生学业能力而忽视学生素质发展的"重教学、轻育人"的局面,必须注重贫困学生的社会情感能力发展,只有这样,才能有效满足贫困学生高质量发展要求和全面小康社会的时代发展要求。

5. 行为偏差: 被动环境致使控制感缺失, 削弱了学生的内生发展动力

控制感是人对自己的行为结果满足需要之后获得的一种一致性心理状态,是个体重要的心理资源。贫困个体努力改变环境所体验到的掌控感和胜任感,可以让其更好地应对生活中出现的逆境。但当贫困个体处于被动环境中时,贫困学生往往会持续体验到更多的不可控制感。这种不可控制的情境展现出来的无序性和不确定性会使其感受到焦虑,并驱使个体心理通过其他途径来重建并恢复秩序感,以获得控制补偿,[25]包括退缩、防御性应对、及时行乐与不计未来等消极行为。这种控制感缺失是导致贫困个体内生动力匮乏的重要诱因,对控制感补偿的寻求是个体减轻心理焦虑,以适应社会的应对举措。[26]这也解释了为什么一些贫困学生会出现补助依赖、挥霍补助以及得过且过等情况。这种控制感缺失和补偿心理会造成贫困学生更加不敢冒险,注重眼前利益以及忽略教育的重要价值,进而盘踞在贫困陷阱里不能自拔,导致一系列决策失误和行为偏差。

当前的贫困学生扶助大部分只关注"外在",创设系列制度环境,这种运动式治理缺少精准化,尤其是当个体具备一定的市场理性后,这种扶助

政策更可能导致个体感受到对人生发展控制感的丧失,如部分农村户籍公费师范生出现的"先签约后毁约"行为等。缺乏促进内生动力的环境创设,不足以充分调动学生的控制感,更无法增加他们的自我效能,产生强大的脱贫动力。关系主义为这种复杂的内外交互的环境创设提供了一定的政策空间。

四、关系主义视域下贫困学生扶助的应然出路

将贫困学生扶助放在关系主义视域下进行审视,发现其面临一系列困境,这些困境是我们应对后扶贫时代相对贫困情境的重要把手。在关系主义扶贫的思维下,处理好这些困境局面,将这些重要把手扭转到正确的轨道上来,有助于我们走出结构主义和个体主义的扶贫陷阱,推动后扶贫时代的贫困学生扶助事业。

1. 正义重塑: 正视传统正义的实践局限, 立足多元正义观审视贫困

分配正义和发展正义有其局限性,多元正义是对传统正义观局限性的超越。詹姆斯·G. 弗雷泽(James George Frazer)提出社会—经济再分配、法律或文化承认以及政治代表权的三维公正观。[27]阿克塞尔·霍耐特(Axel Honneth)在此基础上进一步发展了三种承认关系,他强调自信存在于爱和友谊的体验中,需要获得情感支持;自尊存在于权利关系中,需要在认识上得到尊重,自重存在于团结的体验中,需要在社会交往中得以重视。[28]这两种正义观都给了我们启示。以前仅仅注重物质分配的一元正义观已经不适用于新时代高质量教育扶贫阶段。而多元正义观在分配正义的物质倾向和发展正义的能力倾向基础上,转向社会心理方向,有助于教育扶贫政策实践的多维深入推进。关系主义扶贫观从社会结构、社会文化和社会心理三个层面出发,为贫困学生提供资源、规则和情感基

础,这三大基础也需要多元正义观的全面价值支撑。具体而言,在社会结构层面,贫困学生与资源之间的关系需要遵循分配正义的价值尺度,教育资源、机会的分配需要分配正义的观照,保障贫困个体的基本物质需要和发展机会。在社会文化层面,贫困学生在主流文化中遭遇的参与权、话语权剥夺以及其他文化排斥则需要承认正义的关照,保障贫困个体的基本权利,使贫困学生的个体价值得到其他成员同等程度的尊重和重视。在社会心理层面,贫困个体情感关系的调整也需要承认正义来调节,需要爱来调整情感关系,为贫困个体完整性发展提供关怀。这种支撑关系主义的多元正义观,为我们审视相对贫困提供了价值论基础,也为扶贫目标的多维性、过程的丰富性和结果的发展性提供了价值可能。

2. 多方开源: 推动多样化教育资源倾斜,跳出筛选信息的狭隘视野

面对贫困学生扶助资源、评价口径以及资源输送主体的窄化,我们应该首先推动多样化教育资源倾斜,这里的教育资源既包括显性的资金、机会等资源,也包括重要的隐性信息资源。虽然当前获取信息的渠道增多,但是如时间、空间、智识、习惯等因素仍然限制了学生对可获取信息的常规性利用,[29]首先,贫困学生是信息贫乏者,很多信息,如职业生涯教育信息可以帮助贫困学生生成高远的职业期望以及增强他们当下的努力程度。可是当前职业生涯教育的开展仅限于发达城市的优质学校,农村贫困地区对职业生涯信息的了解十分有限,这些信息资源的获得有利于贫困学生弥补家庭资本的不足。其次,评价信息筛选是对贫困学生的精准扶助进行有效识别的前提,信息基础对于评价性判断至关重要。针对评价口径指标单一的问题,应该增强贫困信息筛选的基础面,除了贫困学生的身份特征之外,还要对贫困学生的个人品德、实际消费、生活习惯进行综合准确的调查评估,建立综合评价制度和定期回访监督制度,保障扶助的精准化,真正做到"雪中送炭"而非"锦上添花"。最后,要形成扶贫合

力,集合多方力量,从贫困学生的关系网络入手,建立以贫困学生为中心的同伴、教师、家长、社区和政府的扶助共同体,统筹有助于贫困学生走出贫困心理、贫困处境的多方资源,从这些资源主体出发,有的放矢地对贫困学生进行扶助干预,以提供贫困学生成长所需的多维资源,弥补单一主体输送资源的不足。

3. 文化承认: 强化贫困生文化适应能力,消除主流群体的各类排斥

贫困学生在社会交往中遭遇到的蔑视,会迫使他们认识到自己被拒绝承认,进而造成心理伤害。正如阿克塞尔·霍耐特(Axel Honneth)所言,比起肉体伤害,这些消极的社会经验导致了自我重视的失落,即丧失了将自己作为能力与特性均得到重视的存在而自我敬重的机会。[30]也就是说,贫困学生会在精神痛苦的现实中失去自我,话语权和参与权的缺失会使得主体无法赋予自我能力和个性以社会意义,难以与其他群体建立起价值共同体,进而被排斥在社会权利的占有之外。要解决这种状况,一方面,需要进一步强化贫困学生的社会规则意识,对贫困学生开展规则专训,可借助文化社会学方面的讲座和学生课前小论坛等形式,让学生知晓自我所处的社会情境以及与其他社会情境之间的差异,帮助其掌握必要的社会文化规则和能力,以避免真正进入其他情境时毫无准备的状态,进而导致规则违背和行为逃避。另一方面,需要进一步保障贫困学生在学校情境中的话语权,切实尊重和保护贫困学生的课堂发言权、参与班级管理和学校制度建设的权利,提供更多与班级和学校主流群体之间的融合机会,消除主流文化群体和评价者对贫困学生的蔑视、歧视、霸凌、冷漠以及区别对待,提升他们的自我价值感。同时,要重视扶贫模式的个体化。只有从个体的能力和特性出发而非依据群体特性制定的扶助政策,才能够让个体免于被排斥,如推动"一人一策"等差异化、个性化模式在学校的实施。这种个性化的扶助模式既是精准化的具体体现和落脚点,也是后扶贫时代扶助的有效路径之一。

4. 情感扶持：依托社会情感课程和活动，营造综合扶助育人环境

情感扶持是承认正义的重要理论需求，也是党的十九大提出的"发展素质教育"的实践需求。只有把情感作为个体社会化过程的重要构成部分，才能保障对个体自我发展权利的尊重和个体完整性的承认。长期以来，贫困学生扶助大多单纯依靠物质补助，依靠教学促进智的培养，却轻视了社会情感能力这一育人环节，虽然课程目标中包含了情感目标，但具体落实却不理想，缺少有效抓手。培养贫困学生的社会情感能力，需要以专门的社会情感课程和活动为抓手才能获得实效。在课程层面，需要学校专门为贫困学生开设社会情感课程，帮助贫困学生群体充分理解自我、自我与他人、自我与集体的关系，理解贫困群体与其他群体的社会情感差异，这种在认知层面对自身社会情感处境的知晓，是把学生从无意识引向自我改变行动的第一步。在活动层面，需要学校利用学生自身的关系网络，开设专门的贫困学生社会情感专项活动，借助"合作学习""教学开放日""家长接待日""城乡融合夏令营"等活动改善贫困学生与同辈群体、教师、家长之间的情感关系，促进贫困学生积极认识和改变自我，提升自我管理能力和自信心，理解他人行为，增强贫困学生对共同体的心理归属感。此外，应在扶助的各环节、各阶段、通过各种途径营造相互尊重、理解、支持的人际关系，维护班级、家庭、学校和社区中积极的学习、生活氛围，提高综合育人效果。

5. 主体行动：筑牢扶贫社会关系网络，回归学生自主理性规划

依靠政府的单向治理而忽视贫困学生的内部力量，并不能有效推动贫困地区教育和贫困个体的发展。习近平总书记强调，扶贫先扶志，[31]"志"在教育上便是贫困学生的主体性体现。在关系主义视域下，贫困学生的完整发展是一个遵循内心对话的过程，是个体通过自身的主动性和理解力，在社会关系网络中充分利用被给予的、既有的和创生的资源、规

则和情感,进行主动的个体建构,积极地呈现自我和发展自我的过程。在这种建构过程中对学生进行扶助,必须考虑扶助行动涉及的其他相关的主体、周围的客体尤其是其中的网络效应。

具体而言,在资源、文化和情感网络层面,应该充分考虑关系网络节点,根据扶助学生关系网络的同质性和异质性,将贫困学生做好分类,有效利用群体和个体差异性特征,帮助贫困学生有效利用认知和经济余闲,促进学生长远目标规划。例如,贫困学生个体家庭的能力建设和亲职能力培养是个体内生动力激发的关键节点之一[32],家长是能够帮助其在各种文化情境中获得自我理解和有效心理调节的关键情感他人,家庭的社会资本也能够促进贫困学生现实生活中关系的丰富和发展。发掘和培育这些重点关系网络是把被动性扶贫转变为主体性内生行为的关键。通过这个网络,贫困学生才能更高效地利用外部支持去突破自身,不断增强对环境的控制力以及自我期望、自我效能,理性地进行长远目标规划和付出相应努力,进而实现"寒门出贵子"的目标,改写自身命运。

五、结语

关系主义贫困观偏重贫困主体与周围社会情境之间的动态关系建构,这些关系包括贫困主体与同伴、父母、教师、校长等周围个体营造的情感关系,也包括家庭、学校和社会营造的规则关系以及各级各类行政部门和学校行政单位营造的资源关系。关系主义路径超越了结构主义和个体主义,更加强调微观、宏观因素之间的互动以及贫困主体自身的建构性,从这些关系出发的扶贫路径为后扶贫时代贫困学生扶助提供了新的思路。

但是当前的探讨更多还处于理论层面,如贫困学生个体关系网的具体分析等,需要投入更多的研究工作才能有效推进这一扶助的深入落实。任重而道远,关系主义视域下的贫困学生扶助路径对未来学校扶助工作的开展也提出了更高的要求和挑战。

参考文献

［1］ 薛二勇,周秀平.中国教育脱贫的政策设计与制度创新［J］.教育研究,2017,37（12）：29－37.

［2］ 孟照海.教育扶贫政策的理论依据及实现条件——国际经验与本土思考［J］.教育研究,2016,37（11）：47－53.

［3］ 中共中央国务院关于打赢脱贫攻坚战的决定.［EB/OL］.（2015－11－29）［2020－05－05］.http://www.gov.cn/zhengce/2015-12/07/content_5020963.htm.

［4］ 习近平：扶贫必扶智　阻断贫困代际传递［EB/OL］.（2015－09－10）［2020－05－05］.http://theory.people.com.cn/n/2015/0910/c49157-27565673.html.

［5］ 冈纳·缪尔达尔.亚洲的戏剧：南亚国家贫困问题研究［M］.方福前,译.北京：商务印书馆,2015：223.

［6］ 西奥多·舒尔茨.对人进行投资：人口质量经济学［M］.吴朱华,译.北京：商务印书馆,2017：10.

［7］ 阿马蒂亚·森.以自由看待发展［M］.任赜,于真,译.北京：中国人民大学出版社,2002：62.

［8］ Lewis, Oscar. Five Families：Mexican Case Studies in the Culture of Poverty［M］. New York：Basic Books, 1959：24.

［9］ Shah A. K., Mullainathan S., & Shafir E. Some consequences of having too little. Science［J］. 2012, 33（08）：682－668.

［10］ Bernheim B. D., Ray D., & Yeltekin S. Poverty and self-control. Econometrica ［J］. 2015（83）：1877－1911.

［11］ 马克思,恩格斯.马克思恩格斯全集（第三卷）［M］. 北京：人民出版社,1960：3－6.

［12］ 马克思,恩格斯.马克思恩格斯全集（第一卷）［M］. 北京：人民出版社,1957：9－10.

［13］ 皮耶尔保罗·多纳蒂.关系社会学：社会科学研究的新范式［M］.刘军,朱晓文,译.上海：格致出版社,2018：18.

［14］ Goodwin E. J. Symbols, Positions, Objects：Toward a New Theory of Revolutions and Collective Action［J］. History & Theory, 1996, 35（03）：358.

［15］ 中共中央关于坚持和完善中国特色社会主义制度 推进国家治理体系和治理能力现代化若干重大问题的决定［EB/OL］.（2019－11－05）［2020－08－15］.http://www.gov.cn/zhengce/2019-11/05/content_5449023.htm.

［16］ 韩军辉.探索缓解相对贫困的长效机制［EB/OL］.（2020－07－11）［2020－07－18］.http://ex.cssn.cn/xnc/202007/t20200715_5155567.shtml? COLLCC＝1772022550.html.

［17］ 张琦,杨铭宇,孔梅.2020后相对贫困群体发生机制的探索与思考［J］.新视野,2020（02）：26－32＋73.

［18］ 阿比吉特·班纳吉,埃斯特·迪弗洛.贫穷的本质：我们为什么摆脱不了贫穷［M］.景芳,译.北京：中信出版社,2018：294.

［19］ 耶尔保罗·多纳蒂.关系社会学：社会科学研究的新范式［M］.刘军,朱晓文,译.上海：格致出版社,2018：165.

［20］ Dohmen T., Falk A., Fliessbach K., et al. Relative versus absolute income, joy of winning, and gender：Brain imaging evidence［J］. Journal of Public Economics, 2011, 95（3－

4）：279－285.

[21] 敬再平.文化适应：高校精准扶贫的困惑与消解[J].中华文化论坛,2020(01)：142－146＋159.

[22] 杜媛,毛亚庆.基于关系视角的学生社会情感能力构建及发展研究[J].教育研究,2018,39(08)：43－50.

[23] 胡伶,万恒.农村寄宿制学生社会情感学习能力调查[J].中国教育学刊,2012(09)：87－91.

[24] 龙晓东.贫困大学生心理健康问题成因分析与对策研究[J].高等教育研究,2003(05)：90－93.

[25][32] 郭昫澄,郭永玉.社会情境中的控制感[J].心理科学进展,2012,20(11)：1860－1868.

[26] 傅安国,张再生,郑剑虹,等.脱贫内生动力机制的质性探究[J].心理学报,2020(01)：66－80.

[27] 肖巍.论弗雷泽的三维公正观[J].马克思主义与现实,2011(04)：188－193.

[28] 阿克塞尔·霍耐特.为承认而斗争[M].胡继华,译.上海：上海人民出版社,2005：135.

[29] 于良芝."个人信息世界"——一个信息不平等概念的发现及阐释[J].中国图书馆学报,2013,39(01)：4－12.

[30] 阿克塞尔·霍耐特.为承认而斗争[M].胡继华,译.上海：上海人民出版社,2005：143.

[31] 胡光辉.扶贫先扶志　扶贫必扶智——谈谈如何深入推进脱贫攻坚工作[N].人民日报,2017－01－23(16).

作者简介

潘士美　华东师范大学国家教育宏观政策研究院博士研究生,研究方向：教育政策

王　可　北京师范大学心理学部创新创业教育中心执行主任

电子邮箱

315890735@qq.com

通信地址

上海市华东师范大学中山北路校区 15 宿舍

Chapter 12

教育扶贫视角下中国薄弱学校改进的历史演进与未来展望[*]

陶　媛

摘　要： 教育扶贫是阻断贫困代际传递的治本之策。薄弱学校改进作为提升教育公平和质量的重要手段,具有教育扶贫的功能。中华人民共和国成立以来,受国家发展目标和政策的影响,薄弱学校问题的初现、发展以及加剧,激发了对其改进的需求,薄弱学校改进在探索、持续以及深化的过程中逐步成为教育精准扶贫的重要方式。进入相对贫困阶段,动态调整办学标准,完善学校质量监测机制,构建全社会共同参与的治理格局,是薄弱学校持续改进的必由之路。

关键词： 教育扶贫;薄弱学校;教育改进;历史变迁;未来展望

教育扶贫是实施"精准扶贫"的治本之策,是阻断贫困代际传递的重要途径。不论是"扶教育之贫"抑或是"靠教育扶贫",大力发展"公平而有质量的教育"是解决教育贫困的根本着力点[1]。作为实现教育公平发展和质量提升的重要手段,薄弱学校改进(school turnaround)聚焦表现水平比较低下的学校,力求快速促进这类贫困群体的提升[2]。不同于西方定义中对学生成绩的强调,中国的"薄弱学校"是一个比较宽泛的概念,常因办学条件差、领导班子弱、教师素质低或生源质量差等因素,面临教学质量较低、社会声誉不高、学生不愿入学、家长不信任等问题,亟需依靠外部力量,尤其是来自政府的压力和支持,以摆脱薄弱的局面[3]。1998 年 11

＊ 本文系 2022 年度上海市哲学社会科学规划教育学青年项目"基础教育学校改进的网络化治理研究"(项目编号：B2022004)的阶段性成果。

月,教育部颁布《关于加强大中城市薄弱学校建设,办好义务教育阶段的每一所学校的若干意见》,开启了我国薄弱学校改进的进程。当前,我国脱贫攻坚进入决胜时期,如何实现相对贫困时期薄弱学校的持续改进,成为教育精准扶贫的重要议题。因此,本文在回顾中华人民共和国成立以来经济、政治和教育变迁的基础上,梳理、总结和分析了薄弱学校改进的演进历程、基本特征及未来展望,以期为政策制定者和教育实践者提供参考借鉴,促进教育扶贫新时期薄弱学校改进的可持续发展。

一、中国薄弱学校改进的演进历程

中华人民共和国成立以来,在国家政治、经济和教育等领域的目标和政策的影响下,薄弱学校问题在经历初现、发展以及加剧之后,得到了党和国家的重视,薄弱学校改进经历了探索、持续和深化的过程,逐步成为教育精准扶贫的重要环节。

1. 薄弱学校问题的初现（1949—1965 年）: 教育扩张导致学校质量的低下

中华人民共和国成立至"文化大革命"前,学校数量和规模的迅速扩张伴随着国家低水平的经济发展,导致全国范围内学校质量普遍低下,薄弱学校问题开始在中国显现。

这一阶段主要有两次大规模的教育扩张。第一次教育扩张是 1949 年至 1952 年。中华人民共和国成立之后,党和政府开始恢复饱受战争蹂躏的政治、经济及教育。1951 年政务院发布《关于改革学制的决定》,将 6 年的小学教育缩短为 5 年,以期增加儿童受教育的机会,并将扩张教育作为国家建设和经济发展的手段。由此,中国开始了大规模的学校建设,小学和初中教育得到了迅速发展[4]。第二次教育扩张是 1958 年至 1960 年。1957 年开始反右派斗争,次年又开展了"大跃进"[5],政治和经济领域的激进氛围蔓延,并影响到了教育领域。1958 年,中共中央、国务院发出《关于教育工作的指示》,要求"多快好省地发展教育事业",带来了各级教育尤其是基础教育的快速扩张。通过这两次教育扩张,我国建立起庞大的基础教育体系。1949—1965 年,小学和中学的数量分别从 34.68 万所和 0.4 万所增加到 1 681.9 万所和 18.1 万所,小学和中学的入学人数分别从 2 440 万人和 100 万人增长到 11 620 万人和 930 万人[6]。

然而,由于战争带来的薄弱的经济基础,加上"大跃进"导致的不稳定的社会状态,我国在这一阶段面临着低水平的经济发展甚至短暂的经济衰退[7]。此外,国家财政在这一阶段优先投入重工业和国防领域,而非文化、教育、科学和卫生领域[8]。因此,导致了全国范围内学校质量低下的普遍现象。尽管党和国家在两次教育扩张之后认识到对教育质量的忽视,并试图通过重点学校的建设为国家培养高素质的人才,但以牺牲大部分非重点学校的教育质量为代价,使得大量原本质量已堪忧的非重点学校沦为薄弱学校[9]。

在这一阶段,学校数量而非质量的迅速扩张以及重点学校建设,反映了国家以效率优先,快速实现教育事业发展的政策取向,在国家整体处于贫困的状态时,对解决学校数量的短缺起到了积极的作用,却在客观上导致学校质量整体低下以及大部分非重点学校的薄弱状态。

2. 薄弱学校问题的发展（1966—1976 年）：政治斗争中学校系统的失序

"文化大革命"期间,我国的经济、文化（包括教育）受到重创,薄弱学校问题也在这段时期继续累积。

教育领域首当其冲成为重灾区。从 1966 年开始,随着大中小学关闭,中国的教育系统陷入停滞状态。中小学在 1968 年恢复,大学直到 1970 年才恢复[10]。此后,国家采用平等主义原则领导学校教育,以消灭脑力劳动与体力劳动、工人与农民间、城市与农村之间的差别,主要表现在五个方面。第一,取消学校入学考试。根据学生阶级背景的推荐入学制代替了大学和高中的入学考试,初中教育向所有小学毕业生开放。第二,废止重点学校。重点学校里的优质教师被调离,所享受的优惠政策被撤销,学生一律就近入学。第三,快速增加学校数量,提高全民受教育的机会。为解决师资不足的问题,让初中教师到高中教书,小学教师到初中教书。第四,要求学生把阶级斗争当作最重要的任务,劳动生产其次,文化课排在最末。第五,缩短修业年限。基础教育从 12 年压缩至 9 年,高等教育从 5 年减少至 3 年[11]。

　　这一时期,正规的学校系统在最初的阶段遭到破坏。尽管国家为了给各阶层学生提供平等的教育机会,确保他们能够达成平等的教育成就而重建学校系统并不断进行扩展,但这是以降低教育质量为代价的激进的平等主义的做法。受制于学校数量增加、教师质量下降、修业年限缩短、学校资金减少、生源质量和学习标准降低,国民教育处入全面薄弱之中。

3. 薄弱学校问题的加剧（1977—1984 年）: 重点学校建设之下校际差距的扩大

　　"文化大革命"结束后至 1984 年,为了在国家财力有限的情况下迅速摆脱教育落后的状况,国家集中力量进行大规模的重点学校建设,薄弱学校问题进一步加剧。

　　"文化大革命"结束后,党和国家开始拨乱反正,纠正"文化大革命"对国家政治、经济和文化造成的破坏,国家发展的重心从"以阶级斗争为纲"转移到社会主义现代化建设上来,并确立了改革开放的基本国策[12]。改革开放的总设计师邓小平认为,科学技术是现代化的核心,需要通过教育来实现[13]。"文化大革命"期间遭到破坏的教育制度得以恢复,具体包括:恢复各级教育的入学考试;重建重点学校;调整中等教育结构,同等重视普通中学和职业技术中学;学校教学回归到教授知识和技能;恢复十二年制基础教育和四年制高等教育。在这些重建措施中,重点学校建设被认为是提升教育质量,"多出人才、快出人才"的重要策略。

教育部在 1978 年发布《关于办好一批重点中小学的试行方案的通知》和《关于恢复和办好全国重点高等学校的报告》,决定重建重点大中小学,并在 1980 年《关于分期分批办好重点中学的决定》中再次强调办重点中学。在这些政策中,对办重点学校的要求是:教育部、省、市、县都要举办重点学校和重点班;城乡兼顾,既要在城镇办,又要在农村办;教育、工业、交通等部门都应办好一批重点学校;加强重点学校的师资,邀请外国专家在重点学校开设讲座,倡导大学教师在重点中小学兼职;确保重点学校的生源质量,重点大学优先录取重点中学的毕业生,重点中小学的招生不受就近入学政策的限制[14]。1978 年,教育部指出,重点学校是在财力有限的情况下,"为了国家的整体利益"而尽快提升教育的"一项重要的战略措施",这项措施在五六十年代被证明是有效的。截至 1981 年底,全国共有重点中学 4 016 所,占全部中学的 3.8%,与 60 年代相比增加了约725%;此外,重点学校主要分布在城市,据 1982 年针对 13 个省市重点中学的调查显示,城镇占 98%,农村只占 2%,其中 7 个省市的农村无重点中学[4]。

相较于"文化大革命"时期的平等主义,这一时期再次把效率摆在教育发展的核心位置,提出建设重点学校是在教育资源严重短缺的情况下快速提高国民教育质量,摆脱教育贫困的必然选择。但是,重点学校制度在全国范围内形成了具有高度选择性的学校等级,加深了教育资源分配的不公,从而产生了一大批在教育经费、硬件条件、学校领导、师资力量和生源等方面远远落后的薄弱学校。尽管与五六十年代相比,国家在这一时期关注到了薄弱学校这一弱势群体的存在,但没有专门的政策或措施来提升它们的质量。

4. 薄弱学校改进的探索（1985—2000 年）：政府教育扶贫责任的确立

自 1985 年开始,国家对改进薄弱学校进行了初步的探索。随着教育体制改革的开展,国家因地制宜发展教育,认识到教育扶贫的重要价值,采取了初步的薄弱学校改进措施,并逐步明确了政府在扶持学校弱势群体中的主体责任。

1985年《中共中央关于教育体制改革的决定》的颁布,开启了教育领域的改革。不同于前一阶段"多出人才、快出人才"的目标,这一阶段强调"多出人才、出好人才",以提高国民教育质量,并根据地区经济发展水平,因地制宜提出教育的要求和内容,强调国家要尽力支援经济落后地区的教育发展。然而,面对全国范围内的薄弱学校现象,国家在这一阶段首先关注到了在该问题上比较突出的城市地区。据统计,当时大中城市的薄弱学校比例为10%—30%,有的甚至达到40%[15]。

1986年国家教委发布《关于在普及初中的地方改革初中招生办法的通知》,其中首次出现"薄弱学校"的概念。该文件指出,"加强薄弱初中的建设"是把初中招生办法从选拔性考试改革为就近入学的重要条件。此外,国家认识到重点学校政策的负面影响,在1995年国家教委发出的《关于评估验收1 000所左右示范性普通高级中学的通知》中,"重点高中"更名为"示范性高中",要求示范性高中采取多种形式帮助薄弱高中并取得显著效果。然而在实际操作中,学校过分注重自身规模和硬件建设而非示范责任,国家在次年便叫停了示范性高中评估活动[16]。尽管如此,中央和地方在这一阶段积极采取针对薄弱学校的改进措施。例如,上海市继20世纪80年代改造薄弱学校的基础设施后,于1995年启动了为期三年的"薄弱学校更新工程",软硬件齐抓,改善230所薄弱学校;天津市在1996年将"治理基础薄弱校"列入市政府重要议程,计划在三年内治理243所薄弱学校。1998年,教育部印发了首个专门针对薄弱学校的政策文件《关于加强大中城市薄弱学校建设,办好义务教育阶段每一所学校的若干意见》,强调政府在薄弱学校改进中的主要责任:投入额外经费;谨慎选拔校长,改革学校领导干部制度;招聘优秀教师,激励教师提高教育教学水平;完善就近入学政策,提高生源质量;建立教育教学评估机制,强化对学校的监督和指导;改革办学体制,允许政府以外力量办学;调整学校布局,促进校际合作。

从薄弱学校的概念在国家政策中出现,到针对性改进政策的出台,党和国家开启了加强薄弱学校建设的征程,在效率之外开始重视公平的价值。聚焦大中城市的薄弱学校改进更体现了国家在农村教育普遍贫困现状下的策略性选择。在这一阶段,政府是薄弱学校改进的唯一责任主体;尽管鼓励外部力量举办学校,但也只是为了弥补学校办学资金的短缺,而非为了让外部力量参与到薄弱学校改进中。

5. 薄弱学校改进的持续(2001—2009年):均衡发展框架下的教育扶贫

进入21世纪,国家持续推进薄弱学校的改进。在国家均衡发展框架的指导下,扶持农村学校和城镇薄弱学校成为开展教育扶贫工作的重要途径。

随着改革开放不断向纵深发展,中国的经济蓬勃发展,但也产生了一些问题,如逐渐扩大的贫富差距[17]。在教育领域,教育均衡发展旨在通过扶持农村地区、贫困地区、少数民族地区以及弱势学校群体,缩小城乡、地区和校际教育质量差距,成为和谐社会的必要实现手段和重要组成部分。

2001年国务院颁布《关于基础教育改革与发展的决定》,指出"农村义务教育量大面广、基础薄弱、任务重、难度大",要求"加大对贫困地区和少数民族地区义务教育的扶持力度"。2005年,教育部在《关于进一步推进义务教育均衡发展的若干意见》中强调,提高农村学校和城镇薄弱学校的教育质量对于提升义务教育整体水平具有重要意义,从改善办学条件、倾斜经费投入、加强师资队伍建设、建立质量评估和指导体系等方面进行了部署。2006年修订的《中华人民共和国义务教育法》禁止"将学校分为重点学校和非重点学校",并规定"学校不得分设重点班和非重点班",从法律意义上宣告了重点校制度的废止,为薄弱学校改进扫清了制度性障碍;要求"县级人民政府编制预算……向农村地区学校和薄弱学校倾斜""国务院和县级以上地方人民政府……促进义务教育均衡发展,改善薄弱学校的办学条件",明确了薄弱学校改进在国家教育均衡发展中的重要地位。在教育均衡发展的框架下,地方采取多种措施扶持农村学校和薄弱学校。如上海市在 2002 年实施了"加强初中建设工程",提高占全市初中约 1/3 的农村学校和相对薄弱学校的办学水平,2007 年启动了城区优质学校(或教育中介机构)对郊区和农村薄弱学校的委托管理工作;2004 年山东潍坊推行校长职级制,促进优秀的校长向农村学校和薄弱学校流动。

在这一阶段,公平在国家和教育发展中的指导作用越来越突出。在教育均衡的框架下,薄弱学校改进得到了国家的进一步重视,从大中城市延伸到了农村,成为教育扶贫不可或缺的组成部分和坚强有力的实现方式。

6. 薄弱学校改进的深化（2010—2020 年）：教育综合改革中的精准扶贫

2010 年以来,薄弱学校改进进入了全面深化的阶段。这一阶段,随着深化教育领域综合改革的开展,薄弱学校改进的范围进一步扩大,改进方式不断完善,参与主体逐渐多元,成为教育精准扶贫的关键环节。

2013 年,习近平总书记在湖南考察时提出"精准扶贫"的思想,强调教育扶贫是消除贫困、阻断贫困代际传递的根本策略[18]。至此,教育精准扶贫成为教育综合改革的重要任务,而薄弱学校改进作为教育精准扶贫的重要方式,在这一阶段具有以下特点。

第一,薄弱学校改进深入覆盖到贫困地区。2013 年,教育部、国家发展和改革委员会、财政部联合印发《关于全面改善贫困地区义务教育薄弱学校基本办学条件的意见》,指出中西部贫困地区特别是集中连片特困地区的农村学校仍然是义务教育发展的薄弱环节。该意见下发之后,各省市积极响应。如甘肃省创新实施行政管理、系统管理和第三方监测为一体的"改薄"监管机制;云南省根据各州(市)的财政状况,建立差异化的资金分担比例,解决资金筹措难题。

第二,建立督导评估机制,监测薄弱学校改进进程。2012 年,教育部下发《县域义务教育均衡发展督导评估暂行办法》,将"推进学校标准化建设,制定并有效实施了薄弱学校改造计划,财政性教育经费向薄弱学校倾斜"作为评估县级政府推进义务教育均衡的重要指标。截至 2017 年底,全国共有 2 379 个县实现义务教育基本均衡,占全国总县数的 81%,其中 11 个省(市)整体通过评估认定。2015 年,国务院颁布《全面改善贫困地区义务教育薄弱学校基本办学条件工作专项督导办法》,从进展成效、质量管理、保障体系和公示公开四个方面对地方开展年度评估。数据显示,2018 年底,全国共有 30.96 万所义务教育学校办学条件达到"底线要求",占义务教育学校总数的 99.76%,基本达成全面"改薄"的目标[19]。

第三,倡导多元主体合作,利用学校间协作以及社会力量参与等方式改进薄弱学校。2010 年,《国家中长期教育改革和发展规划(2010—2020 年)》鼓励"行业、企业等社会力量参与公办学校办学……扶持薄弱学校发展"。2015 年教育部印发《关于深入推进教育管办评分离　促进政府职能转变的若干意见》,提出"创新提供公共教育服务的方式",在学校管理、教育质量提升等领域推广政府购买社会服务。2017 年,中共中央办公厅、国务院办公厅印发《关于深化教育体制机制改革的意见》,强调"试行学区化管理,探索集团化办学,采取委托管理、强校带弱校、学校联盟、九年一贯制等灵活的办学形式",促进义务教育均衡优质发展。2010 年以来,薄弱学校委托管理在全国范围内推广,福建、成都、武汉等省市陆续推行。2013 年后,随着地方购买服务体系的完善,浙江、陕西、重庆等地积极购买学位、教育培训等服务。2015 年起,上海、北京等地全面实施集团化、学区化办学,扩大优质教育资源辐射范围。

这一阶段教育的发展在坚持公平的基础上更加重视提高质量。在均衡优质理念的指导下,薄弱学校的改进深入农村贫困地区,更加注重改进的成效,政府之外的社会力量越来越多地参与改进薄弱学校,对教育精准扶贫起到了至关重要的作用。

二、中国薄弱学校改进的基本特征

纵观中华人民共和国成立 70 多年来薄弱学校改进的演进历程，由于深受政治、经济、教育等因素的影响，薄弱学校问题呈现初现、发展、加剧以及薄弱学校改进的探索、持续、深化六个特征鲜明的阶段。回溯薄弱学校产生及改进的历程，从教育扶贫的视角剖析其变迁逻辑，发现中国的薄弱学校改进具有以下特征。

1. 薄弱学校改进的需求源自国家教育脱贫的价值选择

中华人民共和国成立至 20 世纪 80 年代中期是薄弱学校产生的主要时期。这一时期，国家百废待兴，经济发展水平落后，教育资源极度短缺，劳动者素质普遍低下，高素质人才严重匮乏。为了快速改善教育贫困的面貌，为经济发展提供合格的劳动力和高精尖人才，国家在教育发展中采取效率优先的原则，表现为快速扩大教育规模，加强建设重点学校，然而这些举措导致了薄弱学校问题的出现。20 世纪 50 年代对教育数量和规模的过度重视，在国家整体贫困和教育资源短缺的现实背景下，造成了全国教育质量的普遍低下，为薄弱学校的产生埋下了巨大的隐患。"文化大革命"时期采取平等主义的原则，但为消除差别而废除高考制度、缩短中小学学制、降低师资水平、增加学校数量等措施仍包含对效率的追求，靠牺牲性质量换取形式上的教育普及。此外，重点学校建设，尤其是"文革"之后的重点学校建设集中资源优势，为国家培养了各级各类的建设人才，却影响了非重点学校多数普通学生的发展机会，拉大了重点学校与普通学校的差距，加剧了薄弱学校问题。以效率为价值导向的教育发展虽然有利于扩大教育规模，促进教育普及，加快培养人才，摆脱教育贫困落后的局面，但降低了教育质量，拉大了学校间的差距，产生了薄弱学校改进的需求。

2. 薄弱学校改进的重心由"扶教育之贫"逐步转变为"靠教育扶贫"

1985 年进行教育体制改革后,公平对教育发展的意义开始受到重视,薄弱学校改进被提上议事日程,并从城市地区逐步深入农村贫困地区,从扶教育自身贫困的方式转变为扶贫开发的精准手段。20 世纪 80 年代大规模重点学校建设带来的择校问题以及所引发的社会争论,使得国家关注到薄弱学校这一教育贫困群体,出台了专门政策以解决比较突出的大、中城市薄弱学校问题。进入 21 世纪,教育均衡框架的提出体现了公平在教育发展中越发突出的地位,改进农村学校和城镇薄弱学校成为实现教育均衡发展的重要措施。尽管国家提出了"教育扶贫"的概念,但这时薄弱学校改进的落脚点在于通过帮扶学校弱势群体来改善教育自身的薄弱环节,即"扶教育之贫"。2010 年以后,随着教育领域改革的深化,公平而有质量成为新时代国家教育发展的价值取向,与此同时,"精准扶贫"理念提出,教育成为消除贫困的根本手段,这使得教育扶贫在指向教育自身公平和质量的同时肩负起扶贫开发的重要任务,即"靠教育扶贫"。在此背景下,薄弱学校改进深入农村贫困地区的学校,成为实现教育精准扶贫的关键手段。

3. 国家在薄弱学校改进历程中发挥主导作用

回顾薄弱学校产生和改进的历史进程,其受经济、社会、教育等影响而变迁的逻辑清晰可见,其中,国家始终发挥主导作用。无论是薄弱学校问题的出现、发展和加剧,还是薄弱学校改进的探索、持续和深化,都是特定发展时期国家对特定教育发展理念的践行。在薄弱学校改进的各个阶段,均强调政府的首要责任;在中央统一部署下,省级政府统筹规划,区县政府具体实施,同时要求教育、财政、发展改革等部门合力推进。此外,国家的主导作用还体现在基于社会变迁而动态调整改进策略。薄弱学校改进的范围从关注大、中城市,到关注农村学校和城镇薄弱学校,再向农村贫困地区拓展,由浅入深、由易到难,逐步深入扶贫核心环节;薄弱学校改进的方式从仅要求重点学校、示范学校的帮扶,到颁布政策和法律进行专门部署,再到建立薄弱学校改进成效的监督评估机制,改进手段不断完善;薄弱学校改进主体从只强调政府尤其是教育行政部门的责任,逐渐转向通过学校联盟、委托管理等机制发挥同伴学校以及社会力量的作用,改进主体逐步多元化。

三、相对贫困阶段薄弱学校改进的未来展望

在进入相对贫困阶段之后,把握薄弱学校新的历史特征,坚持体制机制创新,建立薄弱学校改进的治理结构,促进薄弱学校改进的可持续发展,是实现和深化教育精准扶贫和教育均衡优质发展的必然选择。

1. 充分认识薄弱学校改进的持续性,动态调整薄弱学校办学条件标准

正如有学者所指出的,中国的薄弱学校是一个相对的概念[3]。尽管县域义务教育基本均衡已经取得显著进展,贫困地区义务教育薄弱学校基本达到了国家的办学底线要求,但是中西部与东部相比,农村与城市相比,在教育发展上相对落后的局面依然存在,由此产生的相对薄弱学校问题也仍旧突出。此外,随着社会经济的发展和人民教育需求的提高,后扶贫时代的薄弱学校与前一阶段相比也会表现出不同的特征。这就表明薄弱学校改进并非一劳永逸,而是一项需要持续推进的任务。为此,需要动态调整薄弱学校办学条件标准,逐步缩小区域、城乡乃至校际办学条件差距。一方面,建立城乡、区域一体化的办学标准体系,从义务教育阶段逐步向学前、高中阶段拓展,统筹考虑、综合规划农村学校和贫困地区学校的发展;另一方面,根据社会经济和教育发展水平,适时修订办学标准体系,逐步提高校际差异要求,在县域义务教育基本均衡的基础上,努力实

现更大范围、更高层次的教育均衡发展。

2. 建立健全薄弱学校教育质量监测机制，激发薄弱学校改进的内生动力

回顾我国薄弱学校改进的历程不难发现,薄弱学校改进尤其是针对农村贫困、特困地区学校的改进重点在于通过外部资源的输入改善办学条件;虽然通过调整学校布局、解决大班额、统筹师资配置等方式能在短时间内缩小薄弱学校与优质学校的一些差距[20],却未激发薄弱学校自身的发展动力,不利于薄弱学校的可持续改进。进入相对贫困阶段,需要在确保薄弱学校办学条件的基础上,将提高教育质量作为改进的核心目标,这也是"发展教育脱贫一批",让贫困地区的孩子接受良好教育的最终落脚点。为此,亟需针对学校质量提升的关键环节(如学校管理、教师培训、课程建设)制定指导性规范,开展教育质量跟踪监测,帮助教育行政部门精准识别薄弱学校及其教育质量问题;建立健全监测结果反馈机制和监测复查长效机制,推动薄弱学校不断反思,改进教育教学过程,将外部压力化为内在动力,形成自主发展的意识和能力,最终能够通过自己的努力改变薄弱的面貌。

3. 坚持政府的主导地位，构建全社会共同参与薄弱学校治理的新格局

长期以来,薄弱学校改进主要依靠国家自上而下的行政推动,政府发挥主导作用。由于拥有政治、财政、立法等其他行为者不完全具备的资源和权力[21],政府能够对薄弱学校改进进行政策设计、实施和评估,从而维护公平、正义等公共价值。相对贫困阶段需要继续坚持政府的主导地位,发挥其"元治理"职能,对薄弱学校改进开展宏观统筹、顶层设计与远景规划,着力解决制约薄弱学校改进的体制机制问题。新形势下,面对更加多样的教育需求和更加复杂的教育生态,亟须多渠道扩大教育供给,在坚持

政府主导的基础上,引入社会多元力量参与治理薄弱学校,为薄弱学校改进提供创新思路和方法。当前,尽管国家积极倡导社会力量参与学校治理,但社会组织的设立受到限制,对于自身参与学校发展的认识不足,参与方式受政策变化的影响较大,导致参与度较低[22]。为此,需要建立健全社会力量参与的法律法规,建立常态化、制度化的社会力量参与机制,完善对社会力量参与的监督,充分发挥社会力量参与治理薄弱学校的能动性,形成政府、学校、社会共同治理薄弱学校的强大合力。

参考文献

[1] 李兴洲.新中国 70 年教育扶贫的实践逻辑嬗变研究[J].教育与经济,2019,35(05):3-7.

[2] Zavadsky H. School Turnarounds: The Essential Role of Districts[M]. Cambridge, Massachusetts: Harvard Education Press, 2012.

[3] Liu P. Transforming Turnaround Schools in China: A Review[J]. School Effectiveness and School Improvement, 2017, 28(01): 74-101.

[4] 袁振国.论中国教育政策的转变:对我国重点中学平等与效益的个案研究[M].广州:广东教育出版社,1999:16-17.

[5] Saich T. Governance and Politics in China[M]. 3rd ed. Hampshire, England: Palgrave Macmillan, 2011:49.

[6] 教育部.中国教育成就:统计资料 1949—1983[G].北京:人民出版社,1984:213-226.

[7] 朱家存.走向均衡:大中城市加强薄弱初中政策研究[D].上海:华东师范大学,2002.

[8] Pan S. University Autonomy, the State, and Social Change in China[M]. Hong Kong: Hong Kong University Press, 2009:38-39.

[9] Hannum E. Political Change and the Urban-Rural Gap in Basic Education in China, 1949-1990[J]. Comparative Education Review, 1999, 43(02):195.

[10] 周全华."文化大革命"中的"教育革命"[D].北京:中共中央党校,1997.

[11] Andreas J. Leveling the Little Pagoda: The Impact of College Examinations, and Their Elimination, on Rural Education in China[J]. Comparative Education Review, 2004, 48(01):1-46.

[12] 中国共产党第十一届中央委员会第三次全体会议公报[EB/OL].http://cpc.people.com.cn/GB/64162/71380/71387/71588/4854598.html.

[13] 邓小平.尊重知识尊重人才[G]//何东昌.中华人民共和国重要教育文献.海口:海南出版社,1998:1573.

[14] 国务院.国务院批准教育部"刘西尧同志在全国教育工作会议上的报告和总结"[G]//何东昌.中华人民共和国重要教育文献.海口:海南出版社,1998:1611-1622.

[15] 熊梅,陈纲.标本兼治 综合治理——关于我国部分大中城市义务教育阶段加强薄弱学校建设情况的调研报告[J].教育研究,1998(04):39-45.

［16］刘世清,苏苗苗,胡美娜.从重点/示范到多样化：普通高中发展的价值转型与政策选择［J］.华东师范大学学报(教育科学版),2013,31(01)：39－43.

［17］Brandt L., & Rawski T.G. China's Great Economic Transformation［G］. London：Cambridge University Press,2008.

［18］姚松,曹远航.70年来中国教育扶贫政策的历史变迁与未来展望——基于历史制度主义的分析视角［J］.教育与经济,2019,35(04)：12－18.

［19］教育部督导局.薄弱学校改造工作目标提前一年基本实现　农村义务教育学校办学条件得到显著改善［EB/OL］.http://www.moe.gov.cn/fbh/live/2019/50340/sfcl/201902/t20190226_371170.html.

［20］张军凤.改革开放以来我国改进薄弱学校的政策回顾和展望［J］.上海教育科研,2020(03)：56－61.

［21］Taylor A. Hollowing Out or Filling In? Taskforces and the Management of Cross-Cutting Issues in British Government［J］. The British Journal of Politics and International Relations,2000,2(01)：46－71.

［22］林靖云,刘亚敏.我国教育治理中的社会参与：困境与出路［J］.现代教育管理,2020(11)：44－50.

作者简介

陶　媛　华东师范大学教育学部高峰博士后研究人员

电子邮箱

taoyuan.cheri@foxmail.com

Part4

教育脱贫攻坚的实践经验

Chapter 13

基础教育扶贫长效机制的国际探索：多维识别、功能帮扶与保障监管*

方　征　费　宁　张雯闻

摘　要： 基础教育扶贫在减轻贫困家庭教育负担,保障贫困儿童基本教育获得,切断贫困代际传递等方面发挥着重要作用。本研究聚焦基础教育扶贫长效机制的国际探索,重点从多维识别、功能帮扶与保障监管角度展开：基础教育扶贫对象的识别从家庭收入指标向家庭受教育程度、学生在校表现等维度扩展；帮扶措施从经济援助的"输血"策略向学生支持系统的"造血"策略和早教干预的"强基"策略拓展；在教育扶贫的政策法律保障的基础上,强化标准化绩效管理和问责机制,同时引入第三方评估机制。

关键词： 基础教育扶贫；多维识别；功能帮扶；保障监管

教育扶贫一直是我国反贫困工作的重要内容之一。基础教育是为受教育者终身发展奠基的基本教育形式,基础教育扶贫在减轻贫困家庭教育负担,保障贫困儿童基本教育获得,切断贫困代际传递等方面发挥着重要作用。在基础教育扶贫长效机制的探索上,不同国家在扶贫对象识别、帮扶、监管等环节上采取了不同的做法。本研究聚焦基础教育扶贫长效机制的国际探索,重点从多维识别、功能帮扶与保障监管角度展开,以期为我国后小康时代基础教育扶贫提供参考和借鉴。

---

* 本文系国家社会科学基金教育学一般课题"新时代教育公平视角下基础教育集团办学质量评估模型与监测研究"(项目编号：BFA210069)的研究成果。

一、教育贫困的多维识别

有效的贫困识别是开展扶贫工作的前提。教育扶贫对象的识别,其标准与贫困对象的识别密切相关。研究表明,越是经济贫困的家庭,其孩子越有可能陷入教育贫困,因为贫困极大地增加了学生长期旷课的可能性。[1]作为识别贫困的重要指标,经济收入也是识别教育扶贫对象的关键指标。

教育扶贫对象的识别,常采用与贫困线挂钩的方式开展。以家庭或个人经济收入为指标设置贫困标准,是很多国际机构和国家的常见做法。2015年,世界银行将国际贫困线标准设置为每人每天生活支出1.9美元,[2]主要用于贫困人口的统计。具体落实到各种扶贫项目或扶贫工程时,往往以贫困线为基础,以家庭为单位,核算家庭成员的人数与家庭收入水平,实现对特定群体的识别。如美国健康与人类服务部(United States Department of Health and Human Services)定期发布"贫困准则",在项目管理中用以判断评估对象是否有资格获得联邦项目的援助。使用贫困准则(或准则的倍数,如准则的125%或185%)以确定教育扶贫资格的计划包括:开端计划(Head Start Program)、补充营养援助计划(Supplemental Nutrition Assistance Program)、国家学校午餐计划(National School Lunch Program)等。[3]

随着部分国家经济状况的改善及实践中各国对贫困现象认识的不断深化,教育扶贫对象的识别指标也从单纯的家庭经济收入向家庭受教育程度、儿童在校状态等多维度扩展。家庭成员受教育时长是国际上识别教育贫困的指标之一。印度判断一个家庭是不是教育贫困,是按照这个家庭有无一个有文化(受过5年及以上教育)的成年人(15岁以上),或者学龄儿童(7—14岁)是否从未入学或中途退学(没有完成一至八年级教育)来定义的[4]。家庭成年人口受教育状况是衡量印度教育发展进步的常用指标,所有家庭成员中如果没有一个人接受过5年及以上的教育,则被视为教育贫困。

除了收入、受教育背景等结果性指标外，学生在校的出勤率、辍学率等受教育过程状态指标也逐渐被纳入分析视野，以更精准地筛查处于经济贫困群体中的教育薄弱特殊群体。一项美国的研究显示，在高度贫困生源的学校中，小学（在学生规模为 50 名及以上的学校中）的长期旷课率很容易达到 15%，中学（在学生规模为 100 名及以上的学校中）的旷课率达到 25%，高中（在学生规模为 250—500 名的学校中）的旷课率达到 40% 或更多。[5]美国约翰斯·霍普金斯大学教育学院提出结合学生长期旷课程度指标作为教育扶贫对象识别的依据。佐治亚州、佛罗里达州、马里兰州和罗得岛州公布了学生的出勤数据，包括长期旷课的学生人数、旷课10% 及以上的学生人数、一学年旷课 5 次或以下的学生人数，以便教育工作者识别需要额外支持的学生，提供相匹配的教育扶贫支持。[6]

二、基础教育扶贫的功能帮扶

教育既是贫困发生的重要识别指标，又是减贫的关键长效工具之一。各国经过多年的实践探索发现，教育的功能帮扶策略设计不仅要体现在经济资助上，更要落实到教育过程本身，通过扶教育之贫做到从根本上减贫。

1. 加强经济援助的"输血"策略

加大对薄弱学校、贫困群体教育经费的投入和支持是各国广泛使用的教育扶贫的直接举措，是最早的教育扶贫思路之一，有助于减轻贫困家庭教育支出负担和提升学生在校率。

为改善低收入薄弱学校，英国、美国长期以来重视对贫困学校的资助。1965 年，为了提高来自低收入群体和其他处境不利家庭的学生的学业成就，美国总统林顿·约翰逊（Lyndon B. Johnson）签署了《初等与中等教育法案》（Elementary and Secondary Education Act，ESEA），第一项目(Title 1)专为低收入薄弱学校提供资助和支持。2015 年美国总统奥巴马签署《每一个学生成功法案》(Every Student Succeeds Act，ESSA)，提出为低收入薄弱学校和处境不利的学生提供资助和支持，确保实现教育投入的逐年持续增长。[7]除了联邦政府的引导和示范外，美国州政府也积极承担促进教育公平的责任。2019 年纽约州教育局向全州 48 个地区颁发了超过 500 万美元的贫困学生和薄弱学校赠款，目标在于确保纽约州的所有学生，不论他们身处何地，都能获得在大学、事业和生活中实现个人成功所需的知识、技能和能力。[8]英国的"国家挑战计划"(National Challenge)同样为薄弱学校提供资助和支持，资金内容包括对地方性的教育领导与管理的支持，对教师、教学、学习的支持，对学校的支持等。[9]

很多发展中国家不断尝试不同的经济支持方案，最具代表性的是对各种有条件的经济援助方案的探索。与直接对学生或家庭进行教育补贴不同，有条件的经济援助方案要求学生满足一定的教育参与条件才能获得经济援助。在巴西，首先用贫困线来筛选有条件现金转移支付等教育扶贫项目的参加者，要求贫困家庭学生达到一定的学校出勤率才能享受政府相应项目的补助。2001 年巴西推出了第一个联邦有条件现金转移支付方案"助学金"(Bolsa Escola)计划，规定月人均收入低于 90 比索(或最低工资的一半)、家中子女的年龄为 6—15 岁的家庭，每月可以获得 15 比索，条件是入学儿童的出勤率保持在 85% 以上。德·简威尔(De Janvr)等人研究发现，该方案将辍学率降低了 9.6 个百分点。[10]另一项研究发现，该项目使入学率提高了约 3 个百分点，辍学率降低了 3 个百分点。[11]哥伦比亚提供了三种有条件的现金援助方案：第一种是每月向学生家庭提供约 15 美元，条件是前一个月学生出勤率达到 80% 以上；第二种是在同样的出勤率条件下，将补助减少到每月 10 美元，将另外 5 美元存入一个为学生下一年上学做准备的银行账户中；第三种仍根据学生出勤表现，提供每月 10 美元的固定补助，并每月投入约 5 美元到一个基金中，如果学生成功进入高等教育并完成注册程序，即可使用该基金，其目的是为高等教育提供入学激励。研究发现，前两种干预措施使学生出勤率提高了约 3%，第三种干预措施使出勤率提高了 5.6%。[12]

2. 构建学生支持系统的"造血"策略

很多国家对于教育的投资不仅体现在经济物质的帮扶上，还致力于为贫困学生提供有效的教育支持。为了增进贫困学生所需的基本知识和技能，政府鼓励学校为贫困学生提供额外的教育支持与服务。

学校是基础教育扶贫的主战场。学校可以建立一个经济有效的贫困学生支持系统来实现教育帮扶，包括针对贫困学生的学习过程监测和非认知能力的帮扶。

一方面，学校可以建立早期预警指标监测，针对性地确定贫困学生的需要并提供干预。摸清本校贫困学生特殊教育需求的范围、规模和强度，这是教育干预的第一步。学校监测贫困学生的出勤、学习成绩或长期缺交主修科目作业等早期预警信息，并开展教师、家长和学生访谈调查。教师根据指标数据密切监测学生的变化，保证在正确的时间对正确的学生进行正确的干预。对学校而言，如果一所初中有 75 名只有六年级阅读水平的学生即将进入初二，那么学校必须专门针对这 75 名学生进行有效的阅读干预；对单个学生而言，如果某学生在期中考试中表现糟糕，学校不能等到学生期末考试不及格才采取行动，应当立即提供强有力的支持，使学生能够在学期内赶上进度并最终通过课程。[5]

另一方面，学校可以介入重点提升贫困学生的非认知技能。研究发现，弱势阶层学生在自我认知和人际交往方面存在更多的劣势与困扰。[13][14][15] 相对于认知技能，非认知技能缺失才是人们失败的根源，比如无法为自己作长远考虑、难以为一件事坚持到底，无法自律自控等。[16] 对于贫困学生来说，教师的帮助更关键，而在他们最无所适从的领域施以援手，则至关重要。可以正式地教授贫困学生所需的人际技能和方法，如开设关于韧性、自控力、学习技能、冲突解决、领导力、社交能力等方面的课程，这些非认知技能课程通常包含学会安静地等待、克制、保持忙碌、合作、整洁守时、彬彬有礼等，能够直接加强贫困学生的个人能动性和自我效能感。[17]

3. 聚焦早教干预的"强基"策略

儿童早期教育始终是教育的一个重要组成部分。研究证实,低收入家庭孩子学习语言和识字的机会较少。不仅如此,这些在识字发展方面落后的儿童进入幼儿园后,在其他领域也表现不佳。从长期来看,早期阅读不足可能给儿童带来灾难性后果,包括学业困难、辍学以及成年后的失败。具体来说,贫困儿童留级、被学校开除或停学、高中辍学的可能性是其他儿童的两倍。[18]诺贝尔经济学奖得主詹姆斯·赫克曼(James Heckman)认为,政府对贫困儿童早期发展的投资会带来非常高的社会回报,并且会极大地促进后期干预效果,没有一种干预能比儿童早期教育的干预带来更高的回报率。[16]

如英国为强化贫困儿童的早期教育作出了相应的支持,英国"2014—2017年儿童贫困战略"(Child Poverty Strategy 2014–2017)确立了儿童早期教育的支持计划,为所有3—4岁儿童免费提供每周15小时的早期教育服务,并额外拨款7.6亿英镑的教育基金支持此项教育服务。[9]美国的"干端计划"为处于关键发展阶段的5岁以下贫困儿童提供早期学习机会,包括免费的早期学习、健康营养和安全、残疾儿童服务等,为处境不利的儿童提供学前教育服务。[19]

三、基础教育扶贫的保障监管

实现教育扶贫的长效机制,不仅要有标准科学的识别机制,切实有效的教育帮扶机制,还需要与之对应的评估和监督机制,以确保相对贫困阶段教育扶贫政策的有效实施。

1. 确立教育扶贫的政策法律保障

很多国家将教育扶贫以政策法规的形式确定下来,为贫困人口子女提供强有力的政策法律保障。早期的教育扶贫政策法规重点集中在实现强制性的资金投入和倾斜上。如早在 1965 年，美国国会就通过了《初等与中等教育法案》，要求根据各学区贫穷儿童的数量分配资金，通过为小学和初中学生提供课本、器具与实物来确保贫困生有足够的学习资料，资金由各州和地方政府调配。[20]美国联邦政府 2009 年出台的《美国复苏与再投资法》(American Recovery and Reinvestment Act)，投资 7 000 多亿美元用以满足贫困学生的需求和弱势儿童的早期教育。[21]2003 年英国发布绿皮书《每个孩子都重要：为了孩子的变化》(Every Child Matters：Change for Children)，关注处境不利的儿童，在社区建立由私立、公立学校以及志愿者团体组成的儿童中心，为处境不利的儿童及母亲提供个性化的帮助。[22]

21 世纪以来，发展中国家越来越意识到教育在减贫中的根本性作用，尝试将教育扶贫纳入国家战略。如非洲加纳共和国政府实施了许多政策和计划来帮助提高教育标准和贫困学生的教育机会，包括《2002—2004 年加纳减贫战略》(Ghana Poverty Reduction Strategy 2002‒2004)、《迎接 21 世纪教育的挑战》(Meeting the Challenges of Education in the 21st Century)、《全民教育》(Education for All)和《2003—2015 年教育战略计划》(Education Strategic Plan 2003‒2015)。政府正在实施的《2010—2020 年加纳教育战略计划》(Ghana Educational Strategic Plan 2010‒2020)涵盖了帮助贫困学生的多项关于入学的教育政策，包括教育人头补助金、免费课本、免费表格和免费凉鞋等。[23]

2. 建立标准化绩效管理和问责机制

与源源不断的资金和政策保障相对应的是政府对低收入学校的学校效能开展标准化评估。2002 年美国颁布的《不让一个孩子掉队法案》(No Child Left Behind Act，NCLB)强调关注贫困地区学生，向大量社会低经济地位的学生提供帮助，并提出对五年内学生成绩未达到"适度年度提升标准"(Adequate Yearly Progress，AYP)的地方教育部门和学校进行重组。[24]为了激励进步，2009 年，美国教育部颁布"学校改进资助计划"，对那些成效显著的学校和州给予"额外津贴奖金"。[25]以美国为代表的这种绩效管理模式在针对弱势群体实施的教育扶贫政策过程中,督促地方教育管理部门和学校重视并提高贫困学生的成绩,缩小了贫困学生的教育成就差距。

与绩效管理相伴的是问责机制。基于标准的问责机制常常作为贫困地区和学校获得美国联邦政府拨款的条件。1988年美国在《霍金斯-斯坦福改进初等和中等学校修正案》(Hawkins-Stafford Elementary and Secondary School Improvement Amendments)中首次提出学校绩效责任制,强调将考试成绩作为问责标准,并设定统一标准,要求在数学和阅读评估中达到"熟练"水平。但这种"一刀切"标准在不同学区、不同社会经济背景的学校使用过程中遇到了很大的障碍,不仅给学生带来了过度考试的负担,而且因为要达到统一的"熟练"水平标准,一些州为了达到目标而不得不降低所谓"熟练"水平的基准。[26]考虑到各地巨大的校际差异,2015年美国颁布了《每一个学生成功法案》,改革教育问责机制,要求地区和学校问责制将公立学校作为对学生成绩负责的主体,探索多元指标问责体系,从强调标准化测试到使用多元化手段评价学生。[27]一项以美国加利福尼亚州的一个高贫困学区桑格(Sanger)学区为例的研究,探索了一个改善学区贫困,提高学区成绩的成功案例。该学区发展了一种基于证据的相互问责的学区文化,从自上而下的授权和服从转变为相互问责,将问责制从满足国家的外部需求转移到满足学区层面对自身工作的期望。相互问责要求学校管理人员和教师分享有关学生表现数据,并对改善结果负责;反过来,地区行政人员和教职员要对教师和学校的持续改进负责,以此明确每个群体在提高当地贫困学生成绩方面所承担的角色,调动内部积极性。[28]

3. 引入第三方评估机制

评估是绩效管理的关键环节。作为一种必要而有效的外部制衡机制[29],第三方评估的引入显著提升了以政府为主导的教育扶贫绩效,提高了评价结果的客观性和公正性。以美国为例，每年都有大量的评估小组、学术委员会和第三方评估机构对教育扶贫政策进行评估与考核。评估秉持"基于证据"的理念，强调基于事实和调查信息的硬数据支持，开展符合逻辑与标准的分析评估。评估内容形式多样，包括地区贫困率、贫困地区学生的学业成绩、贫困学校的基础设施建设、师资管理、贫困学生在校行为表现、身心健康、生活质量等，并以评估报告的形式予以反馈。

以美国有效教育策略资料中心（What Works Clearinghouse，WWC）为例。该投资项目始于 2002 年，直接隶属于美国教育科学研究所（Institute of Education Science，IES）管理。作为美国教育部的教育数据统计、研究和评估机构的一部分，有效教育策略资料中心的主要职责是负责评估教育项目、实践和政策的执行情况，以便为教育工作者提供循证决策的信息依据。有效教育策略资料中心负责美国等级扫盲干预（Leveled Literacy Intervention，LLI）、早期阅读计划（Early Intervention in Reading，EIR）等多项教育扶贫项目的评估，评估过程遵循清晰的抽样标准或数据计算程序，由专业的技术专家提供教育干预报告、实践指导报告、个别研究评估等评估产品。其评估结果是各州和联邦政府对贫困地区教育进行资助、指导和调控的依据，也为各地区学校扶贫项目推进调整指明了方向。[30]

四、国际基础教育扶贫经验对我国的启示

随着 2020 年全面建成小康社会，中华民族千百年来的绝对贫困问题得到了历史性解决。"后小康"时代虽然消除了绝对贫困，但相对贫困问题会长期存在，新时代减贫事业将从解决绝对贫困问题向缓解相对贫困问题转变。探索建立解决相对贫困的长效机制，教育是打破"贫穷陷阱"之匙。

1. 建立包含教育贫困指标的多维度贫困识别系统

学界在研究和实践领域已达成共识：围绕贫穷的很多问题都是相互关联的，需要跨领域的识别和解决方案。缺乏教育或受教育程度低既是致贫的原因，又是贫困可能导致的结果。阿马蒂亚·森（Amartya Sen）认为，贫困的本质是权利的剥夺，权利关系影响的结果是能力的形成，特别是那些影响生存或者服务的能力。"权利剥夺"主要用以分析贫困发生的原因，同时也为贫困识别提供了崭新视角。而缺乏教育、受教育程度低的人被剥夺权利的可能性更高。[31]当下国际上广泛使用的多维贫困测度方法，大多是以阿马蒂亚·森的理论为基础开发构建的。其基本思路是选用健康、教育、生活水平三个维度的综合指标以弥补传统的经济贫困衡量的缺陷，如联合国开发计划署创立的人类发展指数（Human Development Index，HDI）、全球多维贫困指数（Multidimensional Poverty Index，MPI）等。全球多维贫困指数中的教育指标包括两方面：10 岁及以上家庭成员的在校年限都不足 6 年，没有一名八年级以下的学龄儿童在学。[32]

相对贫困时期，我国对教育贫困的识别不能仍停留于单一的视角，而要多维度考虑贫困，即从单纯的收入指标转移到其他重要方面，如家庭受教育程度、适龄儿童入学情况等，多方补充教育相关指标。基础教育贫困的测量，一条思路是使用中国家庭收入调查（Chinese Household Income Project Survey，CHIP）数据，以"两不愁三保障"为中心选取两个教育指标（受教育程度和儿童入学）；另一条思路是重点考察特殊困难群体的多维贫困状况，如儿童群体，具体指标涵盖营养健康、教育成长、环境福利、社会保护等。[33]

2. 加强教育帮扶中对学习成果转化的关注

发达国家和发展中国家实施的教育扶贫政策都在提高贫困学生的入学率上取得了成效，且发达国家现阶段的扶贫更加关注教育过程，更加注重将入学率转化为学习成果（提高学习成绩）。不同国家的教育扶贫研究，体现了不同教育扶贫措施与教育成效之间的关系（见表 1）。[34][35][36]

表 1　不同教育扶贫措施与教育成效的关系

教育成效	教育扶贫措施	具体操作	代表国家
提高入学率（但未提高学习成绩）	教育补贴（有条件的现金转移计划）	为出勤率在 85% 以上的贫困学生的父母提供最长三年的月度现金补助，补助额相当于家庭平均收入的四分之一	墨西哥、巴西
	提供学校膳食	向中低收入家庭的在校学生提供免费或减价营养午餐	美国、加纳
	教育信息干预	让学生了解收入在多大程度上随着学校教育而变化	美国、马达加斯加、多米尼加共和国
	校本健康计划	对贫困儿童，实施驱虫干预和补铁计划	肯尼亚、印度
提高学习成绩（但不一定提高入学率）	教育干预（阅读干预、早期教育干预）	贫困儿童进行阅读技能学习、早期识字学习，培养理解力和算术技能等	美国、英国
	奖励机制	贫困学校的学生成绩与教师工资挂钩，对学生成绩显著提高的薄弱学校和教师，给予"额外津贴奖励"	美国

　　在守住控辍保学红线，实现贫困学生零辍学目标后，将新时期学校教育帮扶的重心从单纯关注入学率转化到同时注重学习成果上，重点关注贫困学生的在校学习状态、心理健康和学业成绩变化。发展中国家普遍热衷的教育扶贫项目，包括直接的教育经费资助、有条件的现金转移政策、增加上学的奖励、学校设施改进等措施，这些项目聚焦学生在学和出勤情况，却没有显著提高学生的学习成就。发达国家更多注重落后学校改进，关注弱势学生额外教育需求，提供具体的支持和服务，致力于解决弱势家庭儿童面临的教育挑战，缩小成就差距，更好地将入学率转化为学习成果。让更多儿童入学的努力必须辅以提高学校质量的改革，额外的帮扶措施只有当解决了具体的未满足的需求时才能发挥作用。[37]其中，注重改善教学法的干预措施（特别是对落后于年级水平能力的儿童的补充

教育)尤其有效,改善学校管理和教师问责制的干预措施也同样有效。[38]

3. 建立持续的政策保障和科学合理的绩效问责

将入学率转化为学习成果,努力缩小成绩最差和成绩最好学生之间的学习成绩差距,离不开有效的教育帮扶政策作为引导和保障。将教育作为消除贫困的优先战略,将教育投资作为国家发展战略的优先事项,获得了越来越多的政策合法性,教育扶贫政策已成为减贫政策的核心之一。[39]我国全面建成小康社会消除绝对贫困后,绝对贫困问题转化为相对贫困问题,并将长期存在。建立持续的教育减贫政策是社会公平的内在诉求,也将是基础教育扶贫长效运行的重要制度保障。

在针对弱势学生的教育帮扶过程中,应当重视教育标准和问责体系的管理方式。应将帮扶视角下沉到具体的学校教育过程中,加强对学校教育扶贫主体和责任的督导。参考美国纽约州教育部建立的衡量学校贫困学生绩效表现的指标体系①,本研究提出了我国基础教育扶贫学校问责指标设计(见表2),创建基础教育扶贫过程性督导问责机制,旨在督促学校重视贫困学生的学习和成长,并对处境不利的学校进行支援改善,促进教育公平。

表2 基于促进教育公平的学校问责指标设计

维　度	具　体　指　标
学生学业成绩	贫困学生在主要科目上的学习成绩
学生成长	对于小学和中学教育,贫困学生学业成绩在所在县(区)的相对位置
学业进步	结合学校中长期目标,衡量贫困学生在语文和数学方面的学业进步
长期旷课	缺勤率10%以上贫困学生的比例
高中阶段教育保有率	初中教育完成后,贫困学生高中阶段教育保有率

---

① 数据来源为美国纽约州教育部官网(2020年9月12日)。http://www.nysed.gov/common/nysed/files/programs/accountability/accountability-fact-sheet-teachers.pdf.

参考文献

［1］ Behrman J. R. et al. Intergenerational Transmission of Poverty and Inequality：Parental Resources and Schooling Attainment and Children's Human Capital in Ethiopia，India，Peru，and Vietnam［J］. Economic development and cultural change，2017，65(04)：657 – 697.

［2］ World Bank. Global Monitoring Report 2014/2015：Ending Poverty and Sharing Prosperity［M］. World Bank，2014：2 – 30.

［3］ The Assistant Secretary for Planning and evolution. What Program Use the Poverty Guidelines［EB/OL］. ［2021 – 01 – 01］.https：//aspe.hhs.gov/frequently-asked-questions-related-poverty-guidelines-and-poverty♯developed.

［4］ Alkire S.，Santos M. E. Acute Multidimensional Poverty：A New Index for Developing Countries［R］. London：United Nations Development Programme Human Development Report Office Background Paper，2010：1 – 11.

［5］ Balfanz R. Overcoming the Poverty Challenge to Enable College and Career Readiness for All［M］. Baltimore：The Johns Hopkins University Press，2012：4 – 25.

［6］ Balfanz R.＆Byrnes V. The Importance of Being in School：A Report on Absenteeism in the Nation's Public Schools［J］. The Education Digest，2012，78(02)：4.

［7］ Burke L. The Every Student Succeeds Act：More programs and federal intervention in pre-K and K – 12 education［J］. Backgrounder，2015(3085)：1 – 5.

［8］ The Elementary and Secondary Education Act of 1965，as amended by the Every Student Succeeds Act［EB/OL］. ［2020 – 09 – 10］. https：//www2.ed.gov/documents/essa-act-of-1965.pdf.

［9］ HM Government. Child Poverty Strategy 2014 – 2017［EB/OL］. ［2019 – 05 – 06］ https：//assets. publishing. service. gov. uk/government/uploads/system/uploads/attachment _ data/file/324103/Child_poverty_strategy.pdf.

［10］ De Janvry A.，Finan F. ＆ Sadoulet E. Local Electoral Incentives and Decentralized Program Performance［J］. Review of Economics and Statistics，2012，94(03)：672 – 685.

［11］ Glewwe P.＆Kassouf，A. L. The Impact of the Bolsa Escola/Familia Conditional Cash Transfer Program on Enrollment，Dropout Rates and Grade Promotion in Brazil［J］. Journal of Development Economics，2012，97(02)：505 – 517.

［12］ Barrera-Osorio F.，Bertrand M.，Linden L. L.＆Perez-Calle F. Improving the Design of Conditional Transfer Programs：Evidence From a Randomized Education Experiment in Colombia［J］. American Economic Journal：Applied Economics，2011，3(02)：167 – 95.

［13］ Evans G. ＆ Mills C. A Latent Class Analysis of the Criterion-Related and Construct Validity of the Goldthorpe Class Schema［J］. European Sociological Review，1998，14(01)：87 – 106.

［14］ Goldthorpe J. H. Class Analysis and the Reorientation of Class Theory：The Case of Persisting Differentials in Educational Attainment［J］. British Journal of Sociology，1996：481 – 505.

［15］ Rutherford G. Doing Right By Teacher Aides，Students with Disabilities，and Relational Social Justice［J］，Harvard Educational Review，2011，81(01)：1 – 14.

［16］Heckman J. et al. The Rate of Return to the Highscope Perry Preschool Program［J］. Journal of Public Economics，2010，94(1－2)：114－128.

［17］Margolis E.（Ed.）. The Hidden Curriculum in Higher Education［M］. New York&London：Routledge，2001.

［18］Loughan A. & Perna R. Neurocognitive Impacts for Children of Poverty and Neglect. American Psychological Association［EB/OL］.［2019－12－11］. https://www.apa.org/pi/families/resources/newsletter/2012/07/neurocognitive-impacts.aspx.

［19］U.S. Department of Health & Human Services-Head Start Programs［EB/OL］.［2019－12－11］. https://www.acf.hhs.gov/ohs/about/head-start.

［20］Perlman C. L.，Redding S. Handbook on Effective Implementation of School Improvement Grants［J］. Academic Development Institute，2011.

［21］Act R. The American Recovery and Reinvestment Act of 2009［J］. Public Law，2009，111(5)：5－30.

［22］Department for Educational and Skills. Every Child Matters：Change for Children ［EB/OL］.［2019－12－11］. https://assets.publishing.service.gov.uk/government/uploads/system/uploads/attachment_data/file/257876/change-for-children.pdf.

［23］Dzidza P. M. et al. Educational Policies on Access and Reduction of Poverty：The Case of Ghana［J］. International Journal on World Peace，2018，35(02)：53－81.

［24］Jorgensen M. A. & Hoffmann J. History of the No Child Left Behind Actof 2001 (NCLB). Assessment Report［R］. Pearson Education：San Antonio，2003：1－9.

［25］U.S. Department of Education. Archived：Overview of the Comprehensive school Reform Program（CSR）［EB/OL］.［2019－12－11］. https://www2.ed.gov/programs/compreform/2pager.html.

［26］McGuinn P. J. No Child Left Behind and the transformation of federal education policy［M］. Lawrence，Kan：University Press of Kansas，2006：1965－2005.

［27］The Education Trust. Detailed Overview of Every Student Succeed Act［EB/OL］.［2019－12－11］. https://edtrust.org/wp-content/uploads/2014/09/Detailed-Overview-of-Every-Student-Succeeds-Act.pdf.

［28］David J. L.，Talbert J. E. Turning Around a High-Poverty School District：Learning From Sanger Unified's Success［J］. SH Cowell Foundation，2012.

［29］徐双敏.政府绩效管理中的"第三方评估"模式及其完善［J］.中国行政管理，2011(01)：28－32.

［30］What Works Clearinghouse. Leveled Literacy Intervention［EB/OL］.［2019－12－12］. https://ies.ed.gov/ncee/wwc/InterventionReport/679.

［31］OECD. Publishing. Growing unequal?：Income distribution and poverty in OECD countries［M］. Organization for Economic Co-operation and Development，2008.

［32］陈宗胜，黄云，周云波.多维贫困理论及测度方法在中国的应用研究与治理实践［J］.国外社会科学，2020(06)：15－34.

［33］杨菊华，刘轶锋，王苏苏.贫困的识别与测量：从单维到多维的变化［J］.扬州大学学报（人文社会科学版），2019，23(05)：32－43.

［34］Kremer M.，Brannen C. & Glennerster R. The Challenge of Education and Learning in The Developing World［J］. Science，2013，340(6130)：297－300.

［35］Baird S., Hicks J. H., Kremer M. & Miguel E. Worms at Work：Long-Run Impacts of a Child Health Investment［J］. The Quarterly Journal of Economics，2016，131（04）：1637－1680.

［36］Glewwe P. & Kassouf A. L. The Impact of the Bolsa Escola/Familia Conditional Cash Transfer Program on Enrollment，Dropout Rates and Grade Promotion in Brazil［J］. Journal of Development Economics，2012，97（02）：505－517.

［37］Banerjee A. V., Cole S., Duflo E., et al. Remedying Education：Evidence from Two Randomized Experiments in India［J］. The Quarterly Journal of Economics，2007，122（03）：1235－1264.

［38］Glewwe P., Muralidharan K. Improving Education Outcomes in Developing Countries：Evidence，Knowledge Gaps，and Policy Implications［M］//Handbook of the Economics of Education. Elsevier，2016，5：653－743.

［39］Tarabini A. Education and poverty in the global development agenda：Emergence，evolution and consolidation［J］. International Journal of Educational Development，2010，30（02）：204－212.

作者简介

方　征　华南师范大学教育科学学院教授，博士生导师，华南师范大学基础教育治理与创新研究中心执行主任

费　宁　山东省日照市五莲县叩官镇人民政府宣传办公室办事员

张雯闻（通讯作者）　华南农业大学公共管理学院副教授

电子邮箱

fzheng@scnu.edu.cn

1215336407@qq.com

zhangww1217@163.com

Chapter 14

阻断贫困：教育扶贫的中国方案与实践经验

李兴洲　侯小雨

摘　要： 教育扶贫是阻断贫困代际传递的根本手段和重要方式。通过对中华人民共和国成立以来教育扶贫历史的梳理可见，中国教育扶贫经历了"救济式扶贫""多维式扶贫""专项式扶贫""精准式扶贫"四个阶段，形成了在价值追求上坚持公平正义，在实践指南上奉行"一个都不能少"，在行动逻辑上秉持精准施策，在实效保障上凝聚多方力量的中国方案，在学龄前教育、义务教育、职业教育、高等教育等方面成绩斐然，为解决相对贫困问题和世界贫困治理贡献了坚持以人民为中心的教育扶贫理念、以制度安排明确教育扶贫重点、"输血式扶贫"与"造血式扶贫"有机结合、构建多元主体参与的教育扶贫机制等实践经验。

关键词： 精准扶贫；教育扶贫；中国方案；实践经验

2020 年 12 月 3 日，习近平总书记在中共中央政治局常务委员会会议上明确指出，我们如期完成了新时代脱贫攻坚目标任务，消除了绝对贫困和区域性整体贫困。在这一过程中，习近平总书记多次强调："治贫先治愚。""把贫困地区孩子培养出来，这才是根本的扶贫之策"，[1]"教育是阻断贫困代际传递的治本之策"。[2]面向 2020 年中国全面建成小康社会后经济社会发展新常态的时代特征，通过回顾教育扶贫的历史，总结教育扶贫的中国方案，梳理教育扶贫的斐然成绩，提炼教育扶贫的实践经验，可为解决相对贫困问题的教育扶贫长效机制的构建提供借鉴，为世界贫困治理作出中国贡献。

一、教育扶贫的历史演进

中华人民共和国成立以来，在党和国家的决策部署和不断推进下，中国开始实施大规模、有计划、有组织的扶贫开发实践，教育扶贫是国家扶贫开发伟大实践的重要组成部分。通过对中华人民共和国成立以来教育扶贫历史的梳理可见，中国教育扶贫经历了"救济式扶贫""多维式扶贫""专项式扶贫""精准式扶贫"四个阶段。

1. 1949—1978 年：以救济式扶贫为主

中华人民共和国成立之时，全国小学入学率不足 20%，初中入学率仅为 6%，全国人口中有 80% 以上是文盲。因此，中华人民共和国初期的教育扶贫与农村扫盲紧密相连，党和国家开展了以扫盲和资助为主要内容的"救济式扶贫"，主要任务是通过为贫困人口提供生存资源，帮助其摆脱长期的"生存型贫困"，从根本上改善农村地区的贫困状况。

1949 年 9 月，《中国人民政治协商会议共同纲领》中明确提出，要"有计划有步骤地实行普及教育"，[3] 广大工农群众是普及教育的实际对象。同年 12 月，第一次全国教育工作会议提出，"教育必须为国家建设服务，学校必须向工农开门"，为中国教育扶贫确立了根本方向，普及工农教育成为当时最重要的教育扶贫方式。1950 年，全国工农教育会议通过了有关工农教育的六项草案，由此，工农教育和扫盲运动在中国轰轰烈烈地展开，开启了通过教育提升农民文化水平，缓解农村贫困的政府行动。同年，周恩来签署《中央人民政府政务院关于救济失业教师与处理学生失学问题的指示》，首次提出通过采取经费补助的方式缓解贫困学生的学费压力，教育资助开始在中国教育扶贫中占有一席之地。1955 年 9 月，教育部、财政部印发《关于中小学杂费开支管理办法的几点意见的通知》，明确规定"为了照顾经济上有困难的烈、军属、国家机关工作人员和城乡工农劳动群众的子女入学，……学校可根据实际情况，酌予减免杂费总数的一部分或全部"，体现了中国这一时期对经济困难学生的帮扶。此外，在这个阶段，中国还高度重视农村教育的发展，在全国农村形成了生产大队办小学、公社办初中、区县办高中的教育格局，创造了"政府补贴＋公社经费分担"的全民办教育模式。[4] 可见，这一时期中国虽没有出台明确意义上的教育扶贫专门文件,但在许多国家政策中已经蕴含了教育扶贫的理念与内涵,并通过一系列的教育行动为农村地区和家庭困难的学生提供了受教育机会,在一定程度上减轻了他们的经济负担,切实有效地提高了中国农村地区人口素质,体现了中国以公平为价值导向,普及教育扶贫的意蕴。

2. 1979—2000 年: 以多维式扶贫为主

1979 年,乘着改革开放的春风,中国进入飞速发展时期,但当时中国人口的平均文盲比重仍有 25%,个别地区甚至高达 50%,尤其在农村地区,教育贫困人口数量巨大。面对这样的现实,这个时期的教育扶贫开始关注贫困地区,以多维式扶贫为主,主要目标是解决贫困人口的"温饱型贫困",改善贫困地区教育落后和人口素质低下的状况。

1984 年,中国第一个反贫困文件《中共中央国务院关于帮助贫困地区尽快改变面貌的通知》中,明确提出了"教育扶贫"概念。至此,教育扶贫在顶层设计中由模糊走向清晰,获得明确的合法性依据和制度空间。随后,一系列教育政策文件都一再强调教育扶贫的重要价值,尤其是 1994 年颁布的《国家八七扶贫攻坚计划》更是明确将"改变教育文化卫生的落后状况"作为攻坚目标之一。1995 年,《中华人民共和国教育法》将"国家扶持边远贫困地区发展教育事业"明确地写进了法律条文,此后相继颁布的《中华人民共和国义务教育法》《中华人民共和国职业教育法》中都有教育扶贫的相关规定。同年,为保证"两基"目标如期实现,"贫困地区义务教育工程"开始实施。此专项计划一期工程实施期间,中央财政投入约 39 亿元,地方财政配套 87 亿元,共计投入 126 亿专项资金,实施范围广布 22 个省中的 852 个贫困县,[5] 极大改善了贫困地区办学条件。1999 年,中共中央、国务院发布《关于深化教育改革,全面推进素质教育的决定》,指出要"全面推进农村教育综合改革",并提出了减免学杂费、教育对口支援等教育扶贫具体实施内容。此外,在这一时期,中国还先后实施了"星火计划""丰收计划""燎原计划"等,大面积推广农业科技知识,提升了贫困人口掌握先进实用技术的能力。

综上，这一时期的教育扶贫在国家的大力支持下逐步走向正规化和合法化，渐渐嵌入国家顶层设计，在扶贫方式和途径方面有了长足发展，但在内容方面仍多聚焦扫盲和对贫困学生的帮扶，所涵盖的领域也局限于义务教育和职业教育，对学前教育、教师教育关注较少。

3. 2001—2012 年：以专项式扶贫为主

进入 21 世纪，除少数特别贫困地区人口外，全国农村人口的温饱问题于 2000 年左右已基本解决，[6] 单纯收入致贫已不再是教育扶贫中的主要问题，东西差距、城乡差距和农村内部分化等差异格局成为 21 世纪教育扶贫推进的主要挑战。这个时期，中国教育扶贫着重聚焦"发展性贫困"，主要以"专项式扶贫"为主，在关注中西部少数民族地区、革命老区、边疆地区等同时，也开始关注贫困地区的贫困家庭、贫困学生。

2001 年，《关于基础教育改革与发展的决定》提出，要通过积极推进九年义务教育和发展高中阶段教育的方式大力扫除青壮年文盲，将中国教育扶贫的定位由"普惠救济"转向"造血开发"。2004 年，《国家西部地区"两基"攻坚计划（2004—2007 年）》《教育部 国家发展改革委 国家民委 财政部 人事部关于大力培养少数民族高层次骨干人才的意见》等相继出台，体现了教育扶贫向西部地区、民族地区的倾斜关照。2006 年，"特岗计划"实施，聚焦缓解农村地区教师紧缺和结构性矛盾，提高了农村教师队伍整体素质。2010 年 5 月，《国家中长期教育改革和发展规划纲要（2010—2020 年）》强调"教育资源向农村地区、边远贫困地区和民族地区倾斜"，保证所有公民依法享有受教育的权利。同年 11 月，国务院印发《关于当前发展学前教育的若干意见》，提出要"支持中西部农村地区、少数民族地区和边疆地区发展学前教育和学前双语教育"，并由此在贫困地区实施了"学前教育三年行动计划"，极大地促进了贫困地区学前教育发展。2011 年，农村义务教育学生营养改善计划实施，为全国 23 个省（区、市）699 个国家试点县（含兵团 19 个团场）的学生提供了营养餐。[7] 此外，这一时期职业教育扶贫以"职业教育帮扶农村劳动力转移""雨露计划"等为代表不断推进,面向成人的职业教育也逐渐被纳入教育扶贫。由此可见,这个阶段教育扶贫的关注范围逐步聚焦西部地区、民族地区和农村贫困地区,从重点扫盲和强调义务教育逐渐转向学前教育、职业教育、高等教育等各个教育阶段和类型,扶贫方式更多样,"造血开发式扶贫"已逐渐成为教育扶贫的主要方向,为中国扶贫事业贡献了力量。

4. 2013—2020 年:以精准式扶贫为主

2013 年,习近平总书记在湖南考察时提出了"精准扶贫"的重要思想,推动中国扶贫工作进入一个新的历史阶段。这一时期,中国教育扶贫工作发力于破解"深度贫困"与"脱贫后返贫"的问题,以"精准式扶贫"为主,战略作用显著提升,为中国打赢脱贫攻坚战,全面建成小康社会作出了突出贡献。

2014 年,《国务院扶贫办关于〈扶贫开发建档立卡工作方案〉的通知》和《关于印发〈建立精准扶贫工作机制实施方案〉的通知》先后发布,对中国这一时期的精准扶贫工作作出了一系列顶层设计和全面部署。2015年,《中共中央国务院关于打赢脱贫攻坚战的决定》从阻断代际贫困的战略高度,提出"让贫困家庭子女都能接受公平有质量的教育"的教育扶贫总任务,成为这一时期教育扶贫工作的纲领性文件。随后,《职业教育东西协作行动计划(2016—2020 年)》《教育脱贫攻坚"十三五"规划》《关于进一步加强控辍保学提高义务教育巩固水平的通知》等文件先后发布,体现了中国多方位打赢教育脱贫攻坚战的决心。2018 年,《深度贫困地区教育脱贫攻坚实施方案(2018—2020 年)》《关于进一步加强财政投入管理深入推进"三区三州"教育脱贫攻坚的指导意见》发布,明确了深度贫困地区和"三区三州"地区的教育扶贫工作任务。同时,《推普脱贫攻坚行动计划(2018—2020 年)》印发,进一步扩展了教育扶贫范畴。2019 年,经国务院同意,教育部等六部门发布《高职扩招专项工作实施方案》,强调对贫困连片地区重点布局,系统开展高职扩招工作。此外,这一时期在全国范围内实施了义务教育"全面改薄"计划、"现代农民培育工程"、"银龄计划"等教育扶贫工程，显著改善了贫困地区教育落后的现实。总之，这一时期中国的教育扶贫更具针对性和精准性，已涵盖所有教育阶段和教育类型，涉及教育权利、教育物质、教育资源和个体能力等多个方面，形成了比较完整的教育扶贫体系。

二、教育扶贫的中国方案

通过梳理中华人民共和国成立以来教育扶贫的演进历史可见，党和政府高度重视教育扶贫事业的发展，在价值追求、实践指南、行动逻辑及实效保障等方面形成了独具特色的中国方案。

1. 公平正义：中国教育扶贫的价值追求

公平正义是现代社会具有重要支撑意义的核心价值观念。教育公平与实现社会公平密切相关，保障所有公民可以公平享有高质量的教育，是实现教育和社会公平正义的前提。从教育扶贫发展历史中我们可以看出，中国教育扶贫的价值取向愈来愈趋向追求公平正义，体现了中国力求缓解乃至消除由教育资源分配不均带来的教育发展不平衡与不充分的问题。自中华人民共和国成立以来，中国通过颁布教育法律和发布一系列教育政策，从国家层面对每一个公民接受教育的权利给予法律保障，在一定程度上保证了教育起点公平。通过制定和实施"贫困地区义务教育工程"、义务教育"全面改薄"计划等教育扶贫方案，在起点公平的基础上使中国贫困人口尽可能享有均等优质的教育资源，实现差异性发展。发展多种教育，则为贫困人口提供了满足其需求且优质的各类教育资源，保障了其可持续发展权利，体现了中国教育扶贫对"权利平等"和"机会均等"的坚持。对公平正义这一核心价值的不懈追求，保证了中国教育扶贫的前进方向，体现了中国共产党和政府以人民为本的重要理念。

2. "一个也不能少"：中国教育扶贫的实践指南

"全面小康路上一个也不能少"是党向全国人民作出的郑重承诺,同时也是中国教育扶贫的具体实践指南,它代表着全国每一个贫困地区、每一类贫困群体、每一个建档立卡的贫困学生在全面小康的路上都能够得到最基本的教育保障和优质的教育资源。从地区层面来看,教育扶贫从最初对贫困地区、西部地区的关照,逐步转向对深度贫困地区、"三区三州"地区以及集中连片特困地区的倾斜,精准聚焦中国教育最贫困的地区。从人员层面来看,教育扶贫面向不同贫困群体,对每一个建档立卡的贫困学生、留守儿童、家庭特困生、农村女童等都给予特殊的政策关注,着力提升每一个贫困人口的自我发展能力。对每一个贫困地区、每一类贫困群体、每一个建档立卡的贫困学生的聚焦,体现了中国教育扶贫的兜底意志。党的十八大之后,中国提出"共享发展"的新理念,而"一个也不能少"是最根本的基础与底线。

3. 精准施策：中国教育扶贫的行动逻辑

精准施策是提高教育扶贫精准度的重要举措,是中国教育扶贫始终秉持的根本行动逻辑。精准施策在中国教育扶贫工作的开展过程中主要表现在两个方面。一方面是因地因人施策,根据不同的致贫原因制定不同的脱贫方案,采取不同的脱贫措施。深度贫困地区和民族地区素有贫困程度深、致贫原因复杂、自我发展能力弱、返贫现象突出等特点,中国教育扶贫利用自身优势,在区域划分、建档立卡的基础上,不搞"一刀切",实现了分类施策和精准治理。另一方面是针对不同教育阶段和教育类型特点制定不同的教育扶贫举措,满足不同的教育需求。在学前教育阶段实行"一村一园"等计划,在义务教育阶段采取控辍保学等措施,在高等教育阶段实施定向帮扶等举措,在职业教育领域推行"东西协作"等方案,在教师教育方面设立"特岗计划"等政策,充分发挥每一种教育脱贫能力,拓宽了教育扶贫通道。在教育扶贫全过程中贯穿精准施策的行动逻辑,使教育资源得以发挥最大功效，助力中国教育脱贫攻坚战圆满收官。

4. 聚力攻坚：中国教育扶贫的实效保障

政府在教育扶贫中的作用是主要的，但绝不是教育扶贫的唯一主体。[8]中国教育扶贫取得举世瞩目的成绩绝非政府一己之力可为，凝聚多方力量参与教育扶贫才是最具实效的根本保障。在政府内部，教育扶贫虽然主要是教育部门的任务，却离不开其他部门的协调参与。中国通过将发展和改革委员会、财政部、公安部、农业农村部等部门纳入教育扶贫工作，建立相应的工作协调机制，有效完善了教育扶贫工程的配套措施，保障教育扶贫工作的有序、有效开展。而在政府外部，通过引入市场和支持社会力量（如中国青少年发展基金会等）参与教育扶贫，凭借其自主性与广泛性，重新组合分配了中国有限的教育资源，实现了资源共享最大化，扩大了贫困群体的收益范围。聚力攻坚充分发挥了不同主体的特长和优势，推动全国范围内形成了多元主体参与的教育扶贫大格局，为中国教育扶贫事业提供了切实保障。

三、教育扶贫的斐然成绩

通过几十年的不懈努力，中国的脱贫攻坚形成良好态势，并取得明显成效：农村贫困人口大规模减少，截至 2020 年 11 月 23 日，全国 832 个贫困县全部脱贫[9]；贫困地区经济社会全面发展，能力显著提升；中国的脱贫攻坚为全球减贫事业作出重大贡献。而教育在其中发挥了阻断贫困代际传递、拔除"穷根"的重要作用，并在学前教育、义务教育、职业教育、高等教育等方面取得了斐然成绩，为中国打赢脱贫攻坚战贡献了"硬核"力量。

1. 学前教育打通教育扶贫"最先一公里"

学前教育是教育公平的起点，是终身教育的奠基阶段。近年来，中国大力实施学前教育行动计划,通过新建、改扩建增加了一大批乡镇公办幼儿园,农村学前教育有了长足发展。"一村一园"项目向中国贫困地区和少数民族地区儿童提供了免费的普惠性学前教育,截至 2018 年,"一村一园"项目已在中国建立了约 2 300 个山村幼儿园,免费为 3—6 岁的农村儿童提供接受学前教育的机会。[10]此计划还获得 2018 年度世界教育创新峰会(World Innovation Summit for Education,WISE)"世界教育创新项目奖",成为该奖项创办以来第一个获奖的中国项目,说明中国学前教育发展在一定程度上获得了国际认可。据《中国教育统计年鉴》显示,2010—2018 年,中国小学新生中接受过学前教育的比例从 91.85% 提升至99.05%,其中乡村小学新生中接受过学前教育的比例从 87.99% 提升至98.07%,这一方面证明乡村学前教育资源的扩大,另一方面证明获得教育机会的公平程度不断提高。同时,2018 年,中国幼儿园镇区和乡村专任教师数量比 2010 年增长了 234.36%,乡镇幼儿园教师数量得到了保障。总体来说,贫困地区学前教育的发展为中国打通了教育扶贫"最先一公里",让贫困儿童享受了免费的早期教育,圆了老百姓"幼有所育"的美好期盼。

2. "义务教育有保障"基本实现

作为"两不愁三保障"的重要内容之一,教育部统筹聚焦控辍保学、资助全覆盖和义务教育均衡发展三大目标,始终把打赢教育脱贫攻坚战,实现义务教育有保障作为重大政治任务。当前,中国义务教育有保障的目标已基本实现。一是通过控辍保学等措施,中国对辍学学生基本实现了应返尽返。截至 2020 年 9 月,集中于深度贫困地区的 20 万建档立卡辍学学生基本都被劝返,同时,义务教育入学问题基本得到解决。[11]二是基本实现了资助全覆盖。通过在贫困地区实行"两免一补""营养改善计划"及提供生活补助等措施,为贫困人口、贫困学生提供了基本生活和学习保障,使其上得起学。截至 2020 年 9 月,全国有 29 个省份 1 762 个县实施了"营养改善计划",覆盖农村义务教育阶段学校 14.57 万所,受益学生达4 060.82 万人。同时,全国有近 2 026 万义务教育阶段家庭经济困难学生享受生活费补助政策,生活补助经费达到 202.84 亿元。三是基本实现了办学条件的"国标"要求。2019 年底,全国 30.9 万所义务教育学校(含教学点)的办学条件达到"20 条底线"要求,数量占义务教育学校总数的 99.8%。56 人以上大班额已降至 3.98%,66 人以上超大班额基本消除。全国 95.3% 的县通过了县域义务教育基本均衡国家督导评估验收。同时,全国中小学(含教学点)联网率达 98.4%,10 个省份已实现中小学互联网全覆盖。可见,贫困地区义务教育的发展极大程度上改善了贫困地区学校的办学条件,使贫困家庭义务教育阶段适龄儿童、少年能够"有学上"且"上好学"。

3. 职业教育服务贫困地区能力增强

职业教育精准扶贫构建了"持续脱贫大通道",可帮助建档立卡贫困人口实现就业脱贫,同时提升贫困地区的职业教育发展水平。一是统筹协调东西协作贫困地区中职招生兜底行动,把高中阶段教育招生增量主要用于发展中等职业教育。据统计,2019 年招收的中职新生中,建档立卡贫困家庭学生比 2018 年增加 7.47 万人,增长 23.7%。二是启动实施了中国特色高水平高职学校和高水平专业建设计划,推动落实好高职扩招百万任务。资料显示,东部地区职业院校招收对口帮扶的西部地区贫困家庭学生累计突破 100 万人,高等职业院校招收建档立卡贫困家庭学生等七类资助对象 234.79 万人。近三年间,850 万贫困家庭的子女通过职业教育实现了家庭第一代大学生梦想,为近年来中国年均减贫 1 000 万人以上作出了重要贡献。三是筹建了国内首个服务滇西的特色应用技术型本科院校——滇西应用技术大学,为特色经济产业提供充足的技能人才,为其他贫困地区职业教育的发展树立了模范与典型。四是通过技能培训助力脱贫能力提高。据不完全统计,截至 2019 年底,全国共有 566 所高校、1 644 所教育培训机构参与,共开展学历继续教育 29 万人次,非学历培训238 万人次,促进农民工提学历、长技能、好就业。此外,"职业教育东西协作行动计划"、招生政策倾斜、推动毕业生就业等政策使职业教育扶贫深度融入乡村发展。近五年来,"职业教育东西协作行动计划"中东部省市资助资金设备额达 12.7 亿元,职业教育服务贫困地区的能力显著增强。

4. 高等教育构建扶贫全链条

自 2012 年以来,教育部组织统筹 75 所部属高校组建了教育、农林、旅游、健康、消费、城乡规划、非遗(文创)、资源环境等 8 个"扶贫联盟",承担 44 个国家级贫困县的定点扶贫任务。截至目前,44 个定点扶贫县已全部实现脱贫摘帽。除教育部组织的定点扶贫任务之外,其他直属高校和数百所省属高校通过项目扶持、资金投入、文化输入等各种形式参与教育扶贫过程,建设各类试验站 300 余个,院士、专家工作站 500 余个,各类农业推广示范基地和特色产业基地近 1 400 个,推动高校科技成果转化,促进贫困地区特色产业发展升级。同时,中国高等教育完善了保障农村、民族和贫困地区学生上重点高校的长效机制。据统计,2012 年以来,面向贫困地区定向招生专项计划累计招生近 60 万人,接受本科及以上高等教育的建档立卡贫困学生共 219.19 万人,各级各类内地民族班招生 62.31 万人,增加了贫困学子接受优质教育的机会。在就业方面,高等教育通过多项专项招聘活动为贫困学生的就业保驾护航。截至 2020 年 5 月,"24365国聘行动"脱贫攻坚专场招聘活动已提供岗位信息 140.7 万个,贫困生助学助业等网上专场招聘活动共提供岗位信息 20.8 万个。此外,各高校聚焦教育扶贫,实施了高等学校乡村振兴科技创新行动计划。依托 39 所高等学校新农村发展研究院,通过"专家大院""科技小院""百名教授兴百村"等方式,将高校创新成果和人才优势转化为推动农业农村发展的产业动能。目前全国科技小院联盟已在全国建立了 127 个科技小院,累计推广应用技术 5.6 亿亩,开展农民培训 1 470 场,受训农民 6.88 万人次,编写农民培训教材 229 套。

四、教育扶贫的实践经验

在党和国家对教育扶贫工作的高度重视下,中国教育扶贫事业取得了斐然成绩,面对 2020 年后相对贫困问题突出的社会现实,需总结和提炼当前教育扶贫工作取得的实践经验,为接下来的贫困治理工作提供借鉴参考。

1. 坚持"以人民为中心"的教育扶贫理念

"以人民为中心"是习近平新时代中国特色社会主义思想的重要理念之一。发展和保障贫困地区贫困人口的受教育权利和受教育水平,提高其自我发展能力,是教育扶贫的要义和精髓,是办好人民满意的教育的生动实践。在以人民为中心的教育扶贫理念指导下,党和国家先后制定并实施了一系列服务于人民教育需求的教育扶贫政策与行动。无论是中华人民共和国成立初期的工农教育和扫盲运动,还是新时期的普及义务教育和教育扶贫工程等,都始终把扶贫工作重点放在改善人民群众物质生活水平、生活质量,提高扶贫对象综合能力、综合素质上,[12] 很大程度上缓解了中国贫困地区贫困人口的贫困现状,着力解决了贫困人口自身发展亟需的现实教育问题,体现了以人民为中心、以人民为本的教育扶贫理念。正是坚持以人民为中心的教育扶贫理念,才使中国教育扶贫真正做到了立足人民、服务人民、依靠人民,实现了教育扶贫更多、更公平地惠及广大贫困群众,努力让每个人都有了出彩的机会。

2. 以制度安排明确教育扶贫重点

不同的历史发展阶段、不同的地区发展水平都对教育扶贫工作有所影响,中国教育扶贫建基于复杂的社会现实,通过构建全面系统的教育扶贫制度体系,明确了教育扶贫的重点任务。从时间线上看,中华人民共和国成立至今,从《中共中央国务院关于帮助贫困地区尽快改变面貌的通知》到《国家西部地区"两基"攻坚计划(2004—2007 年)》,再到《教育脱贫攻坚"十三五"规划》,党和政府通过制定一系列互相衔接的"通知""纲要""计划""工程"等教育扶贫政策,明确了不同历史发展阶段教育扶贫的重点任务,并就相关工作的开展制定了具体的"方案"与"行动"。从地域上看,除了中央政府颁布的一系列教育扶贫文件之外,各地方政府结合当地的实际贫困特点也进行了一系列的创新和探索。多个省份及多个区县都针对本地区的实际发布了具有高度靶向性的教育扶贫文件,对教育扶贫工作涉及的各要素进行了统筹规划,真正做到了"一区一策,一省一策"。中国以明确的制度安排指明了教育扶贫工作重点,通过国家意志集中了有限的教育资源,进而保证了"发展教育脱贫一批"目标的实现。

3. "输血式扶贫"与"造血式扶贫"有机结合

"输血式扶贫"与"造血式扶贫"是两种截然不同的教育扶贫方式,有研究者认为,"造血式扶贫"较"输血式扶贫"而言具有长期性和激励性优势,是更有效的扶贫方式。但通过对中国教育扶贫历史的梳理可见,这两种教育扶贫方式在不同的历史发展时期发挥了不同的重要作用。在中华人民共和国成立初期,中国在长期积贫积弱的情况下,通过拨付经费、提供资助等多种"输血"方式,为贫困地区和贫困人口提供了教育帮扶,补充了贫困地区的教育资源,缓解了贫困人口接受教育的经济压力,提升了中国的综合人口素质。"输血式扶贫"虽然具有短期性特点,但在当时的现实条件下,仍为中国教育扶贫事业作出了不可磨灭的贡献。进入 21 世纪,中国经济社会飞速发展,"造血式扶贫"逐渐取代"输血式扶贫"成为中国教育扶贫的主要方式。通过实施一系列的专项招生计划、教育提升计划等,提升了贫困地区和贫困人口的自我发展能力和可持续发展的内生动力,成为当前打赢脱贫攻坚战的重要保障。将"输血式扶贫"与"造血式扶贫"有机结合,针对不同时期、不同人口特点选择适当的扶贫方式,使中国教育扶贫功能得以长效发挥。

4. 构建多元主体参与的教育扶贫机制

贫困问题是一个复杂的社会问题,具有多维度、多元化和动态化的特点，仅仅依靠政府力量来根除社会贫困问题难以实现。中国通过构建政府、市场、社会等多元主体参与的教育扶贫机制，形成了多方参与、协同推进的大扶贫开发格局，充分发挥了不同主体的特长和优势，提高了教育扶贫工作的针对性和实效性。政府在教育扶贫工作中承担了制定政策、落实举措、投入资金等重要责任。中国通过充分发挥政府的主导作用，有效地整合了全社会的教育资源，提高了教育扶贫凝聚力与创造力，实现了集中一切力量办大事，从关键性问题入手解决制约贫困地区教育发展的瓶颈问题。在政府的大力支持下，东西帮扶、结对帮扶在全国范围内展开，教育扶贫实现跨区域发展。而市场和社会在教育扶贫工作中具有不同于政府强制性的自主性与广泛性，可以通过投入资金、技术、设备等，为教育扶贫提供持续发展的动力源，营造全社会参与支持教育扶贫的氛围，进而有效调动了教育贫困人口自身的反贫困能动性，使中国贫困问题得以按时保质解决。

参考文献

[1] 习近平.做焦裕禄式的县委书记[M].北京：中央文献出版社，2015：24.

[2] 扎实推进教育脱贫着力阻断贫困代际传递[EB/OL].[2020－09－10].http://theory.people.com.cn/n1/2016/0901/c40531-28682134.html.

[3] 瞿葆奎.中国教育改革[M].北京：人民教育出版社，1991：4.

[4] 司树杰，王文静，李兴洲.中国教育扶贫报告（2016）[M].北京：社会科学文献出版社，2016：16-18.

[5] 司树杰.中国教育扶贫报告[M].北京：社会科学文献出版社，2016：22.

[6] 国务院关于印发中国农村扶贫开发纲要（2001-2010年）的通知[EB/OL].[2020－09－11].http://www.gov.cn/gongbao/content/2001/content_60922.htm.

[7] 全国学生营养办关于农村义务教育学生营养改善计划进展情况通报[EB/OL].[2020－10－03].http://old.moe.gov.cn//publicfiles/business/htmlfiles/moe/s6335/201209/142765.html.

[8] 劳凯声.社会转型与教育的重新定位[J].教育研究，2002(02)：3－7＋30.

[9] 全国832个国家级贫困县全部脱贫摘帽[EB/OL].[2020－11－24].http://www.xinhuanet.com/politics/2020-11-23/c_1126776790.html.

[10] 一村一园：山村幼儿园计划[EB/OL].[2020－10－08].http://veec.cdrf.org.cn/xmcg.html.

[11] 我国义务教育有保障目标基本实现[EB/OL].[2020－10－14].http://www.moe.gov.cn/jybxwfb/xwzt/moe357/jyzt2020n/2020zt11/yiwujiaoyu/kongxue/202009/t20200924

490462.html.

　　［12］潘慧,滕明兰,赵嵘.习近平新时代中国特色社会主义精准扶贫思想研究［J］.上海经济研究,2018(04)：5－16.

作者简介

　　李兴洲　北京师范大学教育学部教授,研究方向：职业教育原理与教学实践、教育扶贫理论与实践

　　侯小雨　北京师范大学教育学部博士研究生,研究方向：职业教育原理、教育扶贫政策

电子邮箱

　　xingzhou187@163.com

　　201931010038@mail.bnu.edu.cn

Chapter 15

我国教育扶贫项目"减贫"效果评估方法的理论与应用*

易全勇　侯玉娜

摘　要： 对教育扶贫项目"减贫"效果的精准评估,是提高教育扶贫项目科学性和有效性的关键,关乎我国打好脱贫攻坚战、全面建成小康社会目标的实现。本文以我国教育扶贫项目为例,基于因果推断的基本理论,梳理了双重差分法、倾向得分匹配法、断点回归法及工具变量法等国际主流教育政策评估方法的基本原理及其在我国教育扶贫实践中的应用。基于对国内外教育扶贫评估研究的回顾与梳理,进一步讨论了我国教育扶贫评估实践和研究中存在的问题,并提出了相应的政策建议。

关键词： 教育扶贫项目；"减贫"效果；因果推断方法

2020 年作为教育脱贫的收官之年,也意味着我国全面建成小康社会进入决胜阶段,打好脱贫攻坚战关系到全面建成小康社会目标的实现。从 2015 年《中共中央国务院关于打赢脱贫攻坚战的决定》颁布,到《深度贫困地区教育脱贫攻坚实施方案(2018—2020 年)》《教育部办公厅关于办好深度贫困地区职业教育助力脱贫攻坚的指导意见》等政策的出台,我国脱贫攻坚的决心彰显,而教育扶贫被视为拔掉穷根最直接、最有效、最精准的扶贫方式,肩负着"阻断贫困代际传递"的重要使命[1]。为了有效预

---

* 本文系教育部人文社会科学研究青年基金项目"乡村振兴背景下西南地区农村高中生的教育选择和社会分层研究"(项目编号：19YJC880116)和国家民委民族研究青年项目"教育阻断少数民族家庭贫困代际传递的机制与政策研究"(项目编号：2019GMC044)以及重庆市社会科学规划课题"重庆民族地区教育阻断贫困代际传递的机制与政策研究"(项目编号：2019QNJY45)的阶段性成果。

防及缓解"因教致贫""因教返贫"等问题,我国政府逐年加大对贫困地区扶贫项目的投入力度。党的十八大以来,教育部先后组织实施了20余项涉及学校基础设施改善、学生资助体系建设、教师队伍建设以及民族教育发展等多个领域的教育扶贫项目,全方位覆盖贫困地区的学前教育、义务教育、普通高中、职业教育、高等教育、继续教育各个阶段[2]。然而由于贫困问题本身的复杂性以及现有扶贫工作机制不完善等原因,我国的教育扶贫实践长期存在"重投资建设、轻效果评估"的现象。尽管我国政府进行了大规模投入,有关教育扶贫项目"减贫"效果的评估实践和相关研究却十分薄弱。

我国现阶段的教育扶贫项目评估工作多停留在产出监测或结果验收阶段。这种忽视资源投入成本的评估思路往往导致项目投入粗放漫灌和资源浪费,使得教育扶贫项目的效率大打折扣[3]。另外,目前我国教育扶贫领域的实证研究仍然以项目干预与产出/结果之间的相关关系而非因果关系为依据进行评估。由于教育扶贫项目产出/结果同时受到多种可观测或不可观测、可控或不可控因素的影响,简单的相关关系无法剥离出项目干预对产出/结果的净效应,因而难以判断产出/结果的变化是由项目干预本身带来的还是另有原因,容易导致项目干预措施偏离原来的预期目标与方向。

因此,只有以因果关系推断为依据,准确评估教育扶贫项目的"减贫"效果,才能为我国的扶贫工作提供客观的信息反馈,为教育政策的制定与改进提供可靠的实证依据。本研究旨在通过梳理目前国际上常用的因果推断方法的基本原理及其在我国教育扶贫项目效果评估中的应用,提升我国教育扶贫评估研究的科学性,增强我国教育扶贫政策项目的有效性。

一、教育扶贫项目效果因果推断的基本原理

1. 因果推断的"反事实"问题

因果推断的本质是回答"反事实"问题[4]。为了进一步加以说明,我

们假定二分变量 D_i 为扶贫项目的干预变量。$D_i = 1$ 表示个体 i 参与了扶贫项目，$D_i = 0$ 表示个体 i 未参与扶贫项目。Y_i 为扶贫项目结果变量，包括学生的学业成绩、升学率、身体健康状况等。Y_{1i} 表示个体 i 参与扶贫项目（即 $D_i = 1$）情况下的结果值，Y_{0i} 表示个体 i 未参与扶贫项目（即 $D_i = 0$）情况下的结果值。现在我们要回答的问题是，教育扶贫项目是否对个体 i 产生了预期的干预效果。换句话说，个体 i 结果变量的改变与扶贫项目干预之间是否为因果关系。解决这个问题的理想做法是将个体 i 在参与扶贫项目情况下的结果值 Y_{1i} 和未参与扶贫项目情况下的结果值 Y_{0i} 进行比较，两者的差值 $Y_{1i} - Y_{0i}$ 即为扶贫干预对个体 i 结果变量影响的因果效应。然而在现实中，我们无法同时获得同一个体在这两种不同状态下的结果变量值。例如，对于参与扶贫项目的个体 i 来说，我们只能观察到其结果值 Y_{1i}，此时无法观察到的结果值 Y_{0i} 被称为个体 i 的"反事实"结果。同理，对于未参与扶贫项目的个体 i 来说，Y_{1i} 为其"反事实"结果。

在无法获得个体"反事实"结果的情况下，常见的替代性做法是将未接受扶贫项目干预的对照组的结果均值 $E[Y_i \mid D_i = 0]$ 作为接受项目干预的实验组结果均值 $E[Y_i \mid D_i = 1]$ 的"反事实"。项目干预对结果变量的影响效果表示如下[5]：

$$E[Y_{1i} \mid D_i = 1] - E[Y_{0i} \mid D_i = 0]$$
$$= \underbrace{\{E[Y_{1i} \mid D_i = 1] - E[Y_{0i} \mid D_i = 1]\}}_{\text{实验组的平均处理效应}} + \underbrace{\{E[Y_{0i} \mid D_i = 1] - E[Y_{0i} \mid D_i = 0]\}}_{\text{样本选择性偏差}} \quad (1)$$

等式(1)的左边是我们观察到的实验组结果均值与对照组结果均值的差值。等式右边的 $E[Y_{0i} \mid D_i = 1]$ 表示实验组在假设未接受干预情况下的结果均值，即实验组结果均值的"反事实"。经过人为构造，等式右边第一项 $E[Y_{1i} \mid D_i = 1] - E[Y_{0i} \mid D_i = 1]$ 表示实验组的结果均值与其"反事实"之间的差异 $E[Y_{1i} - Y_{0i} \mid D_i = 1]$。这个差值为实验组的平均处理效应（average treatment effect on the treated，ATT）[5]，即我们期望获

得的教育扶贫项目对结果的因果效应。等式右边第二项 $E[Y_{0i}|D_i = 1] - E[Y_{0i}|D_i = 0]$ 表示实验组的"反事实"结果均值与对照组结果均值之间的差异,即两个样本组在都没有接受项目干预情况下的结果均值的差异。这一差值反映了实验组与对照组的"基线差异"效应,被称为样本选择性偏差(average selection bias)。如果样本组之间的"基线差异"与项目干预分配存在相关性,那么即使不引入任何项目,实验组与对照组的结果均值也将存在差异。在这种情况下,对照组的结果均值并非实验组结果均值的"反事实",直接比较两个样本组的结果均值将引发对项目干预因果效应的估计偏误。而随机分配项目干预和严格控制项目过程的方式可以在一定程度上控制无关干扰因素,减少选择性偏差。在教育扶贫评估中,如何在不同研究情境下寻找或构建合适的"反事实",处理选择性偏差,成为因果关系推断成败的关键。

2. 不同研究情境下的因果推断

人文社会科学研究的因果关系推断是在真实的社会情境中,通过开展"现场实验"进行的[5]。根据项目干预分配是否随机以及项目实施过程中对无关因素的控制程度,我们将教育扶贫项目评估的研究情境分为随机对照实验和准实验两类。

(1)随机对照实验(randomized controlled trail,RCT)/自然实验(natural experiment)

在真实的政策评估领域,随机对照实验被研究者称为因果推断的黄金法则(golden standard)[6]。这是因为在随机对照实验情境中,研究者按照完全随机的原则对项目干预进行分配,实验组与对照组之间的唯一差异在于是否接受了项目干预。因此,随机实验设计消除了样本组之间的"基线差异",即选择性偏差,对照组结果均值成为实验组结果均值的完美"反事实",因而直接比较实验组和对照组的结果均值便可获得项目干预的因果效应。在现实中,并非所有政策项目干预的分配都是人为可控的。当某些"自然事件"或其他"外部因素"(通常是政府的政策改革)造成一部分人受到影响(实验组),而另外一部分人未受影响(对照组)时,便构造了一次自然实验[6]。为了降低因果推断的偏误,随机对照实验和自然实验均强调控制实验过程中无关因素的干扰。

(2)准实验(quasi-experiment)

准实验是一种在不具备完全随机分配项目干预的条件下,试图估计项目因果效应的实证研究方法[6]。在准实验情境中,项目干预的分配是研究者人为进行的,不能保证完全随机地区分实验组和对照组,只能尽力接近随机。实验组与对照组在一定程度上存在着可观察的或不可观察的基线特征差异。在准实验情境下进行教育扶贫项目效果因果推断的关键在于,为实验组建构"反事实"对照组。

二、我国教育扶贫评估中因果推断方法的原理及应用

通过在国内外学术搜索引擎的系统搜寻,我们发现,目前国内外研究者基于因果推断方法评价的我国教育扶贫项目可以分为以下几类:(1)学生营养改善项目;(2)办学条件改善项目,例如教师培训项目、计算机辅助教学;(3)学生资助项目,涵盖普通教育(义务教育、高中教育和高等教育)以及职业技术教育。通过对这些研究进行全面回顾,我们将系统梳理在随机实验和准实验情境下如何正确选择和使用因果推断方法,实现对教育扶贫项目"减贫"因果效应的准确估计。

1. 随机实验方法及其应用

(1)模型基本原理

双重差分模型(difference-in-difference,下文简称 DID)最早是由阿申费尔特(Ashenfelter)等人于 1978 年提出,用以评价培训对工资收入的影响[7]。假定 $D_i = 1$ 表示参与项目,即实验组;$D_i = 0$ 表示未参与项目,即对照组。t 为时间变量,$t = 0$ 表示项目实施前,$t = 1$ 表示项目实施后;Y_0 和 Y_1 分别为实验组和对照组学生结果变量的基线值。

　　如图 1 所示，项目从 $t=0$ 持续到 $t=1$，实验组学生的结果变量值从 Y_0 提高到 Y_4，而对照组学生的结果变量值从 Y_1 提高到 Y_3。政策项目评估中存在两种错误思路。第一，将同一个实验组在项目实施前和实施后结果值的变化（Y_4-Y_0）等同于项目的因果效应。这实际上把项目实施期间可能存在的其他因素所导致的结果变化也误认为项目效果。第二，将项目实施后实验组和对照组的结果差值（Y_4-Y_3）等同于项目的因果效应[4]。这又会把不同群体在项目实施前可能存在的不可观察特征的系统性影响误认为是项目效果。

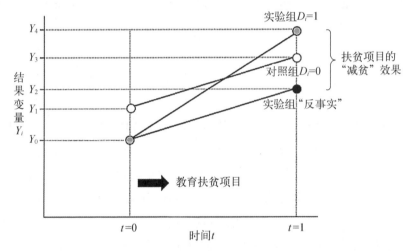

图 1　DID 模型评估教育扶贫项目效果的原理示意图

　　根据前文理论探讨，为了对项目效果进行因果推断，我们需要寻找到实验组结果变量的"反事实"。图中的虚线 Y_0 和 Y_2 显示，假如实验组未参与项目，他们的结果变量值将从 Y_0 提升到 Y_2，这种提升类似一种自然增长。因此，教育扶贫项目的"减贫"效果可以表达为实验组结果的真实变化趋势与"反事实"变化趋势之间的差值，如公式（2）：

$$Program\ Effect = (Y_4-Y_0)-(Y_2-Y_0) \tag{2}$$

　　然而在现实中，我们无法观察到实验组的"反事实"结果值 Y_2，也不

存在图中的虚线 Y_0 和 Y_2。为了解决这个问题,DID 方法将对照组在项目实施期间结果变量值的自然增长($Y_3 - Y_1$)视为实验组结果变量的"反事实"变化趋势。需要指出的是,这一"反事实"关系成立的前提是实验组与对照组的结果变量随时间变化的自然趋势必须完全相同[8]。图中的实线 Y_1、Y_3 和虚线 Y_0、Y_2 应为平行关系,即存在如下关系:

$$(Y_2 - Y_0) = (Y_3 - Y_1) \tag{3}$$

我们将公式(3)带入项目效果公式(2)便可得到 DID 模型下教育扶贫项目的平均处理效应,如公式(4):

$$
\begin{aligned}
Program\ Effect_{DID} &= (Y_4 - Y_0) + (Y_2 - Y_0) \\
&= (Y_4 - Y_0) + (Y_3 - Y_1) \\
&= E(Y_i^{t=1} - Y_i^{t=0} \mid D_i = 1) - E(Y_i^{t=1} - Y_i^{t=0} \mid D_i = 0)
\end{aligned}
\tag{4}
$$

公式(4)中的 $E(Y_i^{t=1} - Y_i^{t=0} \mid D_i = 1)$ 为实验组在项目实施前后结果变量的变化,而 $E(Y_i^{t=1} - Y_i^{t=0} \mid D_i = 0)$ 表示对照组在相同时间范围内结果变量的变化。通过对实验组和对照组在项目实施前后的变化进行二次做差,既能控制实验组和对照组之间不可观测特征的差异,又能控制随时间变化的不可观测因素的影响,得到对项目因果效应的无偏估计[8]。

(2)实证研究回顾

目前对我国教育扶贫项目效果进行因果推断的实证文献,大部分是研究者及其团队在贫困地区通过随机抽样和随机分配项目干预的方式,设计随机对照实验进行的。

① 学生营养改善计划

我国政府历来重视青少年的健康成长,将贫困地区学生的营养与健康视为影响教育发展及公平的重要主题。为了切实提高贫困地区学生的健康水平,从 2011 年秋季学期起,国务院启动实施农村义务教育学生营养改善计划,各个地区也因地制宜地制定了符合当地情况的针对性计划[9]。

齐良书和赵俊超[10]使用 DID 模型对比了在广西和河北地区是否参与学校营养补助餐实验的寄宿制小学生样本,研究发现营养补贴对青少年的智力和体力存在积极作用。国外研究者借助 DID 模型,通过设计两个实验组和一个对照组,比较不同营养干预的相对效果[11][12][13]。马克斯·克莱曼·韦纳(Max Kleiman Weiner)等比较了甘肃天水贫困地区为学生提供含有铁元素的维生素咀嚼片和提供煮熟的鸡蛋对于改善学生缺铁性贫血和促进学业成绩的作用。研究发现,维生素咀嚼片显著提高了学生的血红蛋白指标和数学成绩,而提供煮熟的鸡蛋则没有明显效果。罗仁福等比较了为陕西省贫困县学生提供维生素补充剂和为家长提供学生贫血现状及改善方法相关信息两种不同干预的相对作用。结果显示,提供维生素补充剂对于改善学生健康和学业作用显著,而为家长提供信息的效果并不明显。肖恩·西尔维娅等为青海和宁夏贫困县设计的随机对照实验比较特殊,他们考察了现金资助及奖励措施而非具体的营养补充实物对贫困地区学生健康及学业成绩的影响。研究发现,无论是提供 1.5 元/生/天的资助还是与学校签订 150 元/生的健康激励协议,学生成绩均无显著提高。

② 计算机辅助学习项目(Computer Assisted Learning,CAL)

西方国家的实证研究证明,以单纯提高教育资源投入水平为导向的教育扶贫项目收效甚微。[14]近年来,在吸取西方国家教育扶贫经验的基础上,我国政府将计算机辅助学习这种补充教学形式作为提高贫困地区人口教育水平的新型战略。

发表于国外期刊上的三篇相关研究分别在北京郊区流动人口聚居区、陕西安康农村地区以及青海少数民族聚居区针对弱势群体设计随机对照实验,并使用 DID 模型对课堂教学外的补救性质的计算机辅助学习项目效果进行了因果评价。[15][16][17]三项研究的设计思路、项目干预及实施过程十分相似。结果显示,在正常的数学/语文课堂教学外(午休或放学后),为学生提供每周两次,每次 40 分钟的计算机辅助学习,显著提高了学生的标准化数学或语文测验成绩。

③ 学生资助项目

我国历来高度重视家庭经济困难学生的就学问题。近年来,政府采取了一系列政策措施,逐步建立了包括学前教育、普通高中、中等职业学校、高等职业学校和普通本科高校在内的家庭经济困难学生资助政策体系。[18]目前,国内研究大多针对我国的资助政策以及资助体系的完善及改进进行探讨,对于资助项目对学生发展(如学业成绩、辍学、毕业、升学等)影响的实证研究并不多,探讨资助政策因果效应的实证研究更少。仅有几篇我国高校或科研机构与国外科研单位合作进行研究的文献,采用随机实验的方法研究了资助方式变化对我国贫困地区学生入学机会的影响。

刘承芳等[19]的研究针对陕西省8个贫困县的高三年级学生进行实验,将学生随机分为4个实验组和1个对照组。在高三毕业前的不同时间对4个实验组学生提供资助承诺:对考入一本或二本院校的学生提供金额不等的奖助学金。研究发现,为高三学生提前承诺大学资助并没有提高他们的高考成绩或大学入学率,但是显著影响了他们是否报考师范院校的志愿选择。罗朴尚等[20]对陕西省贫困县高三学生设计随机对照实验,研究了提供大学学费及资助信息对于学生如何选择大学、是否上大学以及是否在大学获得资助的影响。研究发现,为贫困高中生提供大学相关信息提高了高中生入读大学及获得资助的比例。易红梅等[21]对陕西省和河北省15个国家贫困县的初一和初三年级学生分别进行了两项随机实验。研究者与初中学生签订资助协议:对考上职业高中或普通高中的学生,在高中期间提供1 500元/人/年的资助。研究发现,提前提供资助承诺/协议对于初中学生的学业成绩、升学率和辍学率均没有显著影响。作者认为,资助承诺没有取得显著效应是因为实验干预设计本身存在问题,如干预时间太晚、额度不足等。

④ 其他办学条件改善项目

除了以上项目,国内外研究者还使用DID模型评估了在我国贫困地区进行的其他教育扶贫项目。[22][23][24]张林秀等(Zhang et al., 2013)研究了针对北京流动人口子女学校的英语教师进行学科知识和教学技能暑期培训项目的效果。研究发现,短期密集培训对教师和学生均没有显著影响。李桃等(Li et al., 2010)比较了对北京流动人口子女提供经济激励、同伴辅导及家长参与三种不同干预对学生学业成绩的影响。研究发现,同伴辅导和家长参与这两种干预均显著提升了流动人口子女的学业成绩,而单纯的经济激励没有显著效果,但综合三种措施效果更佳。罗朴尚等(Loyalka et al., 2013)研究了河北及陕西 15 个国家贫困县为初中生提供教育收益率信息和职业生涯发展规划对于学业成绩、辍学率以及升学意愿的影响。研究显示,两种干预对学业发展的影响作用甚微。

通过对以上文献的回顾和梳理,我们发现,目前国内外学者在使用随机实验方法对我国教育扶贫项目效果进行因果推断时,为了控制无关因素干扰,减少推断误差,主要采取了以下策略。第一,进行严格的分层、分阶段随机抽样设计,确保样本的代表性。研究者通常在选取了样本省后,从县到校,再到班级和学生的每一层级都采用完全随机的原则进行取样。第二,随机分配项目干预。在确定研究样本后,基于完全随机的原则,在个体层面或集群层面(班级或学校)随机分配项目干预,构造具有可比性的实验组与对照组。第三,选择合理的回归模型。为了避免样本组基线特征差异在实验过程中对结果的影响,研究者通常会选择合适的计量模型(例如,存在显著组间差异则使用固定效应面板模型),并在模型中增加控制变量[25]。第四,严格控制实验过程中无关因素的干扰。例如,研究者通常采取双盲实验方式,不允许样本组间流动以及尽量避免实验过程中的霍桑效应等。

2. 准实验方法及其应用

尽管随机实验方法是国内外政策评估领域进行因果关系推断的首选,但该方法的项目实施、跟踪和评价需要耗费大量人力、物力、财力和时间,是一种成本较高的因果推断方法。最重要的是,目前我国正在进行的绝大部分教育扶贫项目的干预分配过程都是有目的而非随机的,不符合随机实验的条件。例如,我国的学生资助项目大多针对贫困学生设计实施,贫困学生也可能主动选择参与项目。具体来说,获得助学金的学生家庭经济条件可能比未获得者更差,但个人能力或学习努力程度可能高于未获资助者。直接比较两组的升学结果将无法区分资助效应和干扰因素效应,容易引起对资助项目效果的估计偏误。在不具备随机分配项目干预的研究情境下,准实验方法可以使用现有观察数据(observational data),通过后期统计矫正策略实现对因果关系的推断,使我国现阶段的教育扶贫项目效果评价成为可能[6]。

准实验方法已经被广泛应用于西方国家的教育政策评估领域,但我国研究者对于准实验方法在教育扶贫评估中的应用还比较陌生。下文将以我国的学生资助项目(国家助学金项目)为例,介绍倾向得分匹配方法、断点回归方法以及工具变量方法等准实验模型的基本原理及应用条件。在对以下方法的介绍中,我们假定 Y_i 表示学生的升学结果,D_i 表示是否获得助学金的二分资助分配变量。$D_i = 1$ 表示获得助学金,进入实验组;$D_i = 0$ 表示未获得助学金,进入对照组。X_i 表示可观察到的基线特征,不可观察到的基线特征成为模型的遗漏变量。

(1)倾向得分匹配方法(propensity score matching,下文简称 PSM)

PSM 方法假设国家助学金的分配仅受学生可观察特征的影响,因而只要控制了这些特征,助学金的分配将是完全随机的,并且独立于学生的升学结果,这被称为条件独立假设(condition independent assumption)。然而 PSM 方法的这个前提假设在现实中很难保证,一旦存在不可观察特征影响了资助的分配过程,PSM 将无法获得助学金的因果效应。尽管我国有研究者使用 PSM 方法对奖助学金政策的效果进行评价[26],但笔者建议避免单独使用这种方法,而是将它与 DID 模型结合使用[27]。

借助 PSM 方法的"匹配"思路,可以通过以下四个步骤实现因果关系的准确推断[28]。第一步,借助离散选择模型(Logistic 或 Probit 模型),以 D_i 为被解释变量,对一系列可能影响 D_i 取值的可观察特征 X_i 进行回归,

并分别计算出实验组和对照组获得资助的倾向性得分值，即（P-score）$P(X_i) = Pr(D_i = 1 | X_i)$。第二步，将落在实验组和对照组倾向性得分值重叠区域（"共同支撑区域"）之外的对照组个体删除，确保实验组与对照组获得资助的倾向性分值平衡，即 $Pr(D_i = 1 | X_i) = Pr(D_i = 0 | X_i)$。第三步，使用多种匹配方法（包括最近邻匹配，半径匹配，分层匹配和核匹配），基于倾向性得分值为每个实验组个体寻找到一个或一组与其倾向性得分十分接近，但没有获得资助的"反事实"对照组个体进行匹配。第四步，通过比较实验组与对照组的结果 Y_i 的变化趋势，获得资助项目的平均处理效应。原理如公式（5）所示：

$$\tau_{ATT}^{PSM} = E_{P(X_i)|D_i=1}\{E[Y_i(1) \mid D_i = 1, P(X_i)] - E[Y_i(0) \mid D_i = 0, P(X_i)]\} \tag{5}$$

（2）断点回归方法（regression discontinuity，下文简称 RD）

运用断点回归方法进行因果推断的基本原理是，利用外部的资助分配规则引发资助分配的非连续性断点，从而进行局部拟随机实验设计[29]。助学金名额 D_i 的确定需要依据某项规则 S_i。假定我国助学金政策规定，是否获得资助由学生家庭的资本拥有量 S_i 决定，且此规则变量存在一个临界值 S^*，即家庭资本拥有量的上限标准。此时，学生是否获得助学金 D_i 在家庭资本拥有量上限标准 S^* 处存在一个从 0 到 1 的跳跃，即断点，并形成了资助对家庭资本拥有量的非连续函数 $D_i = \beta S_i + \varepsilon_i$：家庭资本拥有量低于上限标准的学生被视为贫困生，获得助学金（$S_i < S^*$，$D_i = 1$）；家庭资本拥有量高于上限标准的学生被视为非贫困生，未获得助学金（$S_i > S^*$，$D_i = 0$）（见图 2）。

如果家庭资本拥有量的上限标准由政府根据每年各地的实际情况临时划定，对于学生及其家庭来说就属于不可控的外生因素，那么助学金政策之外的其他个人或家庭特征在上限标准 S^*（分配变量临界值）附近的变化是平稳且没有断点的，升入大学的概率在上限标准处存在断点的唯一原因是学生是否获得助学金。此时，助学金的分配 D_i 就类似一个投掷

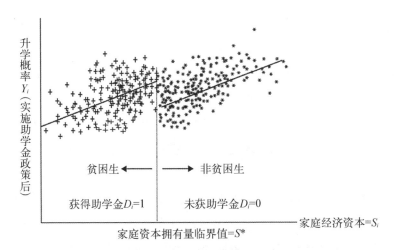

图2　RD方法评估学生助学金项目效果的原理示意图

硬币的随机过程,临界值 S^* 附近一定范围内(称为带宽)的学生之间具有可比性。使用非参数方法,实验组和对照组学生升学概率在断点处的差异值与规则变量在断点处的差异值之间的比值即为 RD 方法下助学金政策的平均处理效应,如公式(6)。

$$\lim_{\varepsilon \to 0} E\left[Y_i \mid S^* - \varepsilon\right] - \lim_{\varepsilon \to 0} E\left[Y_i \mid S^* + \varepsilon\right] = Y^- - Y^+ = \beta(S^- - S^+)$$

$$\Rightarrow \beta = \frac{Y^- - Y^+}{S^- - S^+} \tag{6}$$

由于项目干预的分配规则(如家庭资本拥有量、学业成绩等)在教育实践中十分常见,因而 RD 方法的使用条件在现实教育扶贫评估情境中很容易满足,并可以被多次利用。但是 RD 方法有一定局限性。首先,RD 估计量是一种局部平均处理效应,不一定符合研究者的研究兴趣,结果的可推广性也有待检验;其次,RD 估计需要使用远离断点的观察值,其估计的准确性很大程度上取决于模型设定的函数形式,比如是否存在非线性关系,是否存在交互效应等。[29]

(3) 工具变量方法(instrumental variable regression,下文简称 IV)

运用工具变量方法进行因果推断需要解决的基本问题是,资助分配

变量 D_i 的部分变异与遗漏的不可观察特征具有相关性。因此需要为内生的资助分配变量 D_i 寻找到一个外生的工具变量 Z_i,它满足以下条件:第一,它与资助分配变量 D_i 相关,$\mathrm{cov}(Z_i,\ D_i)\neq 0$;第二,它与影响升学结果 Y_i 被遗漏的不可观察特征无关,即 $\mathrm{cov}(Z_i,\ u_i)=0$。那么,通过这个外生的工具变量便可分离出与遗漏的不可观察特征无关的资助分配变量 D_i "好的变异"。资助分配变量 D_i "好的变异"的边际处理效应即为资助项目效果[30]。

使用 IV 方法评估助学金政策时,关键在为资助分配变量找到合格的工具变量,通常可以考虑助学金名额的分配规则。假定助学金是根据学生家庭经济状况发放的,那么可以利用学生家庭所在地区的社会、经济及人口结构等宏观特征作为学生个人是否获得资助的工具变量。[31]例如,生活在少数民族比例较高地区的学生获得助学金的概率通常也较高,但地区层面的人口结构在理论上与学生个人的升学选择并无直接关系,因此可以考虑将地区少数民族人口比例作为资助分配的工具变量[32]。

利用工具变量方法评估学生资助政策时,通常采取两阶段回归法。第一阶段,使用资助分配变量 D_i 对工具变量 Z_i 以及其他控制变量 X_i 进行回归,获得资助分配变量 D_i 的预测值 $\hat{D}_i$,它反映了资助分配变量中受工具变量 Z_i 影响的外生"好的变异",如公式(7)。

$$D_i = \gamma Z_i + \varphi X_i + u_i \tag{7}$$

之后,第一阶段回归的预测值 $\hat{D}_i$ 将代替内生的资助分配变量 D_i,进行第二阶段回归,又被称为缩略形式的结果回归,如公式(8)。

$$Y_i = \alpha X_i + \beta \hat{D}_i + \varepsilon_i \tag{8}$$

资助分配变量预测值 $\hat{D}_i$ 前的系数 β 即资助分配变量每一单位的外生变化引起的结果变量 Y_i 的变化,即助学金对于学生升学的净效应。由于原理简单易懂且可操作性强,IV 方法在国际教育扶贫项目评估领域得到了广泛的应用。只要研究者了解扶贫项目分配信息,就能识别出项目干预的外生变化,找到合适的工具变量。

三、总结与建议

扶贫工作的根本目的是通过对目标人群(贫困人口的"精准识别")实施项目干预(贫困问题的"精准干预"),达到预期的"减贫""脱贫"效果目标,并能够在后续工作中实现可持续性发展。目前,国际上的一些教育扶贫实践对实验设计和准实验设计等因果推断方法的应用已经十分广泛和成熟。它们通过不断总结项目评估经验,制定了比较科学的评估方法体系,并形成了比较完备的工作制度。本研究通过对我国教育扶贫项目及实证研究的回顾与梳理发现,目前我国在教育扶贫工作实践和相关研究领域中还存在一些亟待解决的问题。首先,相关部门在制定教育扶贫政策时,往往缺乏全局性的项目规划和评估意识,设计和实施阶段较少考虑后续效果评估工作开展的可行性。其次,我国目前尚不具备覆盖和跟踪项目实施全过程的监测评估机制和数据库系统,因而能够为研究者提供的扶贫项目评估数据十分有限。再次,由于缺乏统一的、科学的方法标准,当前我国的教育扶贫评估研究多是针对个别项目分别开展,尚未形成系统的评估方法体系。那些成本较低、简单易行的准实验方法还未进入我国教育扶贫项目评价领域。这些问题给我国的教育扶贫项目开展和评估工作带来了很大的挑战。

基于本研究发现,我们提出如下建议。第一,尝试在国家—省—地方各层级设立独立、专业的教育扶贫项目监测与评估机构。这些机构承担从扶贫项目设计、实施、跟踪再到评估验收和数据库维护等一系列工作,确保我国教育扶贫政策项目的可评估性。第二,逐步建立健全教育扶贫评估的工作机制和管理制度。扶贫项目通常周期长、见效慢,因此要建立长效连续的监测评估机制及有效的信息反馈机制,并不断形成规范化、制度化的评估工作模式和管理制度,确保项目评估工作持续有效开展。第三,我国教育研究者应广泛参考和借鉴国际上比较成熟的教育扶贫项目评估经验,熟悉政策评估的因果推断方法的基本原理和使用条件,对现阶段我国正在进行的教育扶贫项目效果进行准确评估。

对于教育扶贫项目效果的精准评估看似是扶贫过程的终点,实则是对后续项目开展具有重要反馈作用和参考价值的扶贫工作的起点。只有科学评价和积极反馈,才能既有效节省社会资源,又提升我国教育扶贫工作的进展速度和工作效率。

参考文献

[1] 新华网.教育是最根本的精准扶贫[EB/OL].[2016 - 01 - 27].http://news.xinhuanet.com/politics/2016 - 01/27/c_128674232.html.

[2] 教育部.全面实施教育扶贫全覆盖行动[EB/OL].[2015 - 10 - 15].http://www.moe.edu.cn/jyb_xwfb/xw_zt/moe_357/jyzt_2015nztzl/2015_zt12/.

[3] 孙璐.扶贫项目绩效评估研究[D].北京:中国农业大学,2015:5 - 7.

[4] Khandker S. R., Koolwal G. B., & Samad H. A. Handbook on impact evaluation: quantitative methods and practices[M]. World Bank Publications, 2009:189 - 194.

[5] Weber E., & Leuridan B. Counterfactuals and Causal Inference: Methods and Principles for Social Research. In Stephen L. Morgan & Christopher Winship. Counterfactuals and causal inference: methods and principles for social research[M]. Cambridge University Press, 2007:11 - 37.

[6] Shadish W. R., Cook D. D., & Campbell D. D. Experimental and quasi-experimental designs for generalized causal inference[M]. Houghton Mifflin, 2005:127 - 219.

[7] Ashenfelter O. Estimating the effect of training programs on earnings[J]. Review of Economics & Statistics, 1978, 60(01):47 - 57.

[8] Donald S. G., & Lang K. Inference with difference-in-differences and other panel data [J]. Review of Economics & Statistics, 2007, 89(02):221 - 233.

[9] 教育部.农村义务教育学生营养改善计划实施细则[EB/OL].http://www.moe.edu.cn/publicfiles/business/htmlfiles/moe/s6197/201206/137685.hDml,2012 - 6 - 14.

[10] 齐良书,赵俊超.营养干预与贫困地区寄宿生人力资本发展——基于对照实验项目的研究[J].管理世界,2012(02):52 - 61.

[11] Luo R., Shi Y., Zhang L., Liu C., Rozelle S., & Sharbono B., et al. Nutrition and educational performance in rural China's elementary schools: results of a randomized control trial in shaanxi province [J]. Economic Development & Cultural Change, 2012, 60(04): 735 - 772.

[12] Kleiman-Weiner M., Luo R., Zhang L., Shi Y., Medina A., & Rozelle S. Eggs versus chewable vitamins: which intervention can increase nutrition and test scores in rural China? [J]. China Economic Review, 2013, (24):165 - 176.

[13] Sylvia S., Luo R., Zhang L., Shi Y., Medina A., & Rozelle S. Do you get what you pay for with school-based health programs? evidence from a child nutrition experiment in rural

china[J]. Economics of Education Review, 2013, 37(37): 1-12.

[14] Hanushek E. A. The economics of schooling: production and efficiency in public schools[J]. Journal of Economic Literature, 1986, 24(03): 1141-1177.

[15] Lai F., Zhang L., Hu X., Qu Q., Shi Y., Qiao Y., & Rozelle S. Computer assisted learning as extracurricular tutor? Evidence from a randomized experiment in rural boarding schools in Shaanxi[J]. Journal of Development Effectiveness, 2013, 5(02): 208-231.

[16] Lai F., Luo R., Zhang L., Huang X., & Rozelle S. Does computer-assisted learning improve learning outcomes? Evidence from a randomized experiment in migrant schools in Beijing[J]. Economics of Education Review, 2015, (47): 34-48.

[17] Mo D., Zhang L., Luo R., Qu Q., Huang W., Wang J., & Rozelle S., et al. Integrating computer-assisted learning into a regular curriculum: evidence from a randomized experiment in rural schools in Shaanxi[J]. Journal of development effectiveness, 2014, 6(03): 300-323.

[18] 教育部.2017年国家学生资助政策简介[EB/OL].[2017-02-28].http://www.moe.edu.cn/jyb_xwfb/xw_fbh/moe_2069/xwfbh_2017n/xwfb_170228/170228_sfcl/201702/t20170228_297542.html.

[19] Liu C., Zhang L., Luo R., Wang X., Rozelle S., Sharbono B., & Glauben T. Early commitment on financial aid and college decision making of poor students: Evidence from a randomized evaluation in rural China[J]. Economics of Education Review, 2011, 30(04): 627-640.

[20] Loyalka P., Song Y., Wei J., Zhong W., & Rozelle S. Information, college decisions and financial aid: Evidence from a cluster-randomized controlled trial in China[J]. Economics of Education Review, 2013, (36): 26-40.

[21] Yi H., Song Y., Liu C., Huang X., Zhang L., Bai Y., & Rozelle S. Giving kids a head start: The impact and mechanisms of early commitment of financial aid on poor students in rural China[J]. Journal of Development Economics, 2015, (113): 1-15.

[22] Li T., Han L., Rozelle S., & Zhang L. Cash incentives, peer tutoring, and parental involvement: A study of three educational inputs in a randomized field experiment in China. Unpublished manuscript, Peking University, Beijing, China, 2010.

[23] Zhang L., Lai F., Pang X., Yi H., & Rozelle S. The impact of teacher training on teacher and student outcomes: evidence from a randomized experiment in Beijing migrant schools[J]. Journal of development effectiveness, 2013, 5(3): 339-358.

[24] Loyalka P., Liu C., Song Y., Yi H., Huang X., Wei J., & Rozelle S. Can information and counseling help students from poor rural areas go to high school? Evidence from China[J]. Journal of Comparative Economics, 2013, 41(04): 1012-1025.

[25] 陈林,伍海军.国内双重差分法的研究现状与潜在问题[J].数量经济技术经济研究, 2015(07): 133-148.

[26] 李锋亮,向辉,刘响.奖/助学金能否提高大学生的学业成绩?——以清华大学为例[J].清华大学教育研究,2015(06): 112-119.

[27] 黄维,胡平平.学生贷款对中国农村女大学生学习成绩的影响[J].教育与经济,2016(06): 55-63.

[28] 赵西亮.倾向指数匹配方法:变量选择和模型设定问题[J].数量经济技术经济研究,

2015(11)：133－147.

　　［29］Hahn J., et al. Identification and estimation of treatment effects with a regression-discontinuity design［J］. Econometrica, 2001, 69(01)：201－209.

　　［30］Joshua D., Angrist, Guido W. Imbens, & Donald B. Rubin. Identification of causal effects using instrumental variables［J］. Journal of the American Statistical Association, 1996, 91 (434)：444－455.

　　［31］Stater M. The impact of financial aid on college GPA at three flagship public institutions［J］. American Educational Research Journal, 2009, 46(03)：782－815.

　　［32］金久仁.政府促进教育公平责任研究——基于罗尔斯正义理论视角［J］.教育科学,2018 (01)：1－6.

作者简介

易全勇　西南大学西南民族教育与心理研究中心/教育学部讲师

侯玉娜　西南大学教育学部副教授,硕士生导师

电子邮箱

quanyong@swu.edu.cn

通信地址

重庆市北碚区天生路 2 号西南大学教育学部 702 室

Chapter 16

我国中等后教育在扶贫中发挥作用了吗

——基于教育类型差异与区域异质性分析*

潘海生　翁　幸

摘　要："扶贫必扶智",扶贫关键在于"造血式"的"扶智"。本研究基于柯布-道格拉斯生产函数模型,对2000—2019年我国22个有扶贫任务省份的中等后教育扶贫成效进行了实证分析,并对教育与其他扶贫措施的扶贫效果、教育扶贫的类型差异和区域差异进行了分析。结果表明,教育扶贫成效高于其他扶贫措施,不同类型教育的扶贫成效有明显的差异。其中,职业教育的扶贫成效综合优于普通高等教育,高等职业教育的扶贫成效最高;教育扶贫成效在区域之间具有明显的差异性。因此,需要不断完善教育投入机制,加强贫困区域职业教育发展,增强区域教育适配性以及提高扶贫政策合力,以教育发展实现扶贫成效的巩固与提升。

关键词：教育扶贫；普通高等教育；高等职业教育；中等职业教育

　　"扶贫先扶志,扶贫必扶智"是习近平总书记对坚决打好、打赢脱贫攻坚战的重要战略部署。相对于经济扶贫、项目扶贫和政策扶贫而言,教育扶贫立足于提高贫困人口的人力资本水平,以此提升贫困人口的脱贫能力,因而更具基础性、稳定性和持久性[1],这对于当前我国文化程度和劳动技能低下是阻碍贫困家庭脱贫致富,造成贫困代际传递主要因素的脱贫现状来说,更具重要启示意义[2],但不同类型教育在扶贫中的作用并不一致。为此,教育部等六部门制定的《教育脱贫攻坚"十三五"规划》提出,

---

* 本文系教育部社科司2020年度教育部哲学社会科学研究重大课题"职业教育专业建设与产业发展的谱系图研究"(项目编号：20JZD060)的阶段性成果。

准确把握不同地区、不同群体教育需求,分类制定教育脱贫举措,找准教育脱贫实施路径,推动教育脱贫政策精准实施,脱贫资金精准投放[3]。因此,准确把握教育对扶贫工作的成效,特别是明确教育类型差异和区域差异对教育扶贫成效的影响,对于厘清各教育类型对扶贫的助力,打好"后扶贫时代"脱贫攻坚战,发展中等后教育具有重要意义。

一、文献综述

教育扶贫理论源于国内外学者运用人力资本理论、人的发展理论、基本需求理论以及人的能力理论对贫困问题的研究[4]。教育是减少贫困的主要工具之一,通过传授知识与技能的方式作用于人,这些人身上所体现的知识与技能就是所谓的人力资本[5]。尽管不同社会、职业、文化等因素均可能对教育成效产生影响,但都无法撼动教育对提高收入的重要意义[6],以及对促进经济发展和消除贫困的积极作用。

伴随着我国扶贫攻坚任务的稳步开展,教育扶贫逐渐成为理论研究的热点。关于教育对扶贫的作用,现有研究认为,教育在减少贫困和收入不平等方面起到很大的作用,应当引起社会重视[7]。教育在精准扶贫中具有基础性、先导性和持续性作用[8]。收入贫困与教育贫困是相辅相成的关系[9],具体表现为教育水平的提高能够减少贫困,贫困的减少引起对教育需求的增加,最终又会提升人们的教育水平。现有研究指出,教育与收入贫困之间呈显著负相关,受过教育的家庭贫困发生率比未受过教育的家庭贫困发生率低,缺少教育机会以及教育程度低是贫困的长期影响因素[10]。对于贫困人口来说,其主要通过教育来累积获取资源、驾驭资本的意识和能力[11]。教育人力资本既可以作为"要素积累"直接作用于产出,也可以通过"效率提升"间接促进经济增长,还可以通过与物质资本的互补效应对经济增长产生影响[12]。

不同教育类型的扶贫作用及其影响机制也得到了学者们的广泛关注。就普通高等教育而言,通过显著提高贫困人口的人力资本水平从而实现扶贫脱贫,相较于其他扶贫方式具有突出的比较优势[13]。而职业教育作为更加重视民生的"平民教育",能够比较精确地聚焦贫困群体[14],国外学者也普遍认为,"职业教育对亚非拉等地区的贫困治理有着重要的意义"[15]。部分学者对普通教育和职业教育进行比较分析,探究不同类型的教育对收入的影响。有学者借助单因素方差分析法对比中等职业学校和普通高中毕业生数据,得出中等职业学校毕业就业者比普通高中毕业就业者的非货币收益要高,并认为中等职业教育能够提升受教育者的非货币收益[16]。有学者对农村入户调查数据进行实证分析,发现普通教育的收益率要显著低于职业教育的收益率和技能培训的收益率[17]。还有学者通过对农户中等职业教育和普通高中教育的收入回报率进行估计,发现中等职业教育的受教育者的教育回报率要高于普通高中[18]。

在教育扶贫的区域异质性方面,现有研究指出,教育扶贫模式和效果在时间和地区上均呈现显著差异,在时间维度上与社会发展水平衔接,在空间维度上因地制宜,结合具体情况细分。有研究在探索西部贫困地区农村"双证式"教育扶贫模式的过程中,创建了"四连"结构并取得教育与经济社会合一的发展[19];有研究面向边疆民族地区,指出建构定向模式培养本土人才,传承创新民族民间文化,开展"互联网+职业教育"行动,完善职业教育资助政策体系,是民族地区职业教育实施精准扶贫的有效路径[20];还有研究通过对不同区域进行抽样调查,进而对家庭成员受教育程度作用于家庭经济发展进行分析,得出家庭成员受教育程度越高,家庭经济状况越好的结论[21]。

整体来说,当前对于教育扶贫的作用、机制等进行了比较系统的研究。但从研究对象上来看,大部分研究选择以教育为整体或是以某种教育类型为研究对象,对不同教育类型扶贫作用与效果对比的研究仍非常有限,缺乏区分不同层次教育扶贫成效的对比研究,更缺乏从区域异质性的角度对不同层次教育扶贫成效进行分析。从研究方法上来看,当前研究主要以定性研究为主,运用逻辑推理、哲学思辨和归纳总结等方式对教育扶贫现状进行分析,量化研究比较有限,量化方法也比较简单。因此,本研究拟采用定量方法对我国普通高等教育、高等职业教育、中等职业教育三种不同类型教育的扶贫成效进行实证分析,并对不同地区所体现的成效加以比较。

二、研究设计与方法

1. 研究模型构建

（1）测度模型的选择

柯布-道格拉斯（Cobb-Douglas）生产函数模型被广泛应用于研究弹性系数和变量的变化关系的多个领域，对本研究有适用性，而将教育作为生产函数中的独立变量进行回归估计，是测度教育人力资本作用最直接的方法。为降低由数据波动对结果的影响，更直观地从数量上表明教育扶贫成效，本研究对柯布-道格拉斯生产函数进行改进，拟使用处理后的双对数线性模型探求不同教育类型投入对扶贫的影响。

① 教育类型差异对扶贫作用的测度模型

柯布-道格拉斯生产函数模型作为探讨投入和产出关系的经典模型，能够反映不同生产要素组合在各种条件下的效用，最初的基本生产函数只包含劳动力和资本两种生产要素。由于农村户籍在贫困人口中占大多数，扶贫地区在学校招生过程中也会对农村经济困难家庭有所倾斜，因此选择农民收入为因变量。农业劳动力投入对于农业生产总值的贡献最明显[22]，因此农业产量可视作生产函数中的劳动力投入。参考王圣云[23]、曾冰[24]、卢新海[25]等学者的研究，结合农村社会实际，选取农村农户固定资产投资作为生产函数中的资本要素。

随着技术进步和研究领域的不断拓展，为满足不同研究目的的需要，函数自变量也有所改进。参考彭妮娅[26]的研究，本研究将脱贫攻坚"五个一批"工程提到的脱贫措施，即教育投入、发展生产、易地搬迁、生态补偿、社会保障，共同列入 22 个扶贫省份农民收入的影响因素。其中"发展生产"和"易地搬迁"对应基本生产函数中的劳动力和资本要素，其余变量作为对生产函数的补充。在探讨教育投入对农民收入的作用时，对不同教育类型进行进一步研究与比较，分别为普通高等教育、中等职业教育与高等职业教育。修改后的生产函数模型为：

$$Rin_{i,t} = AEdu_{i,t}^a Pro_{i,t}^b Ass_{i,t}^c Eco_{i,t}^d Ins_{i,t}^e e_{i,t}^m \tag{1}$$

其中变量含义如下：Rin 为农民收入，Edu 为教育投入，Pro 为发展生产，Ass 为易地搬迁，Eco 为生态补偿，Ins 为社会保障，i 为有扶贫任务的不同省份，t 为年份，A 为影响农民收入的其他因素，a、b、c、d、e 分别为 5 个自变量的弹性系数，e^m 是随机干扰项，一定程度上弥补了生产函数模型设置和变量选取上的偏差。等式两边取对数得到公式(2)：

$$LnRin_{i,t} = LnA + aLnEdu_{i,t} + bLnPro_{i,t} + cLnAss_{i,t} + dLnEco_{i,t} + eLnIns_{i,t} + m \tag{2}$$

② 区域异质性对扶贫作用的测度模型

为观察 22 个省域教育投入对农民收入的影响，了解区域间教育扶贫差异效果，在对中等后教育扶贫面板数据进行整体回归后，通过计算不同地区中等后教育投入的年均增长率以及区域内各类教育投入所提升的农民收入比率，进一步探究扶贫成效的地区差异，公式如下：

$$m = \sqrt[n]{\frac{Edu_t}{Edu_1}} - 1 \tag{3}$$

$$k = am \tag{4}$$

其中，m 为教育投入年均增长率，n 为年数，k 为农民收入比率，a 为回归所得的教育投入弹性系数，Edu_t 为教育经费支出最后一年的数据，Edu_1 为第一年的经费支出。

（2）指标的选择

基于指标选取的系统科学性以及数据可得性的基本原则，本研究在充分考虑各变量内涵的情况下，对各变量的指标进行如下选择。

农村居民人均纯收入——代表农民收入（Rin）的指标。对于农民收入有总收入和纯收入两种理解，区别在于是否包括各项经营费用和税费负担。一般说来，农民收入指的是农民纯收入[27]，即农村居民家庭总收入中扣除相应金额后可直接用于进行投资、消费和积蓄的收入。该指标由"当年农民纯收入"除以"农村人口"所得,可以比较准确地反映该地区在当年的实际收入水平。

人均教育支出——代表教育投入(Edu)的指标。参考袁振国[28]、郭庆旺[29]等学者的研究,教育作为不考虑盈利的公共产品,人均教育支出指标更能表示教育投入的特性。

农村主要粮食产量——代表发展生产(Pro)的指标。粮食产量最能直观反映农业生产经营情况。以人均粮食产量指标代表区域地理环境和农业生产条件。[30]

农村农户固定资产投资——代表易地搬迁(Ass)的指标。伴随农村建设用地的调整,会产生大量农用地的产权调整[31]。易地搬迁通过改善安置区的生产生活条件使贫困人口搬迁,因此固定资产投资额能够反映农民搬迁流动状况。

生态治理完成投资——代表生态补偿(Eco)的指标。参考何忠良[32]等学者对生态治理评价指标体系的研究,作为建设资金运动的第三阶段,投资完成金额能够反映具体项目资金投入的实际情况。

农村社会养老保险支出——代表社会保障(Ins)的指标。社会养老保险是公众最关注的基础保障,能够反映社会保障水平。一般来说,对老年人的社会保障程度越高,社会养老保险的支出越多[33]。具体见表1。

表 1 变量和指标说明

变量类别	具 体 指 标	符 号	单 位
农民收入	农村居民人均纯收入	Rin	元
教育投入	高等院校人均教育支出	Hed	千元
	高等职业院校人均教育支出	Ved	千元
	中等职业院校人均教育支出	Med	千元

变量类别	具 体 指 标	符　号	单　位
发展生产	农村主要粮食产量	*Pro*	万吨
易地搬迁	农村农户固定资产投资	*Ass*	亿元
生态补偿	生态治理完成投资	*Eco*	万元
社会保障	农村社会养老保险支出	*Ins*	万元

（3）数据来源

本研究的样本为中国有扶贫任务的 22 个省份在 2000—2019 年期间的面板数据，数据主要来自《新中国 60 年资料汇编》《中国统计年鉴》《中国教育经费统计年鉴》《中国农村统计年鉴》、各省份统计年鉴以及国家统计局网站、政府公开数据年报。为了消除通货膨胀的影响，在研究前对相关指标进行 CPI 平减以控制各变量的时间差异。

2. 数据检验

（1）描述性统计

实证前首先对变量的基本特征进行描述性统计，以观察不同指标的平均数值及波动状况，对变量取自然对数可有效防止回归过程中可能出现的异方差问题，以保证回归结果的准确性。22 个省份变量的描述性统计结果见表 2。

表 2　变量的描述性统计结果

统计量	观测值	平均值	中位数	最大值	最小值	标准差	偏度	峰度
Ln*Rin*	440	8.472	8.450	9.700	6.940	0.700	0.008	2.277
Ln*Hed*	439	9.200	9.560	10.660	8.430	0.100	0.117	3.004

续 表

统计量	观测值	平均值	中位数	最大值	最小值	标准差	偏度	峰度
Ln*Ved*	285	9.488	9.530	10.510	8.140	0.026	− 0.015	− 0.578
Ln*Med*	439	5.109	8.610	11.050	8.264	0.221	− 0.189	− 1.949
Ln*Pro*	440	7.132	7.300	8.940	4.410	1.141	− 1.012	0.228
Ln*Ass*	399	4.979	4.990	6.800	2.040	0.993	− 0.455	− 0.153
Ln*Eco*	412	11.139	11.420	13.700	4.860	1.389	− 1.479	2.993
Ln*Ins*	330	10.233	10.455	15.340	10.233	2.216	− 0.107	− 1.133

由表2可知,经过处理后的数据已经消除波动较大的特点,观察被解释变量农民人均纯收入(Ln*Rin*)和三个解释变量(Ln*Hed*、Ln*Ved*、Ln*Med*)的偏度、峰度、标准差等数值,可判断均基本服从正态分布。其他四个控制变量相对稳定,无异常结果。

(2)面板模型检验

由于不同指标数据的可获得年份存在差异,导致研究数据属于非平衡面板数据,因此为避免出现伪回归,需要对非平衡面板数据进行检验,结果显示通过平稳性检验。普通高等教育面板模型有混合模型(POOL)、固定效应模型(FE)和随机效应模型(RE),由于本研究所涉及的普通高等教育、高等职业教育、中等职业教育三个面板数据来源不同,研究需要对不同类型教育面板数据选择最优模型,结果见表3。

表3 面板数据模型检验

教育类型	检验类型	检 验 值	检验结论	模型选择
普通高等教育	F检验	$F(20,289) = 37.958$,$p = 0.000$	FE模型	FE模型
	BP检验	$c^2(1) = 697.380$,$p = 0.000$	RE模型	

续　表

教育类型	检验类型	检　验　值	检验结论	模型选择
普通高等教育	Hausman 检验	$c^2(5) = 36.601$，$p = 0.000$	FE 模型	FE 模型
高等职业教育	F 检验	$F(20,164) = 26.551$，$p = 0.000$	FE 模型	RE 模型
	BP 检验	$c^2(1) = 210.030$，$p = 0.000$	RE 模型	
	Hausman 检验	$c^2(5) = 10.374$，$p = 0.065$	RE 模型	
中等职业教育	F 检验	$F(20,121) = 22.341$，$p = 0.000$	FE 模型	RE 模型
	BP 检验	$c^2(1) = 167.692$，$p = 0.000$	RE 模型	
	Hausman 检验	$c^2(5) = 10.523$，$p = 0.062$	RE 模型	

结果显示，普通高等教育面板数据 F 检验、BP 检验、Hausman 检验均呈现 5% 水平的显著性，表明 FE 模型优于 RE 模型，RE 模型优于 POOL 模型，因此普通高等教育面板数据采用固定效应模型（FE）。

高等职业教育和中等职业教育的面板数据 F 检验和 BP 检验均呈现 5% 水平的显著性，表明 FE 模型和 RE 模型均优于 POOL 模型。同时，Hausman 检验并未呈现显著性，表明 RE 模型更优于 FE 模型。因此高等职业教育和中等职业教育面板数据采用随机效应模型（RE）。

三、实证结果

1. 整体回归分析

将 2000—2018 年中国 22 个扶贫省份的普通高等教育、高等职业教育和中等职业教育的面板数据带入相应的模型，运用 Eviews6.0 软件进行测算，结果见表 4。

表 4　面板数据回归结果

	Hed	*Pro*	*Ass*	*Eco*	*Ins*	*C*
普通高等教育	0.326 879 *** (0.000 0)	0.226 576 ** (0.016 7)	0.302 009 ** (0.010 9)	0.155 243 ** (0.044 4)	0.095 882 ** (0.037 6)	− 1.233 454 ** (0.053 4)
	$R^2 = 0.997\,8$, $Prob(F) = 0.000\,0$, $DW = 2.124\,0$					
	Ved	*Pro*	*Ass*	*Eco*	*Ins*	*C*
高等职业教育	0.620 923 *** (0.000 0)	− 0.017 395 * (0.053 4)	0.170 812 ** (0.043 0)	0.130 678 (0.498 4)	0.168 678 ** (0.026 2)	0.286 354 *** (0.000 4)
	$R^2 = 0.969\,8$, $Prob(F) = 0.000\,0$, $DW = 1.920\,0$					
	Med	*Pro*	*Ass*	*Eco*	*Ins*	*C*
中等职业教育	0.607 634 *** (0.000 1)	− 0.024 012 * (0.095 8)	0.193 897 ** (0.038 7)	0.142 375 * (0.015 9)	0.128 895 ** (0.038 0)	− 3.934 842 * (0.067 4)
	$R^2 = 0.987\,3$, $Prob(F) = 0.000\,0$, $DW = 2.096\,7$					

注：括号内为 *t* 统计值的显著性检验 *p* 值，*、**、*** 分别表示通过 10%、5%、1% 的显著性水平。

结果显示，普通高等教育、高等职业教育和中等职业教育投入均通过了 1% 的显著性水平（$p = 0.000 < 0.01$），且回归系数值均大于 0，说明三类投入对 *Rin* 会产生显著的正向影响关系。其他四项自变量中，只有 *Pro* 和 *Ins* 两项通过了三个面板数据的显著性水平检验，但在不同面板中所体现的显著性水平也不相同。尽管三种教育类型的回归系数显著性检验水平不一致，但总体拟合程度较高，回归结果可靠，将面板数据的弹性系数分别代入生产模型得到自变量系数和依次为 1.10、1.18 和 1.04，均高于 1，这说明我国脱贫攻坚"五个一批"所提到的教育投入、发展生产、易地搬迁、生态补偿、社会保障综合措施对提高贫困地区农民收入是有正向影响的。

2. 区域异质性分析

为了更直观地观测不同省域普通高等教育、高等职业教育与中等职业教育的扶贫成效,在得到各级各类教育类型扶贫面板回归结果的基础上,首先根据教育投入变量的原始数据,分别计算出 2000—2019 年 22 个省份各级各类教育投入的年均增长率,由此了解各地区教育投入结构和现状,结果见表 5。

表 5　2000—2019 年 22 个省份各类教育投入的年均增长率

省　份	Hed 年均增长率(%)	Ved 年均增长率(%)	Med 年均增长率(%)
西　藏	4.04	13.48	22.37
新　疆	5.77	10.27	7.33
青　海	8.38	12.74	15.45
四　川	0.54	8.90	18.85
甘　肃	4.40	13.57	13.37
云　南	3.44	6.55	9.00
陕　西	5.28	8.06	13.11
广　西	5.63	10.44	10.55
湖　南	3.00	8.71	9.88
贵　州	9.32	10.98	10.36
安　徽	5.01	9.69	14.70
湖　北	4.97	8.40	17.07
山　西	4.50	8.28	13.58
黑龙江	3.33	7.95	12.00
河　南	2.51	10.88	10.97

省　份	Hed 年均增长率(%)	Ved 年均增长率(%)	Med 年均增长率(%)
河　北	3.99	9.15	14.61
吉　林	3.55	9.26	15.82
宁　夏	7.18	17.80	12.97
重　庆	4.85	10.92	10.66
海　南	3.99	14.85	3.62
江　西	4.98	8.68	12.05
内蒙古	6.13	13.50	13.14
平　均	4.76	10.59	12.76

为进一步观察22个省份由普通高等教育、高等职业教育、中等职业教育投入带来的农民收入的增长,用得到的教育年均增长率和面板数据回归结果中的弹性系数相乘,得到三类教育投入所提升的农民收入比率结果,具体见表6。

表6　2000—2019年22个省份的各类教育投入所提升的农民收入比率

省　份	Hed 年均增长率(%)	Ved 年均增长率(%)	Med 年均增长率(%)
西　藏	1.32	8.37	13.58
新　疆	1.89	6.38	4.45
青　海	2.74	7.91	9.38
四　川	0.18	5.53	11.44
甘　肃	1.44	8.43	8.12
云　南	1.12	4.07	5.46

续　表

省　份	Hed 年均增长率(%)	Ved 年均增长率(%)	Med 年均增长率(%)
陕　西	1.73	5.01	7.96
广　西	1.84	6.48	6.40
湖　南	0.98	5.41	6.00
贵　州	3.05	6.82	6.29
安　徽	1.64	6.02	8.92
湖　北	1.63	5.22	10.36
山　西	1.47	5.14	8.24
黑龙江	1.09	4.94	7.28
河　南	0.82	6.76	6.66
河　北	1.30	5.68	8.87
吉　林	1.16	5.75	9.60
宁　夏	2.35	11.05	7.87
重　庆	1.59	6.78	6.47
海　南	1.30	9.22	2.20
江　西	1.63	5.39	7.31
内蒙古	2.00	8.38	7.98
平　均	1.56	6.58	7.76

3. 研究结论

（1）教育投入的扶贫作用高于脱贫攻坚"五个一批"工程提到的其他措施

通过表4可知,三种教育类型在脱贫攻坚"五个一批"工程措施的面板回归结果中,选取的解释变量即教育投入,均呈现 1% 水平的显著性。而其余四项控制变量中,发展生产(Pro)仅在第一个面板回归中结果显著,易地搬迁(Ass)是唯一一项在三类教育中除教育投入外均展示 1% 显著性水平的正向影响的变量,生态补偿(Eco)和社会保障(Ins)则在不同面板中体现出不同显著性水平的积极作用。

实证结果表明,教育投入的变动对农民收入变动存在正向影响,各级各类教育也具有不同程度的扶贫成效。然而教育所体现的扶贫成效并非教育投入的单一作用,脱贫攻坚所提到的其他措施在过程中都发挥了自身的实践意义。具体比较五项脱贫措施的回归系数,教育投入无论是普通高等教育还是职业教育的面板回归系数都远远高于其他四个控制变量。由此可知,在各级各类教育分类施策下,教育扶贫对实现精准扶贫、脱贫攻坚均起到了基础性和决定性作用。

(2)职业教育扶贫成效优于普通高等教育

与普通高等教育相比,职业教育投入对贫困地区农民收入的促进作用更明显。普通高等教育面板数据 FE 模型回归结果显示,普通高等教育投入对贫困地区农民收入有积极意义。高等院校人均教育支出(Hed)呈现 1% 水平的显著性,回归系数值为 0.326>0,说明其对农村居民人均纯收入(Rin)产生显著的正向影响,具体表现为普通高等教育投入每增加 1%,农村人均纯收入可提升 0.326%。高等职业教育与中等职业教育数据 RE 模型回归结果发现,教育投入回归系数均在 0.6 以上,即职业教育投入每增加 1%,农村人均纯收入可实现超过 0.6% 的增长。

我国 22 个扶贫省份由普通高等教育、高等职业教育、中等职业教育投入所提升的平均农民收入分别为 1.56%、6.58%、7.76%。其中,青海、陕西、宁夏、内蒙古 4 个省份三种教育类型投入带来的农民收入增长比例均高于全国水平。观察表 1、表 2 不难发现,无论是教育投入的年均增长率还是所对应的农民收入增长率,职业教育的增幅都明显高于普通高等教育。在此期间,地方普通高等教育投入除四川省外,均保持 3.00%—10.00% 的年均增长率上升,农民人均收入由于普通高等教育投入的增加,平均提升 1.55%，其中比例最高的省份分别是贵州（3.05%）、青海（2.74%）和宁夏（2.35%）。高等职业教育和中等职业教育投入平均年均增长率都达到了 10%，分别保持年均 10.59% 和 12.79% 的增速，其中西藏（高职 8.37%，中职 13.58%）、青海（高职 7.91%，中职 9.38%）、甘肃（高职 8.43%，中职 8.12%）、内蒙古（高职 8.38%，中职 7.98%）、宁夏（高职 11.05%，中职 7.87%）职业教育类投入扶贫成效远超平均水平。

（3）高等职业教育相较于中等职业教育扶贫成效更为明显

高等职业教育投入（Ved）和中等职业教育投入（Med）回归系数分别为 0.621 和 0.607，说明高等职业教育和中等职业教育每增加 1% 的投入经费，农村人均收入分别能提升 0.620% 和 0.607%。

在教育投入相当时，高等职业教育投入扶贫弹性系数略高于中等职业教育。其中高等职业教育投入增速较快的是宁夏（17.80%）、海南（14.85%）、甘肃（13.57%），所对应提升的农民收入分别为 11.05%、9.22% 和 8.43%；中等职业教育投入增速较快的是西藏（22.37%）、四川（18.85%）、湖北（17.07%），所对应提升的农民收入分别为 13.58%、11.44% 和 10.36%。

（4）教育投入提升贫困地区农民收入受地区异质性的影响

经济发展水平相对落后的地区，职业教育扶贫效果更佳，且中等职业教育扶贫成效优于高等职业教育。由表 5、表 6 进行对比可发现，尽管高等职业教育扶贫回归系数略高于中等职业教育，但并非所有地区由高等职业教育投入所带来的农民收入提升更高，西藏、青海、四川等地扶贫成效表现最佳的是中等职业教育，且扶贫成效明显优于全国平均水平的 7.76%，分别为 13.58%、9.38%、11.44%。青海、内蒙古、贵州的高等职业教育扶贫成效优于平均水平。

由此可判断，不同地区的优势教育类型不同，教育投入所带来的扶贫成效也不一致。对于西北、西南等传统贫困省份，中等职业教育仍然是绝大多数农民所选择的教育类型，中等职业教育投入的增加能直接提升农民的受教育质量和就业质量，从而起到扶贫效果。

四、结论与启示

1. 结果讨论

本文基于柯布-道格拉斯生产函数对 2000—2019 年中国 22 个省份的中等后教育扶贫成效进行实证研究，对所得到的结论加以剖析。

中等后教育对提高农民收入具有积极作用，这是由于中等后教育对于提高劳动力素质，促进科技创新以及增强就业能力，拓宽就业广度有着直接的影响。教育的属性及其培养目标的差异导致了不同教育类型扶贫成效的差异。相对来说，普通教育扶贫更适用于解决长期贫困以及贫困代际传递问题，而职业教育扶贫有利于解决短期贫困，扶贫覆盖面更大。职业教育与经济社会发展水平有着密切联系。经济发展水平不同的社会对于中等职业教育和高等职业教育有着不同的需求。实证结果表明，当前我国高等职业教育的整体扶贫成效要高于中等职业教育，说明伴随着社会经济的快速发展和产业升级与调整，我国对技术技能人才的需求水平也逐步升高，并在贫困地区人才需求上产生了溢出效应。

实证结果表明，教育投入的扶贫成效在不同区域间存在较大差异。这是由于在任何一个动态的社会中，各经济因素之间是存在循环累积因果关系的[34]。经济基础决定着上层建筑，地区经济的发展状况决定了区域内的教育水平，各级各类教育无论是初期的发展筹备还是后期的改革完善，都需要区域经济的保驾护航，区域经济的规模直接决定了教育资金的投入规模。此外，区域经济的发展水平也反映了当地居民的收入水平，当地居民的收入水平又影响着个人的教育支出，从侧面影响着各级各类教育的发展规模。同样，地区经济特色也会影响地区中等后教育的发展与效益产生，不同经济地区发展所需要的人才不同，因而需要准确把握不同地区和群体的教育需求，推动教育脱贫政策精准实施。

就中等后教育所展现的扶贫成效，结合现有政策文本和实际，进一步考虑影响教育扶贫成效的因素。首先,教育扶贫帮扶对象的识别不够精准。这是因为缺乏界定"贫困与否"的明确标准,在实际的扶贫过程中,并未对贫困人口进行再识别,且贫困人口申报个税多使用家庭人均收入,与实际可支配收入存在差异;同时,贫困人口大多生活在比较落后的农村地区,信息相对闭塞,接受外界扶贫信息和途径不够畅通。因此,教育扶贫难以规避帮扶对象识别不够精准的问题,直接导致了其过程的粗放化。其次,技术环境对教育扶贫产生了一定程度的制约。技术环境要求教育扶贫以绩效管理的方式进行并实现公共财政、社会资源等效用的最大化,当教育扶贫成为社会大众广为接受的形式后,教育扶贫也会受技术环境影响,使得扶贫效率让位于社会认可度。

2. 政策建议

展望未来,"全面脱贫"有别于"绝对零贫困",是实现全面社会保障状态。在巩固已取得的扶贫成果,完成脱贫攻坚阶段性任务的基础上,继续推动乡村振兴,根据教学特色定位进一步探索教育扶贫路径和长效机制,针对中等后教育扶贫提出以下政策建议。

(1)深化教育投入机制改革,大力发展中等后教育

坚持教育优先发展,尽快补齐贫困地区教育发展短板,全面提升贫困人口受教育水平,在贫困地区增设高校,增加农村人口接受普通高等教育的机会。为解决当前中等后教育成本高昂、农村基础教育资源欠缺、普通高等教育期望收益值低迷等问题,提升高校中农村大学生比例,在获得社会价值体系、乡村整体发展、相关法律保障等外部支持以外,进一步在教育投入机制上对贫困地区教育发展进行深化改革。

深化教育投入机制改革,缩小区域教育资源性差异是当务之急。政府应加大对经济发展落后地区的教育财政转移支付力度,减小由于经济水平的差距而造成的教育水平的差距。同时,我国中等后教育的供给与需求相比严重不足,因此,在贫困地区增设高校也是一条重要的教育投入途径。增设高校一方面为当地培养并输送普通高等教育人才,另一方面

可促进贫困地区人口的就业和再就业。同时,积极推进教育参与产业发展、公共服务,拓展教育服务区域脱贫攻坚的深度和广度。除单一的教育拨款之外,还应当拓宽投资渠道,例如财政补贴、以奖代补、以工代赈等方式,建立由政策引导的教育扶贫长效机制,并设置完善的奖惩激励制度,促进教育投资的高效利用。

（2）关注贫困地区职业教育,推进职业教育高质量发展

加强对职业教育的重视。实证结果表明,与普通高等教育相比,中等职业教育和高等职业教育对农村地区居民收入的正向作用效果更显著,扶贫成效得到认可。因此,政府应当持续加大对职业教育的投入,在教育扶贫资金分配上也应对职业教育有所倾斜。各级政府应当推动区域内应用技术型高校转型发展,为职业教育正名,建立起高质量、特色化、口碑佳的职业教育体系,形成适应社会经济发展需求的合理人才结构。

优化教育结构,把发展中等职业教育作为普及高中阶段教育和建设中国特色职业教育体系的重要基础,把发展高等职业教育作为优化高等教育结构和培养大国工匠、能工巧匠的重要方式[35],使贫困地区的劳动力更多地接受中等后教育。首先,加强区域政府统筹,改善职业院校办学条件,建设符合地方技术技能人才培养需要的职业院校和职教中心;其次,完善职业教育招生机制,提高生源质量,通过搭建中等职业院校和普通高中统一招生平台,招收初高中毕业生、下岗职工、农民工等,也可通过建立"职教高考"制度,为学生提供接受高等职业教育的多种入学途径,提高高职生源质量;再次,响应中国特色高水平高等职业学校和专业建设计划,致力于建设一批引领改革、支撑发展,具有中国特色和世界水平的高等职业学校和骨干专业（群）,推动职业教育的高质量发展。

（3）增强区域教育适配性,分类施策实现精准发力

在落实教育扶贫政策时,事先分析贫困地区的区域经济特色和致贫原因,根据地区异质性,有针对性地选择核心教育类型并制定有针对性的帮扶方案。从供给侧结构性改革的视角主动关注市场需求及产业结构变动,紧跟国家战略部署,主动适应贫困地区经济社会发展对人才的需求,

更新人才培养理念，调整人才培养方案，准确设定人才培养目标，以实现人才的精准供给。中等后教育应当立足区域经济和产业的发展，在"分区规划、分类指导"的原则下，建设具有区域特色的院校专业及课程体系，以增强地方人才培养与区域经济发展的适配性。

基于对贫困地区和帮扶对象的深入了解和实地调查，为适应实际需求积极开展教学改革，探索符合贫困地区生源特点的课程体系和授课模式，建立和完善相应的教学模式。区域经济发展和产业转型升级日新月异，中等后教育的扶贫方向和措施也应当以区域自身的发展动态为导向不断更新，及时调整发展战略。

（4）合力攻坚组合扶贫，实现从"托底"走向"扶优"的路径转型

从单一式转向合力式扶贫，大力推进以中等后教育为中坚力量的组合扶贫。作为解决贫困代际问题的重要途径，实现高质量的教育扶贫是一项长期的艰巨任务。凭借单方力量远远不足以打赢脱贫攻坚战，需坚持以政府主导、高校协同、产业扶持、社会响应的原则，形成多元主体参与、合力支持的教育扶贫格局。在政府主导下构建社会协同机制，助力高校整体提升教育质量。政府应当与高校、社会等各界联动，充分发挥在教育扶贫中的主导作用。

基于区域间教育水平的差距以及教育投入对于农民收入正向功能的绝对作用，推进经济发展落后地区的中等后教育，兼顾公平和质量发展已经成为后扶贫时代实现乡村振兴的必然选择。改变现阶段扶贫的"托底"原则，逐步转变至"平等""扶优"。这个转换过程中可借助脱贫攻坚"五个一批"工程提到的脱贫措施共同实现，缩小资源性和区域性差距，进而实现区域中等后教育的一体化发展。自"托底"向"扶优"的教育扶贫路径转型，同样需要各项教育主体协同发力、教育政策的统筹把控以及社会各界的监督保障。

参考文献

[1] 孙涛.高等教育扶贫：比较优势、政策支持与扩展路径[J].南京社会科学，2020(02)：

137－141＋156.

［2］彭振宇,陶济东,王林.中国高等职业院校精准扶贫发展报告(2015—2019)(上篇)[J].中国职业技术教育,2020(01)：18－25.

［3］中华人民共和国教育部.教育脱贫攻坚"十三五"规划[EB/OL].(2016－12－27)[2021－08－26].http://www.moe.gov.cn/srcsite/A03/moe_1892/moe_630/201612/t20161229_293351.html.

［4］林迪珊,张兴祥,陈毓虹.公共教育投资是否有助于缓解人口贫困——基于跨国面板数据的实证检验[J].财贸经济,2016,37(08)：34－49.

［5］Rosen H. S. Taxation and On-The-Job Training Decisions［J］. Review of Economics&Statistics，1982，64(03)：442－449.

［6］Psacharopoulos G. Schooling and the Quality of Human Capital［J］. Journal of Economics 2003，79(01)：98－100.

［7］Fang C.，Zhang X.，Fan S. Emergence of urban poverty and inequality in China：evidence from household survey[J]. China Economic Review，2002，13(04)：430－443.

［8］王嘉毅,封清云,张金.教育与精准扶贫精准脱贫[J].教育研究,2016,37(07)：12－21.

［9］Hou X. Wealth：Crucial but Not Sufficient-Evidence from Pakistan on Economic Growth，Child Labour and Schooling[J]. The Journal of Development Studies，2010，46(03)：439－465.

［10］Tilak J. B. G.，Post-elementary education，poverty and development in India［J］. International Journal of Educational Development，2007，27(04)：435－445.

［11］吴晓蓉,范小梅.教育回报的反贫困作用模型及其实现机制[J].教育研究,2018,39(09)：80－88.

［12］杜育红,赵冉.教育在经济增长中的作用：要素积累、效率提升抑或资本互补?［J].教育研究,2018,39(05)：27－35.

［13］孙涛.高等教育扶贫：比较优势、政策支持与扩展路径[J].南京社会科学,2020(02)：137－141＋156.

［14］李鹏,朱成晨,朱德全.职业教育精准扶贫：作用机理与实践反思[J].教育与经济,2017(06)：76－82.

［15］Villa J. M. The Continuous Treatment Effect of an Anti-poverty Program on Children's Educational Attainment：Colombia's Families en Acction[J]. Review of Development Economics，2018，22(03).

［16］李兰兰.中等职业教育与普通高中教育非货币收益对比分析[J].教育科学,2011,27(01)：14－20.

［17］黄斌,钟晓琳.中国农村地区教育与个人收入——基于三省六县入户调查数据的实证研究[J].教育研究,2012(03)：18－26.

［18］栾江,陈建成,李强,等.高中教育还是中等职业教育更有利于增加西部地区农村劳动力非农收入?——基于异质性的处理效应估计[J].中国农村经济,2014(09)：32－45.

［19］朱德全.西部贫困地区农村"双证式"教育扶贫模式探索[J].教育研究,2004(02)：80－84.

［20］许锋华.精准扶贫：民族地区职业教育发展的新定位[J].高等教育研究,2016,37(11)：64－69＋76.

［21］王金营,魏慧静.农村贫困地区家庭成员受教育程度、外出状况与家庭经济发展一基于

河北省燕山-太行山、黑龙港流域的调查[J].人口学刊,2015,37(05)：42－51.

[22] 兰夏晨皓,王佳楠.海南省农业科技进步贡献率测算研究[J].农业与技术,2020,40(24)：13－16.

[23] 王圣云,韩亚杰,任慧敏,李晶.中国省域生态福利绩效评估及其驱动效应分解[J].资源科学,2020,42(05)：840－855.

[24] 曾冰.环境约束下中国省域旅游经济效率及其影响因素的空间计量分析[J].技术经济,2020,39(06)：141－146＋174.

[25] 卢新海,杨喜,陈泽秀.中国城市土地绿色利用效率测度及其时空演变特征[J].中国人口·资源与环境,2020,30(08)：83－91.

[26] 彭妮娅.教育扶贫成效如何？——基于全国省级面板数据的实证研究[J].清华大学教育研究,2019,40(04)：90－97.

[27] 王春正.我国居民收入分配问题[M].北京：中国计划出版社,1995：18－20.

[28] 袁振国.缩小差距——中国教育政策的重大命题[J].北京师范大学学报(社会科学版),2005(03)：5－15.

[29] 郭庆旺,贾俊雪.公共教育政策、经济增长与人力资本溢价[J].经济研究,2009,44(10)：22－35.

[30] 刘人境,李晋玲.陕西省城市化水平地区差异影响因素灰色关联分析[J].西北工业大学学报(社会科学版),2007(02)：34－37.

[31] 朱玉碧.农村建设用地整理运作及制度创新研究[D].重庆：西南大学,2012.

[32] 何忠良,李群.基于AHP的生态治理评价指标体系研究——以辽宁省为例[J].数学的实践与认识,2019,49(22)：106－113.

[33] 荆涛,王靖韬,李莎.影响我国长期护理保险需求的实证分析[J].北京工商大学学报(社会科学版),2011,26(06)：90－96.

[34] 尹伯成.缪尔达尔和他的循环积累因果原理[J].世界经济文汇,1987(05)：69－71.

[35] 国务院关于印发国家职业教育改革实施方案的通知[EB/OL].(2019－02－13)[2021－08－26].http://www.gov.cn/zhengce/content/2019-02/13/content_5365341.html.

作者简介

潘海生　天津大学教育学院教授,博士生导师

翁　幸　天津大学教育学院硕士研究生

电子邮箱

1132581516@qq.com

附:《中国教育政策评论》简介及投稿须知

　　《中国教育政策评论》是以评论我国教育政策热点及难点问题为主要内容的学术集刊。自创刊以来,本集刊一直秉持"教育研究密切联系实践,服务决策"的精神,对中国教育发展过程中的重大理论问题和实践问题进行了专门探讨,在教育研究、教育决策以及教育实践领域产生了广泛而深远的影响,已连续多次被确立为 CSSCI 来源集刊。自创刊以来,本集刊历年讨论的主题如下:

1999 年:教育政策与教育改革

2000 年:教育政策的科学制定

2001 年:教育政策的理论探索

2002 年:教师教育政策

2003 年:教育督导政策

2004 年:教育均衡发展

2005 年:教育制度创新

2006 年:中外合作办学

2007 年:科研政策

2008 年:教育公平

2009 年:创新人才培养

2010 年:教育质量与教育质量标准

2011 年:基本公共教育服务

2012 年:现代大学制度

2013 年:教育国际化

2014 年:高校绩效评价

2015 年:教育改革 30 年

2016 年：教育公平

2017 年：校内教育公平

2018 年：2030 年教育

2019 年：大规模测量与评估研究

2020 年：后疫情时代的教育思考

2021 年：教育脱贫攻坚的中国经验

《中国教育政策评论》面向国内外征集优秀论文。来稿要求如下：

1. 稿件未在其他正式刊物上发表。

2. 来稿一律按照国家对期刊稿件的投稿要求格式写作，稿件字数以 1 万字左右为宜（含注释、参考文献、附录、图表等）。

3. 来稿文内标题一般分为三级，第一级标题用"一、""二、""三、"……标识；第二级标题用"1.""2.""3."……标识；第三级标题用"（1）""（2）""（3）"……标识。

4. 正文字体一律为小四号，宋体。文内图标应规范，符合出版标准。表格标题置于表格前，以表格序号（表 1、表 2……）加标题名标识，表格序号与标题名之间空一汉字距离；图之标题置于图后，以图之序号（图 1、图 2……）加标题名标识，图之序号与标题名之间空一汉字距离。图表所有内容与正文一致，用小五号字。

5. 来稿所有引文务必注明出处。引用性注释采用顺序编码制，文中用"[1][2][3]……"以上标形式标注，具体文献放在文后，用"[1][2][3]……"编码，与文中的"[1][2][3]……"序号相对应。同一文献引用多次时，篇后注注码连续编号，参考文献可合并为一条。著录格式请参照《GB/T7714—2015 信息与文献　参考文献著录规则》，如：

[1] 符娟明.比较高等教育[M].北京：北京师范大学出版社，1987：67.

[2] 界屋太一.知识价值革命[M].黄晓勇，等，译.北京：生活·读书·新知三联书店，1987：12

[3] 刘宝存.大众教育与英才教育应并重：兼与吕型伟、王建华先生

商榷[J].教育发展研究,2001(4):57-59

[4] 靳晓燕.北京密云:以教师交流促教育提升[N].光明日报,2012-05-30(14).

[5] 新华社.让中国力量推动全球治理体系变革——学习习近平总书记在中央政治局第三十五次集体学习时的重要讲话[EB/OL].(2016-09-28)[2017-12-26].http://www.xinhuanet.com/politics/2016-09/28/c_1119642701htm.

6.文中的外国人名在第一次出现时,应于中文译名后加圆括号附注外文。

7.文末请附作者简介、工作单位和电子邮箱。

8.为适应我国信息化建设趋势,扩大本集刊及作者知识信息交流渠道,本集刊已被中国学术期刊网络出版总库及中国知网系列数据库收录,作者文章著作权使用费与本集刊稿酬一次性给付。免费提供作者文章引用统计分析资料。如作者不同意文章被收录,请在来稿时说明。

投稿邮箱:oecdsses@ecnu.edu.cn

图书在版编目（CIP）数据

中国教育政策评论.2021 / 袁振国主编. — 上海：上海教育出版社，2022.8
ISBN 978-7-5720-1625-7

Ⅰ.①中… Ⅱ.①袁… Ⅲ.①教育政策－研究－中国－2021 Ⅳ.①G520

中国版本图书馆CIP数据核字(2022)第146436号

责任编辑　钟紫菱
装帧设计　郑　艺

中国教育政策评论2021
袁振国　主编

出版发行　上海教育出版社有限公司
官　　网　www.seph.com.cn
地　　址　上海市闵行区号景路159弄C座
邮　　编　201101
印　　刷　上海颛辉印刷厂有限公司
开　　本　700×1000　1/16　印张 18.5
字　　数　257 千字
版　　次　2022年8月第1版
印　　次　2022年8月第1次印刷
书　　号　ISBN 978-7-5720-1625-7/G·1506
定　　价　88.00 元

如发现质量问题，读者可向本社调换　电话：021-64373213